■ 普通高等院校公共基础课程系列教材

现代教育技术
（第二版）

主　编　姜忠元
副主编　吕志武　赵艳菊　闫振林

清华大学出版社
北京

内 容 简 介

本书在第一版的基础上按照教育技术学科的基础理论、教学资源开发与利用、教学设计三个部分展开,内容共七章:教育技术概述、常规媒体的教学应用、现代教学环境、数字化教学资源的获取与利用、多媒体课件的开发、教学设计、信息技术与课程整合。

本书基础理论部分主要介绍教育技术学科的基本理论,包括概念、内涵、发展历程、媒体理论及本学科理论基础;教学资源开发与利用部分讲解各类教学媒体的基本原理、使用及软件的制作;教学设计部分主要包括概念、前期分析、目标、教学环境的设置、策略和评价,信息技术与课程整合介绍,整合的概念、原则、方法及现阶段整合的模式等。

本书可作为高等师范院校现代教育技术课程教材,也可作为各类中等专业学校教师、教研工作者的培训教材,还可作为广大教育技术工作者的参考用书。

本书封面贴有清华大学出版社防伪标签,无标签者不得销售。
版权所有,侵权必究。举报:010-62782989,beiqinquan@tup.tsinghua.edu.cn。

图书在版编目(CIP)数据

现代教育技术/姜忠元主编. —2版. —北京:清华大学出版社,2023.7
普通高等院校公共基础课程系列教材
ISBN 978-7-302-63716-5

Ⅰ.①现… Ⅱ.①姜… Ⅲ.①教育技术学-高等学校-教材 Ⅳ.①G40-057

中国国家版本馆 CIP 数据核字(2023)第 097620 号

责任编辑:吴梦佳
封面设计:傅瑞学
责任校对:刘　静
责任印制:杨　艳

出版发行:清华大学出版社
　　　　网　　址:http://www.tup.com.cn,http://www.wqbook.com
　　　　地　　址:北京清华大学学研大厦A座　　邮　　编:100084
　　　　社 总 机:010-83470000　　邮　　购:010-62786544
　　　　投稿与读者服务:010-62776969,c-service@tup.tsinghua.edu.cn
　　　　质量反馈:010-62772015,zhiliang@tup.tsinghua.edu.cn
　　　　课件下载:http://www.tup.com.cn,010-83470410
印 装 者:三河市人民印务有限公司
经　　销:全国新华书店
开　　本:185mm×260mm　　印　　张:16.5　　字　　数:376千字
版　　次:2018年3月第1版　　2023年8月第2版　　印　　次:2023年8月第1次印刷
定　　价:49.90元

产品编号:101557-01

FOREWORD 前言

党的二十大召开之际,也是本书再版之时,本书以党的二十大的核心精神、新时代中国特色社会主义思想为指导思想,认真理解和贯彻教育、科技、人才是全面建设社会主义现代化国家的基础性、战略性支撑,必须坚持科技是第一生产力、人才是第一资源、创新是第一动力,深入实施科教兴国战略、人才强国战略、创新驱动发展战略,开辟发展新领域新赛道,不断塑造发展新动能新优势。

随着信息技术的迅猛发展,现代教育技术已经成为优化教育教学过程的一种重要手段。2004年,教育部颁布的《中小学教师教育技术能力标准(试行)》从"意识与态度""知识与技能""应用与创新""社会责任"四个维度对教学人员、管理人员、技术人员提出了明确的要求,这不仅为教师专业化发展指明了方向,而且为规范教师教育课程与教学提供了依据。《国家中长期教育改革和发展规划纲要(2010—2020年)》中提出了"提高教育现代化水平"的教育改革和发展目标,要实现这一目标的关键举措是加快教育信息化进程和强化信息技术应用。现代教育技术以其先进的理念与丰富的技术手段,必将在未来的教育改革和发展进程中发挥重要的作用。

"现代教育技术"是高等师范院校教育课程中一门十分重要的公共基础课,该课程以培养学生的信息素养和教育技术应用能力为目标。首先,要突出以计算机与网络技术为核心的教育技术的知识与技能的传授,尤其要教会师范院校学生运用现代网络通信技术收集、加工、利用、开发教育信息并形成个性化教学模式。其次,要处理好传统视听媒体与现代网络技术之间的关系,运用现代网络技术并不排斥传统视听媒体技术的地位与作用,两者之间应相互整合、相互补充,以创造出最优课堂教学模式。最后,新的课程应该能从宏观上体现出现代教育理念。

编者在查阅了大量国内外资料、总结教学及科研经验的基础上,根据《中小学教师教育技术能力标准(试行)》,从教育技术学的角度,以一种新的教育观念、新的叙述方式对现代教育技术中主要且应用较为广泛的几个系统,从硬件和软件两个方面进行探讨。

本书根据各方面的意见,以及编者多年的教育教学经验,并考虑到现代教育技术理论和技术的发展,对第一版作了较大的修改和调整,使其更符合"现代教育技术"教育学习用书的要求,以利于高等师范院校现代教育技术基础课的教学。

本书在编写过程中遵循教育的规律和特点,以提高教师实施素质教育的能力和水平为重点,并体现了以下原则:①理论与实践并重;②力求反映当代科学技术的新动向;③注重反映国内和国外现代教育技术领域的最新研究成果;④适应信息技术教育的需求。

本书第二版在第一版的基础上增加了教育技术的新理论、手机拍摄技巧、智慧树网络教学平台、VR 技术在教育教学中的应用等内容。

  本书由姜忠元确定全书的框架、体例并编写第一章；赵艳菊编写第二章；吕志武编写第三章；闫振林编写第四章；姜天岳编写第五章；刘晓静编写第六章；曲艳红编写第七章。姜忠元对全书进行了修改、校正和统稿等工作。牛玉对全书进行了审稿并提出一些宝贵的意见。

  本书在编写过程中参阅并汲取了国内外许多前辈、同行的论著、教材、论文等相关书籍和学术期刊中关于教育技术和现代科技的新成果，在此对有关作者表示衷心的感谢！

  我们根据多年的教学经验和现代教育技术学科的发展，力求使本书符合教育现代化的要求，但是由于编写时间仓促，加之编者水平有限，书中难免有疏漏和不妥之处，恳请专家、同仁及读者不吝赐教。

编　者

2023 年 3 月

目录 CONTENTS

第一章 教育技术概述 ··· 1

  第一节 教育技术的概念 ····································· 2
    一、AECT'94 定义概述 ···································· 2
    二、AECT'05 定义概述 ···································· 5
    三、我国的教育技术定义 ································· 6
    四、现代教育技术概述 ··································· 8
    五、现代教育技术的特征和作用 ························· 10
  第二节 现代教育技术的产生与发展 ······················· 12
    一、人类教育史上的四次革命 ··························· 12
    二、现代教育技术产生和发展的原因 ··················· 13
    三、现代教育技术的发展历程 ··························· 13
    四、现代教育技术理论的新进展 ························· 19
  第三节 现代教育技术的理论基础 ························· 24
    一、学习理论 ·· 24
    二、教学理论 ·· 27
    三、视听教育理论 ······································· 30
    四、传播理论 ·· 31
    五、系统科学理论 ······································· 37
  复习思考题 ··· 39

第二章 常规媒体的教学应用 ······························· 40

  第一节 教学媒体概述 ······································ 40
    一、教学媒体的分类 ···································· 40
    二、教学媒体的特性 ···································· 41
    三、教学媒体的作用 ···································· 42
  第二节 视觉媒体 ··· 43
    一、幻灯机与投影仪 ···································· 43
    二、照相机与数码相机 ································· 44
    三、手机 ·· 51

四、视频展示台与多媒体投影机 …… 54
五、扫描仪与电子白板 …… 57
第三节 听觉媒体 …… 62
一、扩音设备 …… 62
二、录放及调音设备 …… 66
第四节 视听觉媒体 …… 67
一、电视机 …… 67
二、摄像机 …… 70
三、影碟机 …… 72
复习思考题 …… 73

第三章 现代教学环境 …… 74
第一节 多媒体教学系统与多媒体教室 …… 74
一、多媒体的概念及特点 …… 74
二、多媒体教室 …… 79
第二节 网络教学机房 …… 83
一、网络教学机房的基本功能 …… 83
二、网络教学机房的组成 …… 83
三、网络教学机房的软件维护、使用和管理 …… 84
第三节 微格教学系统 …… 87
一、微格教学概述 …… 87
二、微格教学系统的构成 …… 88
三、微格教学系统的功能 …… 89
四、数字化微格教学系统 …… 90
第四节 校园计算机网络与数字化图书馆 …… 91
一、校园网概述 …… 91
二、校园网的功能模块 …… 92
三、校园网的设计原则 …… 93
四、校园网的建设方案 …… 94
五、数字化图书馆及其教学应用 …… 94
第五节 慕课简介 …… 97
一、认识慕课 …… 97
二、慕课的本质内涵 …… 98
三、慕课的特点 …… 99
四、慕课的分类 …… 102
五、慕课与传统教学的区别 …… 103
六、慕课在我国当下教学中的应用 …… 104
七、智慧树 …… 105

复习思考题 …………………………………………………………………… 108

第四章　数字化教学资源的获取与利用 …………………………………… 109

第一节　数字化教学资源概述 ………………………………………… 109
一、数字化教学资源的开发 …………………………………………… 109
二、数字化教学资源的管理 …………………………………………… 111

第二节　数字图形图像的获取与利用 ………………………………… 113
一、图像基础知识 ……………………………………………………… 113
二、数字图像的获取 …………………………………………………… 116
三、数字图像的编辑处理 ……………………………………………… 117
四、Photoshop 软件与图像的编辑处理 ……………………………… 117

第三节　数字音频的获取与利用 ……………………………………… 125
一、数字音频基础知识 ………………………………………………… 125
二、声音素材的获取 …………………………………………………… 126
三、声音文件的简单编辑 ……………………………………………… 128
四、Cool Edit Pro 专业音频编辑软件 ……………………………… 129

第四节　数字视频的获取与利用 ……………………………………… 131
一、数字视频基础知识 ………………………………………………… 131
二、常见的数字视频文件格式及其特点 ……………………………… 132
三、数字视频的获取方法 ……………………………………………… 133
四、视频素材的制作与编辑 …………………………………………… 134

复习思考题 …………………………………………………………………… 148

第五章　多媒体课件的开发 ………………………………………………… 149

第一节　多媒体课件概述 ……………………………………………… 149
一、计算机辅助教学系统 ……………………………………………… 149
二、多媒体课件 ………………………………………………………… 152

第二节　多媒体课件的设计与制作步骤 ……………………………… 154
一、多媒体课件设计的基本原则 ……………………………………… 154
二、多媒体课件的制作步骤 …………………………………………… 156

第三节　多媒体应用软件 ……………………………………………… 160
一、多媒体应用软件简介 ……………………………………………… 160
二、PowerPoint 在课件制作中的应用 ……………………………… 164

第四节　微课与虚拟现实技术概述 …………………………………… 175
一、微课的发展 ………………………………………………………… 175
二、微课的特点 ………………………………………………………… 176
三、微课的特征 ………………………………………………………… 177
四、微课的分类 ………………………………………………………… 177

五、微课的作用 …………………………………………………………… 179
　　六、微课的意义和价值 ……………………………………………………… 180
　　七、虚拟现实技术的教学应用 ……………………………………………… 181
　复习思考题 …………………………………………………………………… 184

第六章　教学设计 …………………………………………………………… 185

第一节　教学设计概述 …………………………………………………… 185
　　一、教学设计的定义 ……………………………………………………… 185
　　二、教学设计过程的模式 ………………………………………………… 187

第二节　教学设计的前期分析 …………………………………………… 190
　　一、学习需要分析 ………………………………………………………… 190
　　二、学生特征分析 ………………………………………………………… 191
　　三、学习内容分析 ………………………………………………………… 193

第三节　学习情境和环境的创设 ………………………………………… 195
　　一、情境的主要形式 ……………………………………………………… 196
　　二、学习环境设计 ………………………………………………………… 197

第四节　阐明教学目标 …………………………………………………… 198
　　一、阐明教学目标的意义及教学目标的分类 …………………………… 198
　　二、学习目标的编写方法 ………………………………………………… 199

第五节　教学策略设计 …………………………………………………… 202
　　一、制定教学策略的依据 ………………………………………………… 202
　　二、教学顺序的确定 ……………………………………………………… 203
　　三、教学方法 ……………………………………………………………… 205
　　四、教学组织形式 ………………………………………………………… 205
　　五、教学媒体选择 ………………………………………………………… 206

第六节　教学方案编写 …………………………………………………… 207
　　一、文本式教学方案 ……………………………………………………… 207
　　二、表格式教学方案 ……………………………………………………… 208
　　三、流程图式教学方案 …………………………………………………… 209

第七节　学习评价 ………………………………………………………… 210
　　一、学习评价的原则 ……………………………………………………… 211
　　二、学习评价标准对学生的影响 ………………………………………… 211
　　三、学习评价的分类 ……………………………………………………… 212
　　四、学习评价的方法 ……………………………………………………… 213
　复习思考题 …………………………………………………………………… 216

第七章　信息技术与课程整合 …………………………………………… 217

第一节　信息技术与课程整合概述 ……………………………………… 217

一、信息技术教育应用发展概况……………………………………………… 217
　　二、信息技术与课程整合的目标………………………………………………… 218
　　三、信息技术与课程整合的内涵………………………………………………… 219
　第二节　信息技术与课程整合的实施……………………………………………… 222
　　一、信息技术与课程整合的层次………………………………………………… 222
　　二、信息技术与课程整合的基本原则…………………………………………… 223
　　三、探索信息技术与课程整合的途径与方法…………………………………… 225
　　四、信息技术与课程整合的现实意义…………………………………………… 227
　第三节　信息技术与课程整合的教学模式………………………………………… 228
　　一、教学模式及相关概念………………………………………………………… 228
　　二、信息技术与课程整合过程中的教学模式分类……………………………… 230
　　三、传递—接受教学模式………………………………………………………… 231
　　四、探究性教学模式……………………………………………………………… 234
　　五、研究性学习教学模式………………………………………………………… 238
　　六、翻转课堂教学模式…………………………………………………………… 243
　复习思考题……………………………………………………………………………… 249

参考文献　……………………………………………………………………………… 251

第一章
教育技术概述

 学习目标

通过本章的学习,你应能够:
(1) 理解新时代中国特色社会主义人才培养的思想。
(2) 说出教育技术学科和应用领域的概念。
(3) 简单阐明教育技术的发展过程。
(4) 知道教育技术的主要应用领域。
(5) 简述视听教学理论的意义和选择教学媒体的注意事项。
(6) 阐述与"学习""教学"相关的理论。
(7) 阐述当代教师为什么要掌握和应用现代教育技术。

党的二十大报告中指出:教育、科技、人才是全面建设社会主义现代化国家的基础性、战略性支撑。必须坚持科技是第一生产力、人才是第一资源、创新是第一动力,深入实施科教兴国战略、人才强国战略、创新驱动发展战略,开辟发展新领域新赛道,不断塑造发展新动能新优势。

我们要坚持教育优先发展、科技自立自强、人才引领驱动,加快建设教育强国、科技强国、人才强国,坚持为党育人、为国育才,全面提高人才自主培养质量,着力造就拔尖创新人才,聚天下英才而用之。

教育是国之大计、党之大计。培养什么人、怎样培养人、为谁培养人是教育的根本问题。育人的根本在于立德。全面贯彻党的教育方针,落实立德树人根本任务,培养德智体美劳全面发展的社会主义建设者和接班人。坚持以人民为中心发展教育,加快建设高质量教育体系,发展素质教育,促进教育公平。

培育创新文化,弘扬科学家精神,涵养优良学风,营造创新氛围。扩大国际科技交流合作,加强国际化科研环境建设,形成具有全球竞争力的开放创新生态。

坚持面向世界科技前沿、面向经济主战场、面向国家重大需求、面向人民生命健康,加快实现高水平科技自立自强。以国家战略需求为导向,集聚力量进行原创性引领性科技攻关,坚决打赢关键核心技术攻坚战。加快实施一批具有战略性全局性前瞻性的国家重大科技项目,增强自主创新能力。加强基础研究,突出原创,鼓励自由探索。

加快建设国家战略人才力量,努力培养造就更多大师、战略科学家、一流科技领军人才和创新团队、青年科技人才、卓越工程师、大国工匠、高技能人才。

第一节　教育技术的概念

一、AECT'94 定义概述

（一）AECT'94 定义表述

对"教育技术"概念的研究由来已久，多少年来可谓众说纷纭，莫衷一是。美国教育技术工作者从 20 世纪 60 年代开始讨论教育技术的概念，先后在 1963 年、1970 年、1972 年、1977 年、1994 年及 2005 年给出六个定义。目前，人们对这一概念比较一致的认可是 1994 年美国教育技术与传播协会（AECT）给出的定义，教学技术是关于学习过程和学习资源的设计、开发、利用、管理和评价的理论和实践（AECT'94）。该定义的结构如图 1-1 所示。

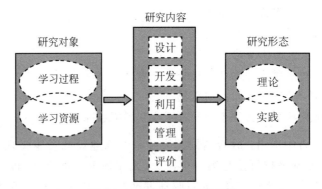

图 1-1　AECT'94 定义的结构

需要指出的是，由于认知角度及使用习惯等方面的原因，AECT'94 定义中没有沿用"教育技术"字样而使用了"教学技术"，但在同一文件中指出这两者是相通的。探讨 AECT'94 定义，是为我们的理论研究与实践尝试提供一个参照，使用什么名字并不是最重要的。因此，可以把上述定义作为理解教育技术的参考。

AECT'94 给出的教育技术定义具有直接、具体、板块化和模式化的特征，用它观察教育技术实践十分方便。关于学习过程，教育技术一改过去仅仅以口耳相传的简单手段进行教学活动的低级状态，将媒体对信息的递送能力、媒体的使用、唤醒学生的认知水平和学生的接受效率等考虑在内，使教学方法在符合现代教育思想的条件下更充实且具有活力。关于学习资源，教育技术将人、媒体、信息、环境等均看成是帮助和促进学习的可用资源，研究如何使这些资源在学习过程中更好地发挥作用，以及如何开发更具价值的教学信息资源，这种极具系统论色彩的研究方法使它对问题的探究比较深入、彻底。

（二）AECT'94 定义的内涵

考察教育技术的 AECT'94 定义，其内涵可以概括为以下几个方面。

1. 学习过程和学习资源是教育技术的研究对象

将学习过程和学习资源作为教育技术的研究对象，这是教育技术学科经历了长期的徘徊和思索后才确定的，是教育技术学科发展的一次升华，成为教育技术学理论研究和实践探索的一个里程碑。

特别重要的是，教育技术的 AECT'94 定义已从"教学"观念转向了"学习"观念。"学习"是指学习者通过与信息和环境相互作用而得到知识、技能和态度等诸方面的进步。这里的环境包括传递教学信息所涉及的方法、媒体及学习者所需要的指导和帮助。目前，以多媒体与网络技术为基础的现代教学媒体具有以下对学习过程极为有利的特点。

（1）现代教学媒体的交互性有利于激发学生的学习兴趣，发挥学习者认知主体的作用。

（2）现代教学媒体提供的外部刺激的多样性，有利于知识的获取与掌握。

（3）现代教学媒体的超文本特性可以实现对教学信息最有效的组织与管理。

（4）现代教学媒体有利于开展协作式学习，有利于培养学习者的合作精神，并促进其高级认知能力的发展。

（5）现代教学媒体的超文本特性与网络特性的结合有利于实现发现式学习，从而培养学习者的创新精神并促进其信息能力的发展。

现代教学媒体能为学习者创造较为理想的环境，从而充分发挥学习者在学习过程中的主动性、积极性与创造性，使学习者在学习过程中真正体现其主体作用；而教师则主要发挥组织者、协调者、指导者、促进者的作用，引导学习者学习，促进其主体作用得以实现。这对于我国传统的以书本、教材、课堂为中心的教学模式无疑是一种根本的变革。研究各种学习资源的特点及优势并充分发挥其在学习过程中的作用，就成了教育技术工作者进行理论研究和实践探索的核心任务。

2. 学习资源是优化学习过程的必要条件

学习资源是能够满足学习者学习需要的东西。具体地说，学习资源是指能够影响和改变人们的认知结构或能够促进人们认知结构发生变化的一系列内外部支持条件，包括可以提供给学习者使用，能帮助和促进他们进行学习的信息、人员、教材、设备、技术和环境。这些学习资源的要素既可以单独使用，也可以由学习者综合使用。而随着科学技术的发展，可以为学习者提供的资源无论从内容数量、媒体种类方面，还是从其存储、传递和提取的方式方面都在不断变化。尤其是随着当前多媒体与网络的迅速发展，学习资源的可获得性和交互性急剧变化，将对学习资源的各个要素产生震撼性的影响，也迫使人们对学习资源进行科学而富有创造性的设计、开发、利用、管理和评价。及时而有效地汲取当代高科技所提供的成果作为传播教育信息的媒体，为教育提供了丰厚的物质基础。

3. 系统方法是教育技术的核心

系统辩证法是指按系统的观点准确、科学地表述系统物质世界的辩证发展规律，深刻、全面地揭示自然界、人类社会、思维领域系统的本质特性和普遍联系，并从整体上考察系统事物的生灭转化过程和系统内外的辩证关系的方法。人类的教育活动是在一个开放的、复杂的巨大系统中进行的，教育技术的 AECT'94 定义正是从系统的观点认知教育活动的，定义中的设计、开发、利用、管理和评价是系统方法实施的五个环节。

4. 教育技术是一门理论与实践并重的学科

教育技术重视认知心理学、建构主义理论、系统科学理论及其他新形成的众多理论，以此为基础形成和发展自己的基础理论，因此教育技术是以先进的教育思想和教育理论为指导的。但是，如果理论缺少与实践的结合，将会失去对现实教育教学工作的指导与应用的作用，同时也不可能及时将有益的实践经验加以总结与升华。另外，若一味偏重于开发、实践，缺少理论的指导，则会流于盲目。现代教育技术既有自己的理论基础、理论构架和理论前沿，又有自己特定的实践领域和工作范围。

（三）AECT'94定义的五个研究领域

教育技术的AECT'94定义是围绕教育技术工作者所从事的五个分立的专门方面而建立的，这就是教育技术的研究领域，如图1-2所示。

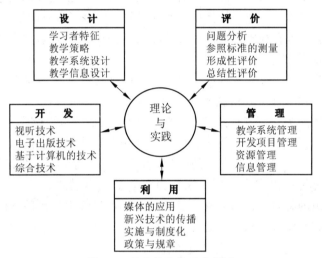

图1-2　教育技术的研究领域

1. 设计

设计是详细说明学习条件的过程。具体地说，设计是指运用系统科学方法分析教学问题、确定教学目标、建立解决教学问题的策略方案，并对方案进行试行、评价和修正的过程。关于学习过程与学习资源的设计：为达到既定的教学目标，首先要进行学习者的特征分析和教学策略的制定（教学策略中又包含教学活动程序和教学方法两个方面），在此基础上进行教学系统的优化与教学信息的设计（包括教学内容和相应知识点排列顺序的确定、教学媒体的选择、教学信息及反馈信息的呈现内容与呈现方式设计，以及人—机交互作用的考虑等）。

2. 开发

开发是指对教学设计结果的"物化"和"产品化"，以及各种教育技术应用于教育教学过程的开发研究。关于学习过程与学习资源的开发包括将视听技术、电子出版技术应用于教育与教学过程的开发研究，基于多媒体与网络技术的计算机辅助教学（CAI）的开发研究，将多种技术加以综合与集成并应用于教育、教学过程的开发研究。

3. 利用

利用是指各种学习过程与学习资源的利用（特别是媒体和新技术的应用）、教学设计结果的实施和与应用有关的制度、政策、法规。关于学习过程与学习资源的利用，应强调对新兴技术（包括新型媒体和各种最新的信息技术手段）的利用与传播，并要设法加以制度化，以保证教育技术手段的不断革新。

4. 管理

管理是指对所有学习资源和学习的全过程进行计划、组织、指挥、协调和控制，具体包括教学系统管理、教学资源管理、教学开发项目管理等。

5. 评价

评价是指以教学目标为依据，对学习者的学习结果或教学设计成果进行的评价，以便为进一步的修正提供指导。关于学习过程与学习资源的评价，既要注重对教育、教学系统的总结性评价，更要注重形成性评价，并以此作为质量监控的主要措施。为此，应及时对教育、教学过程中存在的问题进行分析，并参照规范要求（标准）进行定量的测量与比较。

（四）五个研究领域构成一个整体

以上五个方面的理论研究与实践探索是相辅相成、相互支撑的，既是独立的又是相互联系的，既有共同的理论基础，又有各自本身的理论和独特的实践内容。所有的理论和实践，经过整合后构成教育技术整体的理论与实践，教育技术研究和应用的最终目的是保证和促进学习者进行有效的学习。

二、AECT'05 定义概述

2004 年，AECT 在总结 10 年来教育技术发展状况的基础上，提出了关于教育技术的新定义。这个定义是在听取众多专家的意见后，经过有目的的修改集中而形成的。教育技术的 AECT'05 定义直到 2008 年才正式发布，从定义的描述中可以看到新的变化。

教育技术的 AECT'05 定义的原文：Educational technology is the study and ethical practice of facilitating learning and improving performance by creating, using, and managing appropriate technological processes and resources. 译为中文：教育技术是通过创造、使用和管理适当的技术过程和资源，以促进学习和提高绩效的研究与符合道德规范的实践。

AECT'05 定义将 AECT'94 定义中的五大研究领域（设计、开发、利用、管理和评价）整合为三大范畴（创造、使用、管理），这三大范畴形成一个统一的、互相衔接的整体，评价贯穿于整个过程中。

AECT'05 定义中的"创造"代替了 AECT'94 定义中的"设计、开发"，"创造"包括一系列有目的的活动，用来设计、开发有效学习必需的材料、扩展资源和支持条件，也包括设计、开发。创造是一种比设计、开发要求更高且具创新含义的过程，更能表达 21 世纪人们对教育技术发展的要求。AECT'05 定义中在 practice 前加了限定词 ethical，强调实践应该合乎道德规范。这一限定词第一次出现在定义中,说明人们开始思考教育技术中的规范性问题,思考教育技术的应用是否对社会有价值和特殊贡献。另外,定义中还增加了提高绩效(improving performance)这一目的,提高绩效的提法强调了学习的含义,不单指获取知识,更强调注重培养和提高能力。对提高绩效的关注也使得教育技术更加联系现实,更加关注人的发展。

三、我国的教育技术定义

(一) 教育技术的"学科定义"

为科学地建构教育技术学科的理论体系,并有效地指导我国教育技术理论与实践的发展,必须有一个更为完善的教育技术学科的定义。为此,我国学者在认真总结AECT'94定义和AECT'05定义的优点与缺点、成功经验与失败教训的基础上,结合我们自身多年从事教育技术理论与实践探索的体会,并通过对教育技术学逻辑起点的严格论证,终于形成了能够比较真实地反映目前阶段国内外教育技术研究与应用状况的、相对比较科学的教育技术学定义。国内学者何克抗教授提出一个新的定义,即教育技术(技术化教育学)是通过设计、开发、利用、管理、评价有合适技术支持的教育过程与教育资源,促进学习并提高绩效的理论与实践。这一新定义针对AECT'94定义的缺陷做了改进与完善,主要表现在以下三个方面。

(1) 把原来的"关于学习"或"为了学习"(for learning)改为"促进学习"(facilitating learning)。"关于学习"或"为了学习"强调的只是"学","促进学习"既强调"学",也重视"教"(对学习的促进在很大程度上依赖"教",尤其是学校教育中更是如此)。显然,这是受混合学习(blending learning)思想启发与影响的结果。可见,由"关于学习"或"为了学习"转向"促进学习"是教育思想、观念的转变与提高,是和AECT'94定义相比更具积极意义的进步表现。

(2) 将原来的"学习过程与学习资源"改为"促进学习并提高绩效"的"有合适技术支持的教育过程与教育资源"。如上所述,由于"促进学习"有赖于"教","提高绩效"也与"教"(培训)有很大关系,所以这里所说的过程和资源是指教育过程和教育资源(对于学校来说,就是指教学过程和教学资源)。与AECT'94定义相比,不仅是"学习过程与学习资源"变换为"教育过程与教育资源",而且这种过程和资源并非指任意的教育过程与教育资源,而是指"有合适技术支持的"教育过程与教育资源。这样就较好地克服了AECT'94定义未能体现教育技术学科特色的不足。

(3) 除强调相关过程和资源要促进学习外,还强调要提高绩效。对学习者来说,绩效是指有目的、有计划的行为倾向和结果(学习者的能力及其在新环境中的迁移能力);对企业来说,绩效则是指该企业预期的、符合总体目标的业绩。和AECT'94定义相比,增加有关"绩效"的考虑,不仅显示新定义既关注学习过程也关注学习结果,还表明通过培训提高企业绩效也是教育技术学重要的研究与应用领域。

以上三个方面是新定义和AECT'94定义相比有前进、发展的突出优点。由上述新定义还可看到,教育技术学的研究对象仍是"过程与资源";教育技术学的研究领域仍是"设计、开发、利用、管理和评价"五个方面;教育技术学的研究内容仍是五个方面的"理论与实践"。新定义既继承和发扬了 AECT'94 定义和 AECT'05 定义的优点,又抛弃了 AECT'94 定义和 AECT'05 定义的不足,因而具有科学性、实用性,能比较真实地反映国内外教育技术研究与应用的现状,很好地满足科学地建构教育技术学科理论体系、有效地指导中国教育技术理论与实践发展的需求。

(二) 教育技术的"应用领域定义"

上面讨论的几个定义都涉及学科的研究对象、研究范畴和研究内容,严格地说,都应属于教育技术学的学科领域定义(以下简称"学科定义"),用于界定该学科的研究对象、研究范畴和研究内容。这样的学科定义显然是至关重要的,因为它对整个教育技术学科理论体系、课程体系的建构,对教育技术学科与专业的发展,对教育技术专门人才(包括本科、硕士、博士)的培养,都有决定性的影响。

但是仅有教育技术学的学科领域定义是不够的,因为教育技术不仅是一个学科,还是一个很大的应用领域。不仅很多学校都设有电教中心、电教组(或教育技术中心、教育技术组),而且随着我国教育信息化的迅猛发展,信息技术与课程整合必将日益深入中小学各学科的课堂教学,信息化环境下的教学设计将成为每一位教师必备的教学技能。可见,我国应用教育技术知识技能的专业人员,在不太长的时间内将有可能达到上千万之众(据我国教育部 2021 年年底的统计,中小学教师人数约 1260 万人,学前教育教师人数约 319 万人)。对如此庞大的教育技术应用队伍来说,由于他们主要是运用教育技术方面的知识技能解决实际问题(而非对教育技术基本理论进行研究与探索),所以上述教育技术学的学科定义对他们并不合适,因为这类学科定义所涉及的研究对象、研究范畴和研究内容并非他们所关注的内容(如对广大教师来说,他们关注的只是如何运用教育技术完成一节课的教学设计和组织好一节课的教学活动)。为此,需要为教育技术应用领域(各级各类学校的教学应用领域)制定一种新的定义,激发广大教师较强烈的学习与应用教育技术意识,并易于为他们理解和掌握,这就是教育技术的"应用领域定义"(以下简称"应用定义")。

应用定义主要是面向各级各类学校(特别是中小学)广大教师的教学应用,所以必须通俗易懂,但是作为定义又必须反映事物的本质特征。那么,教育技术的本质特征到底是什么呢?我们经过反复、深入的研究发现,这种本质特征就是:运用技术优化教育、教学过程,以提高教育、教学的效果、效率与效益。这里的"技术"既包括有形的"物化技术"(物化技术中又分硬件技术和软件技术)也包括无形的"智能技术",既包括现代技术也包括传统的技术。正如美国 AECT 协会前主席、著名教育技术学家伊利(Donald P. Ely)所指出的:"技术为教育技术这一领域的发展及其向一个学科的演进提供了一个最好的组织概念(best organizing concept)。"

在教育技术的本质特征中之所以强调"三效",是因为效果的体现是各学科教学质量和学生综合素质的提高;效率的体现是要用较少的时间达到预期的效果;效益的体现是要用较少的资金投入获取更大的产出(对教育来说,"更大的产出"就是要培养更多的优秀人才)。

由于上述关于教育技术的本质特征的表述既简洁明白,又能抓住问题的本质,因而为兼顾"通俗易懂"和"反映教育技术本质特征"这两方面的要求,我们认为,应采用教育技术的本质特征来作为面向应用领域的教育技术定义。其具体表述为"教育技术是运用技术优化教育、教学过程,以提高教育、教学的效果、效率与效益的理论与实践"。

由于教育技术是通过多种技术手段的综合运用达到优化教育、教学过程以达到提高"三效"的目的,而学校的教育主要是通过教学过程实现的,所以对于广大教师来说,上述教育技术的"应用领域定义"可以用一句话概括——教育技术就是"如何进行有效教学的技术",或者用更简单明确的话表述——教育技术就是"如何'教'的技术"。

四、现代教育技术概述

(一)现代教育技术的定义

应该说,AECT对教育技术给出的AECT'94定义本身已经具有浓厚的当代特征,因而"现代教育技术"与这个意义上的教育技术相比较没有本质的区别。但从广义上讲,"技术"在教育中的应用由来已久,国外有的学者就曾把教育技术的起源追溯到古希腊时期,我国有的学者也认为人类早期的语言教学就已经采用了"教育技术",而它和后来的直观教学应被看作是教育技术应用和发展的不同阶段。正因为如此,才有了所谓的"传统教育技术"与"现代教育技术"之分。"现代"教育技术从时间上看是始于19世纪末到20世纪初的教育技术,而且主要是指第二次世界大战以后产生的教育技术。随着以信息技术为代表的现代科学技术的迅速发展,以及科学技术在教育领域中得到越来越广泛的应用,人类从事教育活动的手段有了根本性的改观,进而也对教育活动本身产生了诸多影响。在学习研究了AECT'94定义的基础上,李克东教授提出了自己对"现代教育技术"的定义:"所谓现代教育技术,是指运用现代教育理论和现代信息技术,通过对教与学过程和教与学资源的设计、开发、利用、管理和评价,以实现教学最优化的理论和实践。"

这个定义中强调了以下几个方面。
(1)现代教育技术必须以先进的教育思想和教育理论为指导。
(2)现代教育技术以信息技术为手段,要真正发挥信息技术的优势。
(3)现代教育技术以教与学过程和教与学资源为研究对象,并以优化教与学过程和教与学资源为目标,因此,现代教育技术要重视"教",更要重视"学"的"过程"和"资源"的研究与开发。
(4)现代教育技术以系统科学方法作为方法论基础。现代教育技术的工作内容包括对教与学过程和教与学资源的设计、开发、利用、管理和评价。
(5)现代教育技术的目的是实现教学最优化。

(二)现代教育思想

现代教育思想主要有现代教育观、现代教学观、现代学生观、现代学校观、现代人才观和素质教育观。

1. 现代教育观

现代教育观是一种大教育观,认为教育是一个大系统,除学校教育外,还有社会教育、家庭教育、终身教育、自我教育等。一个人在不同年龄阶段和不同环境下都要受教育。

2. 现代教学观

现代教学观认为,教学是师生之间交流信息、共同发展的互动过程。教学除向学生传授知识外,还应使学生在认知、情感、技能三个方面都得到发展。在这个过程中,学生是知识积极的探索者和建构者,教师是学生学习的帮助者和指导者。通过师生互动,培养学生的创新思维和创新能力,促进学生的全面发展。

3. 现代学生观

学生被看作独立的、有待完善的、发展中的"人"。教育的职责就是要把学生培养成为具有完善的人格、丰富的知识、创新思维和创新能力的一代新人。有鉴于此,信息技术环境下新的教学理念强调师生之间、学生之间动态的信息交流,通过信息交流实现师生互动,相互影响、相互沟通、相互补充,从而达成共识、共享和共进,彼此形成一个真正的"学习共同体"。新理念的核心是"交互"——交往和互动,对教学而言,意味着对话、参与、共同建构;对学生而言,意味着心态的开放、主体性的凸显、个性的张扬、创造性的解放;对教师而言,意味着上课不但是传授知识,而且是一起分享理解,上课是生命活动、专业成长、自我实现的过程。

4. 现代学校观

要树立新的学校概念,只要是能够为学生获取知识提供各种学习形式的都可以是学校,如全日制学校、业余学校、远距离教学学校、网络学校等。

5. 现代人才观

新时期所需要的人才是创造型人才,不是模仿型人才。联合国教科文组织在一份报告中指出,现代人在信息社会有效地工作、学习和生活,并能有效地应对各种竞争和危机的四种最基本的学习能力,包括学会认知、学会做事、学会合作和学会生存。这种人才的基本特征如下。

(1) 全面+个性。受教育者既全面发展又有个性特长。

(2) 人脑+计算机。既善于用人脑,能做到左右脑并用,抽象思维与形象思维协调运作,充分发挥大脑的聪明才智;又善于用计算机,不仅会操作计算机,而且会用计算机与网络来辅助学习和工作。

(3) 智商+情商。既有较高的智商,又有较高的情商。智商是人获得知识的能力;情商是感受、理解、控制、运用、表达自己情感及他人情绪的一种能力。从重视智商转到既重视智商又重视情商,是近年来人才观念上的一个重大变化。

6. 素质教育观

实施素质教育是我国教育改革的重要目标。关于素质教育的含义可以概括如下。

(1) 三发展(素质教育的基本特征):全面发展、整体发展和个性发展。

(2) 两重心(素质教育的重点):创新精神和实践能力的培养。

(3) 一句话(素质教育的目标):培养创新型人才。高素质的创新型人才的基本特征:①受过充分的教育,具有广博的知识;②善于独立思考,富有创新精神和创新能力;

③有高尚的道德情操。

（三）现代教育理论

现代教育理论主要是指学习理论、教学理论、视听教育理论、传播理论和系统科学理论（详见本章第三节）。

（四）现代信息技术

1. 现代信息技术的定义

信息技术是对信息的获取、存储、处理、传输所使用的手段和方法体系。现代信息技术是指电子技术、计算机技术、网络通信技术、信息处理技术、光盘制造技术和高清晰度电视技术等一系列技术形成的综合技术。现代信息技术极大地提高了当今人类获取、传递、再生和利用信息的能力，也极大地改变了当今社会的生活方式和工作方式。

2. 现代信息技术的特征

（1）促进了生产力的发展。现代信息技术可以带动其他高新技术的发展，智能化劳动可以使人类劳动强度减轻，缩减劳动时间，提高劳动效率。

（2）信息处理多样化。可使信息处理、信息交换做到双向化、多媒化、智能化和全球化，打破了地域、国家的限制。这也将使产业结构和生产组织形式发生变化。

（3）信息量剧增。由于信息技术的发展，知识量、信息量都有极大的增长，满足人们对各种信息的需求。

（4）加速了信息的交流。现代信息技术加速了信息的流通，延长了信息的传播距离，这样就改变了人类的时空关系，使世界成为一个地球村。

（五）教学过程最优化

前面的现代教育技术定义中提到，现代教育技术的目标是实现教育教学过程的最优化。最优化不是理想化，不是说最优化就是今天的教育必须达到一个理想的最高境界。教育过程最优化的含义如下。

（1）在一定的条件下，在同样的时间内，能使学生学得多一些、快一些、好一些，能使更多的人受到教育。

（2）最优化的标准有两个：最好效果和最少时间。在特定条件下，用最少的时间，实现最好的效果。

五、现代教育技术的特征和作用

（一）现代教育技术的特征

不难看出，现代教育技术具有以下三个特征。

1. 现代教育技术以信息技术为主要依托

教育过程实质上是信息的产生、选择、存储、传输、转换、分配的过程。信息技术是指用于上述一系列过程的各种先进技术，包括电子技术、多媒体技术、网络通信技术、信息处理技术等。把这些技术引入学校的教育过程，可以大幅提高信息传播即教学的效率。在当前这个知识迅速增长的社会里，教学效率显得尤其重要，可以说，没有高的教学效率就不可能有高的教学质量。

2. 现代教育技术更加强调以学生为中心的观点

在教育目标的确定上，既要满足社会的要求，也要特别重视学习者个人的需求，鼓励学习者向多样化方向发展；在教育内容的选择上，不是考虑教师会教什么，而是要考虑学生需要学什么，适合学什么；在教育方法的运用上，更多地提倡小组合作学习和自学，这将有助于培养与学生以后生活关系重大的非认知技能和态度，如与别人的交往和合作；在教育的形式上，将变得非常灵活，能够与人们的工作、生活很好地协调，而且终身教育将占有越来越重要的地位。

3. 现代教育技术将使学校进一步开放，全社会的教育资源更加合理地配置

随着作为现代教育技术重要物质基础的多媒体计算机网络的延伸，整个社会将逐步连成一体。受教育者可能根据学习目的自由地选择学校、课程和教师，学校与社会之间、学校与学校之间的界限会变得模糊，投入教育的人力、物力、财力将根据受教育者的选择进行分配，而不是像现在这样受许多人为因素的影响。

（二）现代教育技术的基本作用

1. 提高教育质量

教育质量的高低主要是看学生是否在德、智、体、美等方面都得到了发展。现代教育技术为提高教育质量提供强有力的支撑。

（1）现代教育技术能够提供良好的交互环境，给学生提供更自主学习的机会，使他们在学习过程中更投入、更主动地进行信息加工，提高学习效率，促进学生的主动发展、个性化发展，提高面向个体的教育品质。

（2）现代教育技术无时间、空间限制的特性，有利于创建大教育的格局，扩大优质教育资源的受益面，使各类教育资源特别是优质教育资源得到有效整合，对优化教育发展的大环境、提升整体教育质量无疑是一条有效途径。

（3）以促进人的全面发展和适应社会需要为衡量教育质量的根本标准的质量观，将会催生新的教育质量评估体系和评价方式，特别是综合素质评价及其诚信认定制度的实施，需要在信息技术平台基础上对大量数据进行聚合和质量监测跟踪。

2. 提高教学效率

提高教学效率是指在一定时间内完成比原先更多的教学任务或使用更少的时间完成同样的教学任务。效率问题主要是速度问题，现代教育技术能缩短教学时间，也就是能提高教学效率。学习比率、注意比率、记忆比率三个实验研究的结果能很好地说明这个问题。

（1）特瑞勒（D. G. Treichier）关于学习比率的研究结果表明，学习时，通过视觉获得的知识占83%，通过听觉获得的知识占11%，通过嗅觉获得的知识占3.5%，通过触觉获得的知识占1.5%，通过味觉获得的知识占1.0%。这说明，视觉和听觉在学习中所起的作用最大。

（2）关于注意比率的研究结果表明，人们使用视觉媒体学习时，注意集中力的比率为81.7%，使用听觉媒体学习时为54.6%。

(3) 关于记忆比率的研究结果表明,对同一学习内容,采用听觉接受知识,三个小时后能记住 60%;采用视觉接受知识,三个小时后能记住 70%;采用视听觉并用接受知识,三个小时后能记住 90%。三天以后,三种学习方法的记忆比率:听觉为 15%,视觉为 40%,视听觉为 75%,视听觉的记忆比率大于前两者之和。

采用现代教育技术能使学生充分利用视觉和听觉获取知识,能使学生综合利用多种感官进行学习,因此能使学生获得较佳的学习效果,提高教学效率。

3. 扩大教育规模

现代教育技术能扩大教育规模,加速教育事业发展。国家正在实施科教兴国战略,可充分利用现代教育技术开展各种远程教育,扩大教育规模。如利用广播电视网络(包括卫星电视、有线电视)、计算机网络、邮电通信网络等,开展多种形式的远距离教育,向学校、社会、家庭传播各类教育课程。一个教师同时教千百个学生,一个教育信息源同时为成千上万个学生所用,大幅节省了师资、校舍和设备,扩大了教育规模。如国家开放大学的远距离教育,北京大学、湖南大学的网上大学,国际间的网上大学,都在教育规模上得到了极大的扩展。

4. 促进教育改革

现代教育技术的发展,被人们公认为是中国教育改革与发展的制高点和突破口,它在教育上引起了多方面的变革。如在教育教学手段方面,将现代技术手段引进教育领域,使教育手段实现了多媒化;在教育教学方法方面,媒体教学法的应用使教育方法实现了多样化;在教育教学模式方面,现代教学媒体改变了原有教育过程的结构,形成了多种人—机—人的教育新模式;在教育教学观念方面,为教育的发展提供了新思路、新思想、新办法;在教育理论方面,由于手段、方法、模式、观念的改变与发展,使教育理论的研究得到了更大的发展,促进了现代教育观、现代教学观、现代学校观、现代人才观的形成。

第二节　现代教育技术的产生与发展

一、人类教育史上的四次革命

教育史学家认为,教育史上已经有过三次革命,现在正在进行的是以现代教育技术为标志的第四次革命。

(一)第一次革命(约在公元前 30 世纪,原始社会末期)

专业教师的出现是人类教育史上的第一次革命。教育年青一代的责任从家庭转移到专业教师,引起了教育方式的大变化。它发生于原始生产方式解体、物质财富丰富到某些人可以离开物质生活资料生产过程时。

(二)第二次革命(约在公元前 11 世纪,我国奴隶社会的商代以后)

以文字和书写工具的出现为前提,文字和书写工具成为与言传口授同样重要的教育手段。这引起了教育方式的又一次变化,除了口耳相传外,又有了书写训练。

(三) 第三次革命(11世纪,我国的北宋时期)

印刷术的出现、教科书的普遍运用,使人类的教育方式发生第三次革命。人们不仅可以向教师学习,也可以向书本学习,极大地扩展了教育的受众面,使知识传播的速度与广度大幅提高,传得也更久远。班级授课制也随之产生。

(四) 第四次革命(19世纪以来)

现代教育媒体的出现、现代教育技术的产生和发展,使教育方式又一次经历了重大变革。人们不仅可以向教师和书本学习,还可以向更多的现代教育媒体学习,通过教育机器进行学习,从而使教育摆脱了"手工业方式"的束缚,走上了现代化的道路,向着高效率、高质量的方向发展。

二、现代教育技术产生和发展的原因

从历史上看,产生现代教育技术的原因主要有以下两个。

(1) 心理的原因。所有教师都有一个共同的心愿——把书教好;所有学生也都有一个共同的心愿——把功课学好。师生们为实现各自的心愿,都把希望寄托到现代教育技术上。这就是现代教育技术产生的心理原因。

(2) 物质的原因。科学技术的发展,特别是各种教学机器的出现,为现代教育技术的产生提供了物质条件。

三、现代教育技术的发展历程

现代教育技术是充分利用了最新科技成果,并汲取了科学方法论的精华而形成和发展起来的。现代教育技术的发展离不开现代教学媒体的发展。

(一) 国外现代教育技术的产生和发展

国外现代教育技术的产生与发展大致经历了六个阶段,如表1-1所示。

表1-1 国外现代教育技术的产生和发展阶段

发展阶段	时间	新媒体的介入	新理论的引入或产生	名称
萌芽阶段	19世纪末	幻灯片	夸美纽斯《大教学论》	直观教育
起步阶段	20世纪20年代	无声电影	《学校中的视觉教育》	视觉教育
初期发展阶段	20世纪30—40年代	有声电影、录音机、电视机	戴尔"经验之塔"	视听教育
迅速发展阶段	20世纪50—60年代	电视机、程序教学机、计算机	斯金纳的操作条件反射说、信息理论	视听传播
系统发展阶段	20世纪70—80年代	卫星电视教学系统、计算机辅助教学系统	系统论、信息论、控制论	教育传播与技术
网络发展阶段	20世纪90年代以后	多媒体系统、计算机网络	建构主义学习理论	多媒体网络教育

1. 萌芽阶段（19世纪末）

萌芽阶段又称为直观教育阶段，以幻灯片教学的出现为标志。

17世纪，著名的捷克教育家夸美纽斯发表了《大教学论》，主张"让一切学校布满图像""让一切教学用书充满图像"，被西方国家誉为"直观教育之父"。进入19世纪以后，出现了许多机械的、光学的和电气传播信息的媒体，如最早问世的幻灯机，进一步推动了直观教育的发展。

2. 起步阶段（20世纪20年代）

起步阶段又称为视觉教育阶段，以无声电影教学的出现为标志。

最早使用视觉教育术语的是美国宾夕法尼亚州的一家出版公司，1906年，该公司出版了一本介绍如何拍摄照片、如何制作和使用幻灯片的书，书名就是《视觉教育》。1923年，美国教育协会建立了视觉教育分会。许多教学人员进行了一些实验，对视觉教育的有效性和适应性的研究取得了一定的成果，在此基础上，出现了第一本有关视觉教育的教科书《学校中的视觉教育》。

3. 初期发展阶段（20世纪30—40年代）

初期发展阶段又称为视听教育阶段，以有声电影、录音教学的出现为标志。

20世纪30年代后半叶，无线电广播、有声电影、录音机先后在教育中获得运用，人们感到视觉教育名称已经概括不了已有的实践，并开始在文章中使用视听教育的术语。1947年，美国教育协会的视觉教育分会改名为视听教育分会。在诸多关于视听教育的研究中，堪称代表的是戴尔（E. Dale）于1946年所著的《教学中的视听方法》。该书提出的戴尔的"经验之塔"成为视听教育的主要理论根据。

在第二次世界大战中，利用有声电影技术，美国在短短6个月就把120万缺乏军事知识的老百姓训练成为陆、海、空各兵种作战人员，把800万普通青年训练成为制造军火、船舶的技术工人。在这些成功经验的推动下，加上战时受聘去军队和工业界主持训练的视听教育专家返回教育部门，以及视听设备的逐渐普及，第二次世界大战后，学校教育中人们对视听的兴趣重新高涨，视听教育得到了实践的检验和肯定。

第二次世界大战以后的10年是视听教育稳步发展的时期。

4. 迅速发展阶段（20世纪50—60年代）

迅速发展阶段又称为视听传播阶段，以电视机、程序教学机及计算机辅助教学的出现为标志。

进入20世纪50年代以后，西方学校中视听设备和资料剧增，教育电视由实验阶段进入实用阶段，程序教学和教学机器风靡一时，计算机辅助教育研究方兴未艾。这些新的媒体手段的开发和推广使用给视听教学注入了新鲜血液。同时，由美国人拉斯维尔在20世纪40年代创立的传播学和早期系统观共同影响视听教学领域，使视听教学从媒体论向过程论和系统论两个方面发展，教育技术从此进入视听传播阶段。

1963年2月，美国教育协会的视听教育分会将"视听教学"改为"视听传播"。传播的概念和原理被引入视听教学领域，从根本上改变了视听领域的实践范畴和理论框架，即由仅仅重视教具教材的使用，转为充分关注教学信息怎样从发送者（教师等）经由各种渠道（媒体等）传递到接收者（学生）的整个传播过程。由于教学信息的传播是一个复杂的多要素相互作用的过程,传播理论与系统观念汇合,共同促成"视听教学"向"视听传播"的转变。

至此,教育界用"视听媒体"取代原来的"视听辅助",并有了硬件和软件之分;视听教具被视为传递教学信息的媒体,而不仅是辅助教学的工具。与此同时,比"视听媒体"术语更具包容性的名词"教学资源"崭露头角。学者们将关注的焦点从原先的视听教具逐渐转向整体的教学传播过程及教学系统这一宏观层面。

5. 系统发展阶段(20世纪70—80年代)

系统发展阶段又称为教育传播与技术阶段,以卫星电视教学系统、计算机辅助教学系统的出现为标志。

1974年5月,美国发射"实用技术卫星6号"传送教学节目,进行扫盲、普通教育、职业训练和成人教育。1975年,也用这一卫星播放农村教育节目。20世纪70年代,计算机辅助教学系统的开发也取得了不小的成果,如PLATO和TICCIT。80年代初,计算机普及后的几年中,人们对于应用计算机进行教学的兴趣逐渐增加,到1983年1月,美国至少有40%的小学和75%的中学将计算机应用于教学。

20世纪70年代,随着系统论对教学设计影响的不断深入,教学设计的理论和方法逐渐成熟。美国军队开始采用这种系统方法开发内部培训资料,很多企业看到教学设计能提高培训质量,也开始采用这种方法。韩国、利比里亚和印度尼西亚等国也创建了不同的组织来支持教学设计的运用。在80年代,认知心理学的发展对教学设计也产生了一定的推动作用,但对教学设计实践的影响并不大。

20世纪80年代,计算机在教学领域的广泛应用为教学设计的实践提供了很大帮助。教学设计领域的许多专家转而关注计算机辅助教学,共同促进了计算机辅助教学系统的发展,媒体技术与科学理论更趋结合。

由于媒体技术的发展和理论观念的拓新,国际教育界深感原有视听教育的名称不能代表该领域的实践和研究范畴。1970年6月25日,美国视听教育协会改名为教育传播和技术协会。1972年,该协会将其实践和研究的领域正式定名为教育技术。

6. 网络发展阶段(20世纪90年代以后)

20世纪90年代以来,计算机和其他数字技术及互联网迅速发展。在美国学校,技术的运用量明显增加,如1995年每9个学习者拥有一台计算机,到1998年每6个学习者就拥有一台计算机。而且,可接入互联网的学校从1995年的50%增长到1998年的90%。高等教育也纷纷将互联网应用于教学中,如1997—1998年美国高等教育机构中远程学习的注册生比1994—1995年差不多翻了一番,提供这种远程学习课程的机构比例从33%上升到44%,78%的公共四年制学院也提供此类课程。

20世纪90年代以来,建构主义学习理论对教学设计的发展也产生了巨大影响。随着互联网越来越多地应用于远程教育,许多教育技术工作者便开发出更多基于建构主义学习理论的学习资源,将其整合到网络课程中,以满足人们对远程学习项目的需求。

(二)我国现代教育技术的产生和发展

1. 电化教育发展阶段

我国的现代教育技术萌芽于20世纪20年代,起步于30年代,至今已有近百年的历史。我国现代教育技术的发展大致经历的几个发展阶段如表1-2所示。

早在1920年,上海商务印书馆创办的国光影片公司就拍过《盲童教育》《养蚕》《女子体育》等无声教育影片。1935年,江苏镇江民众教育馆将该馆的大会堂改名为"电化教学讲映场",首次使用"电化教学"一词。1936年,上海发行《电化教育》周刊,是我国最早的现代教育技术刊物。1937年,陈友松的《有声教育电影》由上海商务印书馆出版,这是我国第一本现代教育技术专著。1945年,苏州国立社会教育学院建立了电化教育系,这是我国最早的现代教育技术系。

表1-2 我国现代教育技术的产生和发展阶段

发 展 阶 段	时　　　间
萌芽阶段	20世纪20年代
起步阶段	20世纪30—40年代
初期发展阶段	20世纪50—60年代前期
停滞阶段	20世纪60年代后期至70年代前期
迅速发展阶段	20世纪70年代后期至80年代
深入发展阶段	20世纪90年代以后

我国的现代教育技术事业真正得到迅速发展,是在20世纪70年代后期。随着我国经济重建、教育复苏,电化教育重新起步,一切从头做起,立机构、组队伍、添设备、编教材、出书刊、开课程、建专业、搞实验,各项建设红红火火,迅速发展。电化教育的"三件"(硬件、软件、潜件)建设得到长足发展:硬件建设,由"两机一幕"到电教系统工程建设(主要内容包括"八室一站三系统");软件建设,由个别学科的重点难点幻灯、录音教材的开发到各科现代教材体系(由书本教材系统和非书本教材系统两个部分构成)的初步建立;潜件建设,由电教概念、特点、作用等的简单阐释,到初步构成以"七论"(本质论、功能论、发展论、媒体论、过程论、方法论、管理论)为内容的理论体系框架等。在视听教育阶段,电教领域应用的主流技术是投影、录音、电视技术,起主导作用的理论基础是戴尔的"经验之塔"和行为主义学习理论。

1978年,中央广播电视大学和中央电化教育馆成立。1986年,中国教育电视台成立并开通卫星频道。当时已有三个卫星频道。全国拥有省级教育电视台10个,地市级教育电视台104个,上万个卫星地面接收站。由此,我国已初步形成了具有中国特色的现代教育技术的三大系统,即由中央、省、地、县电化教育馆及学校电教机构组成的学校教育技术系统;由国家开放大学、44所省级电大、823所地市级电大分校和1766所县级电大工作站组成的广播电视教育系统;由中国教育电视台,省、地级教育电视台和县、乡卫星教育电视收转台及放像网点组成的卫星电视教育系统。在这三大系统的有力支持下,我国学校教育技术得到了进一步的普及和应用。1997年,我国现代远程教育工程已经启动,并于10月13日开通了远程教育卫星广播。

我国已经建立比较完整的教育技术学学科专业体系,形成了具有专业技术知识和实践经验的教育技术队伍。从1978年开始,几所高等院校着手开设教育技术(电化教育)专业。从1983年起,北京师范大学现代教育技术研究所、华南师范大学电化教育中心、华东师范大学现代教育技术研究所三个单位开办了四年制本科教育技术学（电化教育）专业。

2. 信息化教育阶段（深入发展阶段，20世纪90年代中期至今）

信息化教育阶段的重要标志是教育信息高速公路——以计算机为核心的多媒体网络教育系统的建设并投入使用。20世纪90年代中期，随着网络教育的兴起，我国的电化教育进入新的发展阶段。电教"三件"建设的重点发生了变化：硬件建设，以网络教室和校园网的建设为主；软件建设，以网络课程和数字化教材的建设为主；潜件建设，以网络环境下学与教的理论和方法的探究为主。进入信息化教育阶段，电教领域的主流技术是多媒体技术、网络技术，起主导作用的理论基础是建构主义学习理论。

为提高所有参与教育教学过程人员的教育技术能力和素养，2003年中国教育技术协会公布了《中国教育技术标准》，2004年12月教育部颁布了《中小学教师教育技术能力标准（试行）》，并于2005年启动了全国中小学教师教育技术能力建设项目。我国的信息高速公路——"中国教育与科研计算机网络"已经开通，连接近200所高等学校和一些设备较好、技术力量较强的中小学校，为我国多媒体网络教学的广泛开展创造了条件。

到2008年，全国有44个教育技术学专科专业点，224个教育技术学本科专业点（是中国教育学科群中发展最多最快的本科专业点），83个教育技术学硕士学位授予点，8个教育技术学博士学位授予点，6个教育技术学博士后科研流动站，从而形成了一个包括专科、本科、硕士学位研究生和博士学位研究生在内的完整的教育技术学专业人才培养体系。

20世纪90年代以来，现代教育技术的研究重点从以前的视听教育媒体的理论与应用研究，转向了对多种媒体组合运用和学习过程的研究，特别是对教学系统的设计、开发、利用、管理与评价的研究，开展了大量的实验研究与开发工作。如"电化教育促进中小学教学优化"课题实验、"小学语文'四结合'教改实验""电化教育促进中小学由应试教育转向素质教育的实验研究""高等学校课程电化教育实验"及"全国中小学现代教育技术实验学校"项目等，取得了明显的教育、教学效益与社会效益，极大地推进了我国教育、教学改革的深化。信息化教育就是信息时代的电化教育，是电化教育发展的新阶段。

（三）现代教育技术的发展趋势

现代教育技术的发展趋势可概括、归纳为以下四点。

1. 理论研究呈现具体化、务实、包容的趋势

经历了20世纪90年代前后的理论大发展，研究者们现已成功地将建构主义、情境认知与学习、分布式认知等重要思想和理论整合到教育技术领域的设计、开发和研究中。目前的研究主要是将其具体运用于特定的学科、领域或设计中。

另外，值得关注的是，认知负荷理论得到了教学设计研究者的普遍重视，成为认知加工和教学设计研究的重要理论框架。可以说，认知负荷理论在20多年中得到不断承认、重视和持续发展，很重要的一个原因是它在解决现实问题上的针对性和有效性。

研究者们还在不断挖掘将其他研究领域的理论和研究应用于教育技术研究的可能

与潜力。

我国教育技术发展要走"借鉴与创新"之路,要注意处理好借鉴与创新的关系,要积极吸收西方教育技术中适合中国国情的理论与经验,还要特别注意"超越与创新";要"以人为本",克服传统的电化教育只重视媒体、不重视学习过程,只见"物"、不见"人",只强调媒体单一因素的研究和运用,忽视系统方法的运用等弊端。积极推进教育技术学理论本土化,努力探索教育信息化的理论、体制和机制的创新,建构具有中国特色的教育技术学派与理论体系,从而加快教育技术学科建设。

2. 技术发展呈现微观研究与宏观预测并行的趋势

真实世界中瞬息万变的技术进步给教育技术领域的开发和研究带来了源源不断的推动力。研究者们一方面从微观上对各种常用技术进行研究;另一方面又试图从宏观上把握技术发展的趋势。

多媒体计算机与网络教育的兴起,极大地扩展了教育教学的空间,为学习者建构了第二个学习空间——虚拟学习空间,从而打破了传统教育方式一统天下的局面,促进了自主、合作、探究学习方式的发展。在新的历史时期,我国教育技术工作者不仅要重视信息技术环境下学习方式的研究,还要关注真实情境与虚拟学习空间的学习内容与学习互动相结合的研究,加深学习者感受,理解知识产生和发展的过程。教育技术工作者要大力开展信息技术环境下的各种教学模式和教学方法的研究与探索,进行信息技术与学科教学有效整合的各类实验,充分发挥教育信息技术应用的潜能和效益,不断提高教育教学质量。

教育技术从以肢体语言和口语传达的面对面交互,到图画、数字、字母等表征符号出现后借由科学、数学、文本、艺术等学科传达的符号中介的交互,到无线电波、微波、电视、电话等现代通信技术发明后传播中介的交互,到由无线网络、数据库、互联网等支持的联网计算机、网络印刷、推荐引擎、全球搜索形成的网络中介的交互,再到当前以云计算、群体智慧、即时联络、传感器网络构筑的赛博基础设施中介的交互,整个人类交互的中介的复杂性不断增强,呈现一条"文化中介→符号中介→传播中介→网络中介→赛博基础设施中介"的发展路线。以"赛博基础设施"为中介这种思路反映了当前技术发展的集成性特征,即更强调推进信息技术基础设施的建设,以此鼓励研究者和学习者利用成熟的、高支持的先进技术平台,进行针对个体需求的适应性设计,而非事事另起炉灶,重复开发各种平台。

另外,从支持学习(从技术中心到学习者中心)的视角看待和研究技术已经成为研究者们对技术的普遍态度。

3. 研究方法要求趋高,并呈现多元、混合的趋势

在研究方法上,一是趋向于从外领域借用的方法;二是趋向于采用混合的研究方法。比如,脑科学在近几十年中发展迅速,其研究成果或是从生理层面验证了教育研究发现,或是为未来的研究提供了新的思路。在研究方法上,教育的复杂性也决定了不能采用单一的研究范式,除心理学、社会学的研究方法外,不少研究者纷纷向人类学、生态学等领域寻求帮助。设计研究、社会网络分析等研究方法频频出现在交流报告中,复杂性理论、设计与技术、组织理论也是非常值得关注的相关领域。

有理由相信,随着技术的不断发展,以及来自脑科学、认知科学、心理学、学习科学、计算机科学、测量与统计、各学科研究等众多领域的研究成果的不断涌现,今后教育技术领域的研究一定会呈现与人类学习发展及社会生活联系更紧密、更富活力的美好图景。

4. 促进教育均衡发展

教育技术工作者要努力运用教育技术促进教育均衡发展,扩大教育规模,为更多的人提供受教育的机会;促进数字化教学资源开发与共享,促进城乡间、区域间与区域内优质教育资源的共享,促进农村与边远贫穷落后地区中小学的教育信息化建设;促进基础教育、高等教育、远程教育、职业教育、非正式教育的创新与行业、企业培训的创新;促进终身学习体系和学习型社会的构建。

四、现代教育技术理论的新进展

进入21世纪以来,混合式学习(blending learning)在国际上被赋予新的含义并广泛流行,从而使国际教育技术界的教育思想观念经历又一场深刻的变革,并促使教育技术理论进一步发展。

blending 一词的含义是混合或结合,blending learning 的原有含义就是混合式学习或结合式学习,即各种学习方式的结合。例如,运用视听媒体的学习方式与运用粉笔黑板的传统学习方式相结合;计算机辅助学习方式与传统学习方式相结合;自主学习方式与协作学习方式相结合等。进入21世纪以后,随着互联网的普及和E-Learning(数字化或网络化学习)的发展,国际教育技术界在总结近十年网络教育实践经验的基础上,利用 blending learning 原有的基本内涵并赋予它一种全新的含义——blending learning 就是要把传统学习方式的优势和 E-Learning 的优势结合起来。也就是说,既要发挥教师引导、启发、监控教学过程的主导作用,又要充分体现学生作为学习过程主体的主动性、积极性与创造性,还需要从学习理论、学习资源、学习环境、学习方式与学习风格等角度来理解混合式学习。

国际上有很多种混合式学习的定义,一种比较典型的定义是:混合式学习的核心是在"合适的"时间为"合适的"人采用"合适的"学习技术和为适应"合适的"学习风格而传递"合适的"技能来优化与学习目标对应的学业成就。

混合式学习的核心思想是根据不同的问题、要求,采用不同的方式解决问题,在教学上就是要采用不同的媒体与信息传递方式解决问题,而且这种解决问题的方式的目的就是要付出最小的代价,取得最大的效益。这里的混合不是要素之间的简单叠加,而是各个要素的有机融合。

无论是将教育思想、教学方法进行混合,还是将学习资源、学习方式进行混合,只有对"混合"的内涵有所认识,教师才能设计出有效的混合式学习的教学活动,并潜移默化地、自觉地将混合式学习的思想融入教学中。

从目前教育技术的发展现状来看,混合式学习至少在以下几个方面对教育技术理论的发展产生较大的影响。

（一）对"建构主义"学习理论的反思

以戴维·乔纳森（D. H. Jonassen）为代表的西方极端建构主义观点，在20世纪90年代初刚提出来的时候，曾经在国际上红极一时，在我们国内也有很大影响——"以学生为中心"成为国内外教育界最先进、最时尚的口号就是明证。由于学生是学习过程的主体，"教"的目的是促进"学"，教师应成为教学过程的组织者、指导者和学生自主建构意义的帮助者、促进者，教师不应牵着学生的鼻子走，而应启发、引导学生自主学习，使学生真正成为学习的主人，而不是"外部刺激的被动接受者"。若从这个意义上说，强调"以学生为中心"并没有错。但以乔纳森为代表的西方极端建构主义者所强调的以学生为中心并非上述含义，他们的以学生为中心建立在纯主观主义认识论的基础之上。由于这种主观主义认识论完全否认知识的客观性，否认知识的可传授性，因而也就完全否定了教师的作用——不仅否定了教师在教学过程中的主导作用，甚至连最基本的"传道、授业、解惑"职能也否定了。

其实，建构主义本来就是认知主义的一个分支，它的哲学基础与认知主义应该是相同的，都是强调主观（内部心理加工过程）与客观（外部刺激）相结合，即"主客观相统一"的认识论。这里所说的主观或客观，如前所述，并不是指学习者建构知识意义的过程，这个过程当然是主观的，而是指在学习者大脑中所建构的知识，即以认知结构形式存储在学习者大脑中的知识与经验系统，到底是主观的还是客观的。内部心理加工和原有认知结构固然重要且因人而异，但存在决定意识，毕竟外部刺激是知识的来源，离开客观事物的纯主观建构将陷入唯心主义不可知论的泥坑。建构主义与认知主义是有区别的，这种区别主要体现在心理加工方式上：认知主义强调"信息加工"方式，但并不忽视原有认知结构的作用，建构主义则强调"意义建构"方式，更多地强调自主探究、自主发现在认知过程中的作用；而对客观事物意义的理解尽管与个人的经验及原有认知结构有关，即有主观性，但事物的意义是指事物的性质及事物之间的内在联系，这是客观的，不以人的意志为转移的，所以个人的知识必然是主观与客观相结合的产物。

随着对blending learning新概念的广泛认同，对于建构主义的认识论也应该进行重新审视，抛弃纯主观主义，坚持以主观与客观相结合的认识论作为哲学基础（这也是一种blending），这是建构主义健康发展的唯一出路，也是教育技术理论能够健康发展的唯一出路。

（二）促进"深度学习"理论的发展

"深度学习"（deep learning）是学习者通过对知识本质的理解和对学习内容的批判性运用，追求有效的学习迁移和真实问题的解决，并以高阶思维为主要认知活动的高投入性学习。美国是"深度学习"研究的发源地，针对基础教育阶段的深度学习研究起步于20世纪70年代后期。四十余年来，通过"初兴期—发展期—深化期"的研究进程，美国始终致力于深度学习的理论研究与实践探索，并视其为学生核心素养中的关键因素。

最近几年，伴随着大规模在线课程（MOOC）、小规模在线课程（SPOC）、翻转课堂等新型教学方法的使用，教育场域中指向各个学科的"深度学习"研究层出不穷，并逐渐获得众多一线教师的高度关注。目前来看，我国对深度学习领域的研究尚处于起步阶段，相关的学术研究呈现出零散化、浅表化的特点，缺乏必要理论与实践经验的支撑。

1. 深度学习的内涵

本杰明·布鲁姆（Benjamin Bloom）的教学目标分类理论把教学目标分成认知、情感和动作技能三大类。其中，认知又进一步细分成六个子类，即记忆、理解、应用、分析、评价及创造。其中，对知识的记忆、理解属于初步的浅层认知，后面四个环节属于较高级别的深层认知。深度学习正是要通过全新的理念、方式及其必要的工具、资源、手段来达到这些高级深层认知能力尤其是创造能力的培养目标，从而使广大青少年通过深度学习不仅能记忆、理解必要的各学科基础知识，还能具有应用、分析、评价这些基础知识并创造新知识和新产品的能力。它不仅涉及教育理念与学习方式的根本变革，也必然涉及学习过程与学习结果这些相关要素。

所谓深度学习，是指在教师引领下，学生围绕具有挑战性的学习主题，全身心积极参与、体验成功、获得发展的有意义的学习过程。在这个过程中，学生掌握学科的核心知识，理解学习的过程，把握学科的本质及思想方法，形成积极的内在学习动机、高级的社会性情感、积极的态度、正确的价值观，成为既具独立性、批判性、创造性又有合作精神、基础扎实的学习者，成为未来社会历史实践的主人。

2. 深度学习的特征及其理论依据

（1）联想与结构：经验与知识的相互转化。通过调动以往的经验来参与当下的学习，又要将当下的学习内容与已有的经验建立起结构性的关联，从而使知识转化为与学生个体有关联的、能够操作和思考的内容（对象）。"联想与结构"需要并开发学生的记忆、理解、关联能力，以及系统化的思维与结构能力。

（2）活动与体验：学生的学习机制。通过教师对教学内容及学生的学习过程与方式进行的精心设计，学生能够简约地、模拟地"经历"人类发现（发明）知识的关键环节，通过自己的活动将符号化的知识"打开"，将静态的知识"激活"，全身心地体验知识本身蕴含的丰富、复杂的内涵与意义。这样的过程便是学生主动"探索""发现""经历"知识形成过程的过程，是学生的深度学习的机制。在这样的过程中，学生能够在"硬知识"（"干货"）外体会到更深刻、复杂的情感，以及学科思想方法。

（3）本质与变式：对学习对象进行深度加工。"本质与变式"回答的是如何处理学习内容（学习对象）的问题。它要求学生能够抓住教学内容的本质属性去全面把握知识的内在联系，而不是简单地掌握孤立的知识点或记忆更多的事实性知识。把握事物本质的过程，便是去除非本质属性的主体活动去把握，或者是"质疑""探究"，或者是"归纳""演绎"，或者是"情境体验"等，让学生与自己正在学习的内容之间建立一种紧密的灵魂联系。只有这样，事物的本质才会显现，才会在学生面前展现出它最生动、最鲜活的风采。

（4）迁移与应用：在教学活动中模拟社会实践。在深度学习中，"迁移与应用"是重要的学习方式，不只是对学习结果的检验方式。"迁移"是经验的扩展与提升，"应用"是将内化的知识外显化、操作化的过程，也是将间接经验直接化、将符号转为实体、从抽象到具体的过程；是知识活化的标志，也是学生学习成果的体现。"迁移与应用"更重要的意义在于，这是学生在教学活动中对未来要从事的社会实践的初步尝试，也是教学具有教育性的重要体现。这是我们以往未曾自觉关注而需要特别予以重视的。

（5）价值与评价："人"的成长的隐性要素。对所学知识及其过程进行评判，既是手段也是目的，其终极目的则在于培养学生自觉而理性的精神与正确的价值观，形成学生自主发展的核心素养。可以说，是否关注学生理性精神与价值观的形成，是否关注学生核心素养的形成，是教育活动与其他活动（传递知识、盲目探究）的根本差别。当然，价值观的培养、学生核心素养的形成过程，既是隐性的过程，也是一个长期而缓慢的过程，也唯有如此，才需在教学活动中给予特别关注。

总之，正确理解深度学习，要从深度学习的性质、内容、过程及任务与目的方面去理解，要从促进学生的主动发展的意义上去理解。深度学习是一种教学模式，也是一种教学理念；它是历史上一切优秀教学理论与实践的凝练、提升，是良好教学的理想形态。

（三）对"信息技术教育应用"认识的深化

当前的信息技术教育应用正在逐步进入信息技术与课程整合阶段。在进入这个阶段以后，信息技术就不再仅仅是辅助教或辅助学的工具，而是要通过信息技术与学科课程的有效整合，创建信息化的教学环境和全新的教与学方式，从而有可能改变传统的教学结构，真正实现学校教育的深化改革，达到培养创新人才的目标。但是，由于以下两个原因，不论是就目前国内还是国际的情况看，信息技术与课程整合的上述要求与目标都还远远未能达到。

（1）关于"信息技术与课程整合"这一关系教育能否深化改革的重要问题，迄今为止，国际上还没有真正研究出一套比较科学、系统的理论来进行阐述。这就使广大教师无章可循，只能按个人的理解去实践、去探索，造成很大的盲目性。大多数教师对信息技术与课程整合的认识仍停留在计算机辅助教学阶段，以为只要用了计算机，用了课件，或上了网就是"整合"，根本不了解整合的目标、内涵与有效整合的方法。在这样混乱思想指引下的信息技术教育应用，不仅达不到整合的要求与目标，甚至连促进教学质量提高的基本要求也做不到。

（2）长期以来，国内外教育界对于信息技术的教育应用，关注更多的是教育管理、第二课堂和信息技术课本身，而对信息技术在各学科课堂教学中的应用却未能给予足够的重视；与上述第一种原因有关，缺乏科学的"整合"理论，从而使广大教师不知如何将信息技术与各学科的课堂教学相整合。

事实上，能否运用信息技术来优化教育教学过程，推进教育教学改革，有效地提升各学科的课堂教学质量，不仅是目前国际教育界关注的焦点，也是制约我国当前教育信息化能否持续、健康发展的一个瓶颈。近年来，信息技术教育应用有了新进展。

（1）智慧学习环境的出现。智慧学习环境是以大数据、人工智能、互联网等现代信息技术为支撑，拥有多功能的、便于学习者随时随地获得学习支持服务的学习场所或活动空间，是一个多功能的物理环境和虚拟环境。

智慧学习环境的学习空间是"人人皆学、处处能学、时时可学"的学习环境，支持任何设备以任何形式接入，并通过智能感知学习情境、挖掘和分析学习数据，实现合理评价，推送优质学习资源和最适配的学习任务。能够促进有效学习的学习场域或活动空间，具有感知学习情境、识别学习者特征、提供学习资源与便利的互动工具等功能。智慧学习环境的功能特征是全程记录、无缝连接、交互参与、情境感知和自适应。2022年3月，国家开通了全国智慧教育平台,包括中小学、大学、职业教育平台。

(2)移动学习可以说是近几年发展起来的一种新型学习模式。从技术层面来看,移动学习也可以说是通过利用智能设备达到学习目的的一种数字化学习模式;是以互联网技术、超媒体技术及移动技术为基础,利用便携式移动终端设备,不受时空限制,随时随地可以进行交互式学习的一种新型学习模式。它为远程教育提供了全新的弹性学习方法,保证了远程教育资源的即时获取,让学习者在任何时间、任何地点都可以参与和完成学习活动,满足学习者在学习时间、学习内容和学习地点上的弹性需求。

(3)近年来,我国教育领域经历了一次大规模、长时间的在线教学探索与实践,这是在线教育发展历程中的里程碑事件。近几年在线教学实践虽属特殊情形下的应急性举措,但也是一场对我国教育信息化建设成效的大考,经此一考,我国在线教学的基础设施得到了快速的完善,广大教师的信息素养得到了明显提升,学生、家长对在线教学也有了全新的认知。在线教学的成功实施受到了党和国家领导人的高度重视,2020年9月22日,习近平总书记在教育文化卫生体育领域专家代表座谈会上指出:"要总结应对新冠肺炎疫情以来大规模在线教育的经验,利用信息技术更新教育理念、变革教育模式。"审视疫情期间学校在线教学的实施特征,不仅有助于将"战时举措"转化为"平时机制",而且能为常态化学校混合式教学的实施提供重要借鉴。

可见,如何运用信息技术环境尤其是网络环境来促进教育教学改革、大幅提升各级各类学校的学科教学质量,不仅是中国教育信息化健康、深入发展的关键所在,也是当今世界各国教育信息化健康、深入发展的关键所在。课堂教学是学校教育的主阵地,教育信息化不能总是"敲边鼓",打外围战,而必须面向这个主阵地,打攻坚战。也就是说,课堂教学既要重视创新精神、创新能力的培养又要重视系统科学知识的传授与掌握,要把这二者有机地结合起来(这是又一种blending),而且这一目标要通过信息技术与各学科的课堂教学进行深层次的整合才能完成,这也是国际教育技术界在教育信息化领域取得的一个新共识。

(四)关于"信息技术与课程整合"理论的建构

认识到教育信息化要面向课堂教学这个主阵地,要把创新能力的培养与系统科学知识的传授和掌握结合起来,这表明国际教育技术界思想观念在提高、在转变的一个重要方面。但是要想让这种认识落到实处,还需通过信息技术与各学科课程实施有效的整合才有可能,而这有赖于科学的"信息技术与课程整合"理论的指导。信息技术与课程整合不是把信息技术仅仅作为辅助教或辅助学的工具,而是强调要利用信息技术营造一种信息化教学环境,以实现能支持自主探究、多重交互、情境创设、合作学习、资源共享等多方面要求的新型教与学方式,从而把学生的主动性、积极性充分调动起来,使课堂的教学结构发生根本变革,使学生的创新精神与实践能力培养落到实处。这正是我们素质教育的重点目标,即创新人才培养所需要的。

可见,为了适应创新人才培养的需要,必须改变传统的以教师为中心的教学结构,创建新型的既能发挥教师主导作用又能充分体现学生主体地位的教学结构,即"主导—主体相结合的教学结构"(这也是一种blending,而且是意义更为重大的、教育思想层面上的blending)。实现这样的教学结构变革,就是要彻底改变教学系统中四个要素(教师、学生、教学内容、教学媒体)的地位、作用和他们之间的关系,而其核心则是要改变教师与学生的地位、作用和师生之间的关系。这正是信息与课程整合的实质与落脚点。我们必须从变革教学结构的高度来认识"整合",而不是只从工具、手段的角度看"整合",才有可能在此基础上建构出真正科学的信息技术与课程整合理论。

(五)教学设计理论的进一步完善

20世纪90年代中后期,随着西方建构主义的日益流行,国际教育技术界比较强调建构主义的教学设计,即"以学生为中心"的教学设计,也称"以学为主"的教学设计。这种教学设计强调情景创设、信息资源提供、协作学习、自主探究和自主学习策略的设计等方面,而忽视教学目标分析、学习者特征分析、教师主导作用的发挥,排斥传统的以教为主的教学设计。

近年来,随着混合式学习的新含义逐渐被国际教育技术界所接受,越来越多的教师认识到"以学为主"的教学设计有其突出的优点,有利于促进学生自主探究和创新精神培养,但也有自身的缺陷,不太利于系统科学知识的传授与掌握。而"以教为主"的教学设计恰好与之相反,二者正好可以优势互补。所以目前教育技术界倾向于把"以学为主"的教学设计和"以教为主"的教学设计结合起来,形成"学教并重"的教学设计。这是一种更完善、更有效、也更适用于信息化教学环境的教学设计。这种教学设计不仅对学生的知识技能与创新能力的训练有利,对于学生的健康情感与价值观的培养也是大有好处的。

从以上介绍中可以看到,混合式学习所具有的新含义不仅促进了国际教育技术界对学习方式看法的转变,而且推动了国际教育技术界关于教育思想与教学观念的转变与提高,并促进了教育技术领域相关理论的完善与发展。

第三节 现代教育技术的理论基础

现代教育技术是一门新兴的综合性应用学科,它综合了多门相关学科的相关理论,主要包括学习理论、教学理论、视听教育理论、传播理论和系统科学理论等。除此之外,物理学、化学、计算机科学、生理学、美学、文学、社会学、管理学等也为现代教育技术提供了许多可直接运用的相关理论和技术。

一、学习理论

(一)行为主义学习理论

行为主义学习理论主要解释学习是在既有行为之上学习新行为的历程,是关于由"行"而学到习惯性行为的看法。这一流派的相关理论包括华生(J. B. Watson)、桑代克(Thorndike)等的联结主义学习理论和斯金纳(B. F. Skinner)等的操作条件作用学习理论。其基本观点如下。

(1)学习是刺激与反应的联结(即S-R之间的联结)。

(2)学习过程是一种渐进的、"尝试与错误"的过程。随着错误的反应逐渐减少,正确的反应逐渐增加,而最终形成固定的刺激反应,直至最后成功。

(3) 强化对学习很重要。斯金纳认为,一个行为发生后,给予强化刺激,行为的强度会增加。他还提出以下公式:①反应+强化——增强反应;②反应无强化——减弱反应;③反应+惩罚——压抑反应。

行为主义学习理论最初的证据来源于巴甫洛夫经典条件反射实验,桑代克用生物学方法研究动物的心理,联结主义理论来源于"饿猫打开迷箱"实验,斯金纳设计了一个斯金纳箱。行为主义学习理论可扫描二维码学习。

行为主义学习理论.docx

因此,良好的教学过程实际上就是提供最好的强化程序,以诱发和增强学习的正确行为与认知。根据这一理论,20 世纪 50 年代,斯金纳研制了程序教学机,并提出程序教学法,其程序教学原理应用于当今的计算机辅助教学。斯金纳提出程序教学的概念,并且总结了一系列的教学原则,如小步调教学原则、强化学习原则、及时反馈原则等,形成了程序教学理论。

行为主义者把学习看成是借助强化使预期的行为得到增强的过程,学习完全是由环境的强化所塑造的,而教师是一个反馈的施予者,传递奖赏和惩罚。这种思想尽管是机械的、简单化的思想,但是它对于训练学生的基本技能尤其是操作和外在行为方式具有重要的作用,斯金纳提出的程序教学思想更是对教育技术的发展产生了十分巨大的推动作用。

行为主义学习理论是视听传播发展成为教育技术的主要动力之一,斯金纳的程序教学思想使利用机器进行教学成为可能,技术不再是一个教学活动的配角,也能成为教学的主角。到了 20 世纪 70 年代,随着高性能计算机技术的迅速发展,对斯金纳式的教学机器研究转为对计算机辅助教学的研究,程序教学的思想被广泛应用于计算机辅助教学,计算机成了实现程序教学思想的最高级的程序教学机。可以说,从程序教学到教学机器,再到计算机辅助教学,形成了教育技术实践中强调个别化与个性化的计算机辅助教学模式。从计算机辅助教学的广泛应用中可以看出,行为主义学习理论依然对教育技术具有重要价值。

行为主义学习理论在研究中不考虑人们的意识问题,只是强调行为。把人的所有思维都看作是由"刺激—反应"间的联结形成的。这就引起了认知主义学习理论学派的不满,从而导致了认知主义学习理论的发展。

(二)认知主义学习理论

认知主义学习理论旨在解释学习是在既有知识之上学习新知识的历程,这是由"知"而学到知识性行为的看法。这一流派的相关理论主要有苛勒(W. Kohler)的顿悟说、布鲁纳(J. S. Bruner)的发现学习论、奥苏贝尔(D. P. Ausubel)的有意义学习论和加涅(R. M. Gagne)的信息加工理论,具体可扫描二维码学习。其基本观点如下。

(1) 学习是知觉的重新组织,而不是刺激与反应的联结。

(2) 学习过程不是渐进的尝试与错误的过程,而是突然顿悟的。

(3) 学习的外在强化并不是学习产生的必要因素,应该强调的是学习的内在动机与学习活动本身带来的内在强化作用。

认知主义学习理论.docx

认知心理学认为学习就是知识获得,教学也就是运用各种教学策略和教学手段促进知识获得的活动。由于加涅在认知心理学和教育技术两个方面的巨大影响,认知学习观成了教育技术尤其是教学设计的最重要的理论基础,使教育技术的研究和实践都逐步走向了成熟。成功的教学设计需要充分了解影响学习者知识获得的认知变量,如知识表征与组织能力、认知策略、已有知识经验等。

认知学习观所提供的知识转化过程为教育技术的有效应用提供了很好的思路。如认知心理学理论可以更好地帮助人们利用教育技术有效地呈现教学信息,认知心理学关于工作记忆的研究也使信息技术可作为认知工具成为可能,这些与学习资源的设计和开发有着密切的联系。比如,短时记忆容量的限制、工作记忆中的组块概念都对此提出了很多要求。实际上,目前有关计算机辅助教学设计和开发的主要理论也是认知主义学习理论,而不再过度依赖行为主义的思想。

此外,认知心理学的一些研究方法也为教育技术的研究提供了很好的借鉴。

(三) 建构主义学习理论

建构主义学习理论是行为主义发展到认知主义以后的进一步发展,是 20 世纪 80 年代以后学习理论的流行观点。建构主义学习理论的主要代表人物有皮亚杰(J. Piaget)、维果斯基(Vogotsgy)、布鲁纳(J. S. Bruner)等。由于多媒体与网络技术的飞速发展,给建构主义学习环境创造了理想的实现条件,这种理论正日益受到重视。其基本观点如下。

(1) 学习是学习者主动地建构内部心理表征的过程。

(2) 学习过程包括对新知识的意义建构和对旧知识的重组。

(3) 不同的学习者对事物的理解没有唯一标准。

建构主义学习理论的内容很丰富,但其核心用一句话就可以概括:以学生为中心,强调学生对知识的主动探索、主动发现和对所学知识意义的主动建构。由于建构主义所要求的学习环境得到了信息技术的强有力支持,这就使建构主义学习理论日益与广大教师的教学实践普遍地结合起来,从而成为国内外学校深化教学改革的指导思想。

建构主义认为,世界是客观存在的,但是对于世界的理解和赋予的意义却由每个人自己决定。人们以自己的经验为基础建构或解释现实,人们的个人世界是用自己的头脑创建的,由于各自的经验及信念不同,人们对外部世界的理解也不同。因而,建构主义更关注如何以原有的经验、心理结构和信念为基础来建构知识,强调学习的主动性、社会性和情境性,对学习和教学提出了许多新的见解。

随着人们对学习过程理解的不断深入,近几年来建构主义占了主导地位,建构主义学习理论认为,知识不是通过教师传授得到的,学习者的知识是在一定情境下,借助他人的帮助,如人与人之间的协作、交流,利用必要的信息(学习资料)等,通过意义建构而获得的。理想的学习环境应当包括情境、协作、交流和意义建构四个部分。

1. 情境

学习环境中的情境必须有利于学习者对所学内容的意义进行建构。在教学设计中,创设有利于学习者建构意义的情境是最重要的环节。

2. 协作

协作应该贯穿于整个学习活动过程中。教师与学生之间、学生与学生之间的协作,对学习资料的收集与分析、假设的提出与验证、学习进程的自我反馈和学习结果的评价及意义的最终建构都有十分重要的作用。协作在一定意义上是协商的意识。协商主要有自我协商和相互协商。自我协商是指自己和自己反复商量什么是比较合理的,相互协商是指学习小组内部之间的商榷、讨论和辩论。

3. 交流

交流是协作过程中最基本的方式或环节。比如,学习小组成员之间必须通过交流来商讨如何完成规定的学习任务,实现意义建构;怎样更多地获得教师或他人的指导和帮助等。其实,协作学习的过程就是交流的过程,在这个过程中,每个学习者的想法都为整个学习群体所共享。交流是推进每个学习者学习进程的至关重要的手段。

4. 意义建构

意义建构是教学过程的最终目标。其建构的意义是指事物的性质、规律及事物之间的内在联系。在学习过程中,帮助学生建构意义就是要帮助学生对当前学习的内容所反映事物的性质、规律及该事物与其他事物之间的内在联系有较深刻的理解。

在一些真实世界的情境中,学习者的知识结构怎样发挥作用、学习者如何运用自身的知识结构进行思考,是衡量学习是否成功的关键。如果学生在学校教学中对知识记得很"熟",却不能用它来解决现实生活中的某些具体问题,这种学习应该说是不成功的。

学习是一种知识建构,而且是在实际情境而不是实验室中发生的。"情境""协作""交流""意义建构"是构成学习的关键。建构主义学习观在很大程度上改变了人们对学习的看法,并为信息技术的教育应用奠定了坚实的理论基础。

学习情境的创建和协作交流机制的设计是实现意义建构的基本方法,因此,建构主义学习观指导的教育技术研究非常重视学习环境和协作机制的设计。网络环境和超文本、超媒体技术为创建新颖的学习环境提供了全新的方法和手段,也为协作开辟了新的途径,如虚拟学习环境和虚拟现实技术等的引入就对此有很好的支持。

特别值得指出的是,基于建构主义学习观提出的计算机支持的协作学习(CSCL)、随机进入式学习、抛锚式教学和支架式教学等都将信息技术尤其是网络支持作为教学的基本条件,它们是目前教学模式研究的最新成果。

最后需要说明的是,学习理论不像某种应用程序或某个工具那样可以直接拿来使用。在教育技术实践中(如教学或课件设计与制作中)不能直接应用学习理论,而是经过"转化"后才能应用,尤其是教学设计的转化。当然,教育技术也不应该被动地被心理学或学习理论发展所牵制,学习理论的最新成果只是为教育技术学的再次设计、开发和应用等工作增添新的基础性"原料",但不能替代教育技术自身的研究和实践。

二、教学理论

与现代教育技术关系密切的教学理论主要有赞可夫的发展教学理论、布鲁纳的"结构—发现"教学理论、巴班斯基的教学最优化理论和奥苏贝尔的有意义学习理论。

(一)赞可夫的发展教学理论

苏联教育家赞可夫(Л.В.Занков)曾以"教学与发展的关系"为课题进行了长达 20 年

之久的教学实验研究,从中概括了新的教学论思想体系,强调"应当系统地、有目的地在学生的发展上下功夫"。他的主要观点如下。

(1)"以最好的教学效果促进学生的一般发展。"要把一般发展作为教学的出发点和归宿。所谓"一般发展",是指儿童个性的发展。指的是所有方面的发展。他强调的一般发展绝不仅仅限于学生智力的发展,还应包括情感、意志品质、性格、集体主义思想和体力方面的发展。

(2)"只有当教学走在发展前面的时候,这才是好的教学。"要把教学目标确定在学生的"最近发展区"之内。教学要有一定的难度,要让学生"跳一跳"才能摘到"桃子"。

赞可夫的发展教学理论的教学原则如下。

(1)以高难度进行教学的原则。"高难度"这一概念的含义:一方面是指教材有需要克服的障碍;另一方面是指学生的努力。教材有需要克服的障碍,学生才能努力掌握,才能促进其智力、能力、情感、意志品质的发展。以高难度进行教学,旨在引起学生的思考,促进学生特殊的心理活动过程,并不是在于无限度的难。"难度的分寸"限于"最近发展区"。

(2)以高速度进行教学的原则。这意味着要不断地以始终是新的知识丰富学生的头脑,不要原地踏步,不要单调地重复已经学过的东西。

(3)理论知识起主导作用的原则。教给学生规律性的知识,目的是要学生能举一反三。

(4)使学生理解学习过程的原则。让学生掌握知识之间的联系。

(5)使全班学生包括后进生都得到发展的原则。

20世纪70年代末以来,赞可夫的教学理论在苏联的教育改革中得到实施并不断发展,在其他许多国家中也有较大的影响。但他的某些原则提法较为笼统、不够确切,容易造成不顾条件地增加教学内容、加快教学进度、脱离学生实际等情况,从而导致教学效果的不理想。

(二) 布鲁纳的"结构—发现"教学理论

美国心理学家布鲁纳(J. S. Bruner)的"结构—发现"教学理论的基本观点如下。

(1) 学习一门学科最重要的是掌握它的基本结构。

(2) 任何学科都能够用在智力上是正确的方式,有效地教给任何发展阶段的任何儿童。

(3) 要学得好,必须采取发现教学法。

发现教学法的实施要注意以下四个原则。

(1) 要让学生在学习情境中,经由主动发现原则获得知识,教师必须先将学习情境及教材性质解说得非常清楚。

(2) 教师在从事知识教学时,必须先考虑学生原有的经验,适当组织所授教材内容,以使每个学生学到知识。

(3) 教材的难度与逻辑上的先后顺序,必须针对学生的智力发展水平及认知表征方式做适当的安排,以便学生的知识经验前后衔接,从而产生正向学习迁移。

(4) 在教材难易安排上,必须考虑学生学习动机的维持,教材太容易学会,学生会缺少成就感；教材太深，难以学会，又易产生失败感。因此，适度地调整教材的难易程度才能维持学生内在的动机。

布鲁纳的教学理论对美国20世纪60年代的中小学教学改革有重大影响，促进了数学、物理等学科教材按照结构课程理论的重新编制。但他过分强调学习者主观努力的作用，而忽视环境和学习者自身条件等因素对学习的影响，一些观点是脱离实际的。他倡导的发现学习也有一定的局限性，费时太多。

（三）巴班斯基的教学最优化理论

苏联教育家巴班斯基(Ю.К.Бабанский)的主要观点如下。

(1) 应该把教学看成一个系统，用系统的观点、方法来考察教学。

(2) 教学效果取决于教学诸要素构成的合力，对教学应综合分析、整体设计、全面评价。

(3) 教学最优化就是在一定条件下，用最少的教学时间取得最大的教学效果。

教学最优化也是一个有世界性影响的理论，它提出由六个基本环节构成的教学最优化方案，对改造凯洛夫"组织教学—检查作业—引入新课题—讲授新教材—巩固复习—布置作业"的六段教学法有很好的意义。这六个基本环节如下。

(1) 教学目的与教学任务的分析。教师应领会教学目的与教学任务，并在全面分析的基础上使其具体化。

(2) 学生学习情况的分析。根据教学对象的具体情况、课时数设计学习的速度，分析教材对学生来说的困难程度。

(3) 教师的自我分析。教师的自我分析包括教师对教学技能、技巧驾驭的熟练程度与特长，对班级的掌握等。

(4) 在上述分析的基础上，选择已知条件下最佳的解决教学任务的综合性的手段与方案。

(5) 在一定课时内逐步完成该项教学任务。

(6) 按最优化的标准分析完成教学任务的情况。

根据上述基本观点，巴班斯基提出了十条教学原则和教学方法体系。

巴班斯基用系统方法研究教学，较全面、科学地剖析和阐述了教学过程，有助于教师最优地制订教学方案和组织教学过程，以获得最佳的效果。但他提出的教学原则条目多且长，不利于教师熟记和运用。他对教师的最优化研究较多，对学生的最优化研究较少，这是需要进一步克服的。

（四）奥苏贝尔的有意义学习理论

奥苏贝尔的有意义学习理论强调要在新旧知识之间建立意义上的联系，而形成这种联系最有效的途径是利用适当的引导性材料对当前所学新内容加以定向与引导，这种引导性材料就称为"组织者"。由于这种组织者通常是在介绍当前学习内容之前呈现的，所以又被称为"先行组织者"。

"先行组织者"策略尽管不能说是一个完整的教学理论，但作为一种有效的教学策略，它具有很大的影响。其基本做法：首先，要确定先行组织者，设计教学内容的组织策略；其次，根据先行组织者类型（上位组织者、下位组织者、并列组织者）的不同，对教学内容的组织相应地采用三种不同的策略——渐进分化策略、逐级归纳策略和整合协调策略。

渐进分化策略是指首先讲授最一般的，即包容性最广、抽象概括程度最高的知识，然后根据包容性和抽象程度递减的次序逐渐将教学内容一步步分化，使之越来越具体、深入。

逐级归纳策略是指应先讲授包容性最小、抽象概括程度最低的知识，然后根据包容性和抽象程度递增的次序逐级一步步归纳教学内容，每归纳一步，包容性和抽象程度即提高一级。

渐进分化策略和逐级归纳策略正好是互逆过程。当先行组织者和当前教学内容并无上位关系或下位关系时，可通过整合协调策略的运用，使学习者原有认知结构中的有关要素被重新整合，以便把当前所学的新概念纳入认知结构的某一层次中，并类属于包容范围更广、抽象概括程度更高的概念系统，从而得到新的稳定而协调的认知结构形式。

三、视听教育理论

（一）戴尔的"经验之塔"理论

20 世纪 40 年代末，美国视听教育家戴尔提出视听教育理论，即"经验之塔"理论。他在《教学中的视听方法》一书中阐述了他的视听教育理论，是一种形象化的比拟说明："主要用来解释人的学习过程是从直接参与获取经验过渡到视听替代，再演变成抽象符号的认知发展过程。"戴尔把人类学习的经验分为做的（直接）经验、观察的（替代）经验和抽象的经验三大类，并按抽象程度分为十个层次，形成一个"塔"形结构，如图 1-3 所示。这里的"经验"，戴尔认为"是我们的身体和思想加入活动的结果，也称作学习的途径"。

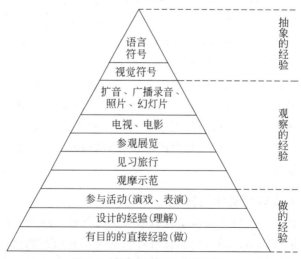

图 1-3 戴尔的"经验之塔"理论

（1）塔的底层经验是直接的、具体的经验。通过与真实事物接触、设计制作模型和演戏等获得的知识最易理解和记忆。

（2）塔的中层经验是通过视、听，间接接触事物，可得到"替代"的经验。特别是电影、电视等能冲破时空的限制，弥补学生直接经验的不足，且易于培养学生的观察能力。

（3）塔的顶层经验最抽象。通过视觉符号（图、表等）、语言、文字，便于获得概念、原理，可使学习简单化、经济化，并利于培养学生的思维能力。

（4）教育应从具体经验入手，逐步到抽象经验。有效的学习之路，必须充满具体经验。在学校中应用各种教育工具，可使教育更为具体，从而获得更好的抽象经验。

（5）教育不能止于直接经验，不能太过具体化，而必须向抽象和普遍方向发展，上升为理论的知识才能更好地指导实践。

（二）视听教育中的心理学问题

实践证明，利用视听媒体进行教学和训练可以缩短教学时间，提高教学效率和教育质量。其心理学依据主要有以下几方面。

（1）视听教材的新颖性、多样性、生动性和趣味性有利于激发学习兴趣，形成动机，吸引注意力，提高学习的积极性。

（2）视听教育对真实情境的创建或模拟再现提供了丰富的感性材料，可扩大观察范围和可见度，有利于形成表象，促进对知识的理解和记忆。

（3）视听教育采用多种形式，从多种角度提供材料，易于揭示事物的本质特征，帮助学生充分感知，运用分析、综合、比较、概括等方法掌握规律，形成概念，运用知识，并培养学生的观察力、想象力和思维能力。

（4）多种感官参与学习，充分发掘大脑左右半球的不同功能，提高识记效果。

（5）利用录音、录像技术对视听觉信息的记录、储存、再现功能，让学习者能随时多次复习强化；提供自我记录、反馈，通过比较和分析，促进其技能的形成；培养学生的表达能力、操作能力、创造能力。

当然，视听教育不是在任何时候都优于常规教育，使用不当时也会影响学习效果，甚至适得其反。因而，开展视听教育一定要依据教育心理学原则，根据教学目标、学科内容性质、学生的认知特征，选择视听的类型，并掌握运用的时间、强度和方法。

四、传播理论

传播理论是20世纪40年代发展起来的。传播理论包括传播的信息、符号理论、传播媒体理论、传播过程理论、传播效果理论等。教育也是一种传播活动，是教师按教学目标选定教学内容，通过各种媒体向学生传播知识、技能与思想意识的活动。因此，传播理论也是教育技术的理论基础。

（一）传播的概念

传播（communication）原指"通信、传达、联系"，后专指信息的交换与交流。传播是自然界和人类社会的普遍现象，从远古的生物进化，到当代形形色色的社会活动，无不涉及信息的传播和利用。广义的传播可理解为"大自然中一切信息的传送或交换"，包括植物、动物、机器、人所进行的信息传播。本书只讨论狭义的传播，主要是指人所进行的信息传播，又分为人的内在传播（或称自我传播）和人与人的传播。

(二) 传播的类型

每个人都可一分为二,成为一个"主我"与另一个"宾我"的对立统一体。平常一个人的自言自语、自我思考、自我安慰、自我剖析等,都属于人的内在传播的范畴。而人与人的传播是指人们通过符号、信号传递、接收与反馈信息的活动,是人们彼此交换意见、思想、感情,以达到相互了解和影响的过程。传播通常包括人际传播、组织传播、大众传播、教育传播和网络传播等类型,如图1-4所示。

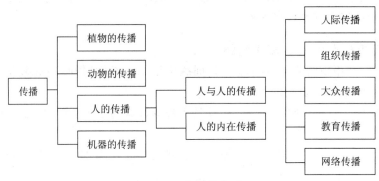

图 1-4 传播的类型

1. 人际传播

人际传播是个人与个人之间的信息交流活动,包括面对面地直接传播和以媒体为中介的间接传播。直接传播主要是以语言表达信息,或用表情、姿势来强化、补充、修正语言的不足。间接传播是以媒体为中介,如电话、电报、电视、书信等进行信息交流。

2. 组织传播

组织传播是组织与组织之间、组织内部成员之间的信息交流活动。组织由一群相互关联的个体组成,每一个人都属于一定的组织,可以说,没有人能够离开组织而独立生活。传播是组织生存与发展必不可少的条件,没有传播就没有组织。组织传播的目的是与其他组织达成有效的沟通,增进了解,建立良好的关系;使组织内部成员贡献出自己的心力,并和睦相处,以共同的行动促进共同的利益。

3. 大众传播

大众传播是传播者用专门编制的内容,通过媒体,对广大受众进行信息交流的活动。在大众传播中,传播者不是某个人,而是有组织的传播机构,如报社、广播电台、电视台等。传播的内容是由专门人员根据预先的计划编写、设计、制作的,内容涉及的范围很广泛,运用的媒体有报纸、书刊、广播、电视等,受众是广大而不确定的人群,包括各种职业、各个阶层、不同文化程度的个体。大众传播的目的是从多方面影响受众,使他们接受或认同传播者的意向。

4. 教育传播

教育传播是由教育者按照一定的要求,选定合适的信息内容,通过有效的媒体通道,把知识、技能、思想、观念等传递给特定的教育对象的一种活动,是教育者和受教育者之间的信息交流活动。它的目的是促进学习者的全面发展,培养社会所需的各种人才。

与其他传播活动相比,教育传播具有以下特点。

(1) 明确的目的性。教育传播是以培养人才为目的的活动。

(2) 内容的严格规定性。教育传播的内容是按照教学计划和教学大纲的要求严格规定的。

(3) 受者的特定性。

(4) 媒体和传播通道的多样性。在教育传播中,教育者既可以充分发挥口语和形体语言的作用,又可以用板书、模型、幻灯片、电视等媒体;既可以是面对面的交流,又可以是远距离的传播。

5. 网络传播

若按媒体分类,现代传播又可分为书刊传播、电话传播、电报传播、广播传播、电视传播和网络传播等。网络传播是以计算机网络为物质载体进行传递或交流信息的行为和过程,是一种新的传播方式。

网络传播既是对传统传播的一种继承,又具有以下几个自身的特征。

(1) 传播的数字化。网络是以信息技术为基础的高速数据传递系统,只传递 0 和 1 的数字。

(2) 传播的互动性。网络公众通过 BBS 论坛、QQ 聊天室和网络调查等方式实现即时的信息交流、情感沟通。

(3) 传播的快捷性。网络传播省略了传统媒体的印刷、制作、运输、发行等中间环节,发布的信息能在瞬间传递给受众,而且网络传播的内容可以方便地实现刷新,在内容上具有极强的时效性。

(4) 信息的大容量。互联网实现了在线资源的共享,任何资料库内的信息资源只要联网,都能成为公众的共享资源。

(5) 检索的便利性。利用搜索引擎或新闻站点等多种检索方式,可以快速获得自己所需的信息。

(6) 媒体的综合性。网络综合了报纸、广播、电视等传统传播方式,集合文字、图片、声音、图像等为公众提供全方位的信息。

(7) 信息的再生性。网络中传播的信息可以复制或打印,成为个人信息。

(8) 传播的开放性。网络传播的开放性体现为传播对象的平等性和传播范围的广阔性。

(9) 传播的选择性。网络传播的网站众多,内容丰富且分工精细,网民的选择范围极为宽泛,每位网民都可自由选择适合的个性化网站。

(三) 传播的模式

1. 拉斯威尔的传播理论

美国政治家拉斯威尔(H. D. Lasswell)的传播理论是描述传播行为的一个线性模式。1948 年,他在《传播在社会中的结构与功能》论文中提出了人类社会的传播模式,界定了传播学的研究范围和基本内容。该理论研究在传播过程中的"5W"问题,如图 1-5 所示。

拉斯威尔认为,一切传播行为必须包含传者、信息、媒体、受者、效果五个要素。现代

谁 → 说什么 → 通过什么渠道 → 对谁说 → 有何效果
who → say what → in which channel → to whom → with what effect

图 1-5　拉斯威尔的传播理论

教育技术应用拉斯威尔"5W"模式，主要是发挥传者和受者的主动性与积极性，选择和组合适合教育内容的现代教育媒体，通过这些媒体将教育信息直接或间接传递给受者，并经过实践检验或证明其产生的效果。

2. 香农的传播理论

香农（C. E. Shannon）的传播理论是由他研究的信息论引申出来的。香农的传播理论的特点是"反馈"和"重叠"，可用于解释教育传播过程，如图 1-6 所示。

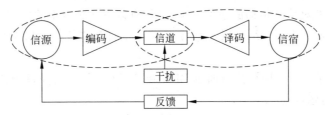

图 1-6　香农的传播理论

香农认为，传播的过程是信源（传者）将传播的信息经过"编码"（编成某种符号），通过一种或多种信道（媒体）传出，信宿（受者）经过"译码"（翻译符号意义），解释并接收这些符号。有目的的信息传播，需要传者与受者的"经验范围"有一部分重叠，否则受者是难以理解他所收到的信息的。另外，在信息传播过程中有环境的干扰，受者在处理信息时会有反应，运用各种渠道"反馈"给传者，传者调整设计或修改传播内容，使之更适合受者的需要，提高传播的效果。

现代教育技术应用香农传播理论，主要在于选择、制作适合表达和传播相应教育信息的现代教育媒体，掌握师生经验的重叠范围，及时分析来自各种渠道的反馈信息，以取得教育过程的最优化。

3. 韦斯特莱的传播理论

韦斯特莱（Westlay）的传播理论是一种控制论的模式，强调传播行为应有目的、有计划地进行。韦斯特莱的传播理论如图 1-7 所示。

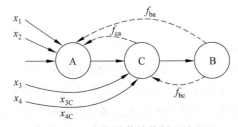

图 1-7　韦斯特莱的传播理论

韦斯特莱的传播理论的特点是传播的信息必须经过"把关人"的过滤，而且注意反馈。现代教育技术是利用现代教育媒体传播教育信息的，这种教育信息也应由把关人选择、过滤。在教育信息的传播过程中，A为软件的编制者（信源），C为授课的教师（传者），B为学习者（受者）。在这一过程中，教师起到了把关人的作用。要获得最佳教育效果，教师必须听取来自各方面的意见，即必须及时分析各个渠道的反馈信息，软件的编制者也应获取教师和学习者的反馈信息，并做出相应改进。只有从教学的整体观点考虑，才能使教学过程最优化。

4. 贝罗的传播理论

贝罗（D. Berlo）的传播理论如图1-8所示。

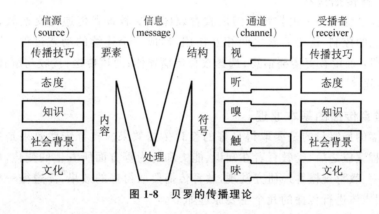

图1-8　贝罗的传播理论

贝罗的传播理论综合了哲学、心理学、语言学、人类学、大众传播学、行为科学等新理论，解释在传播过程中的各个不同要素。

这一理论把传播过程分解为四个基本要素：信源、受播者、信息和通道。

（1）信源与编码者。研究信源与编码者，需要考虑他们的传播技术（对信源部分是指说话和写作，对受播者部分是指收听和阅读）、他们的态度、他们的知识水平、他们所处的社会系统及他们的文化背景等。

① 传播技巧。信源与编码者不论以说话还是写作来传播，必须讲究传播的方式，才能保持信息本身的真实性和趣味性。传播技巧包括语言（如语言的清晰和说话的技巧）、文字（如写作的技巧）、思想（如思维周密）、手势（如动作自然）及表情（如逼真）等。

② 态度。传播者是否喜爱传播的主题？是否有明确的传播目的？对受播者是否有足够的了解？

③ 知识。传播者对传播的内容是否彻底了解？是否有丰富的知识？

④ 社会背景。传播者在社会中的地位、影响与威信如何？

⑤ 文化。传播者的学历、经历和文化背景怎样？

（2）受播者与译码者。信源、编码者与译码者、受播者，虽然在传播过程的两端，但是在传播过程中，信源——传播者可以变为受播者，受播者也可以变为传播者——信源。所以，影响受播者、译码者的因素与传播者、编码者相同，也应该是传播技术、态度、知识、社会背景与文化等。

（3）信息。影响信息的因素有以下几项：① 符号，包括语言、文字、图像与音乐等；

②内容,是"传播者"为达到其传播目的而选取的材料,除包括信息的成分外,还包括信息的结构;③处理,是"传播者"对选择及安排的符号所做的种种决定,应注意具有恰当的处理方式。

(4)通道。通道就是传播信息的各种工具,如各种感觉器官,载送信息的声、光、空气、电波、报纸、杂志、播音、电影、电视、电话、计算机等。在传播过程中,信息的内容、符号及处理均能影响通道的选择。比如,何种信息应该用语言方式传送?何种信息应该用视觉方式传送?何种信息应该用触觉、嗅觉、味觉方式传送?总之,通道的选择会影响信息的传送与接收效果。

(四)教育传播过程

教育传播过程是一个由教育者借助教育媒体向受教育者传递与交换教育信息的过程。通过信息的控制,这些要素之间相互作用,形成一个连续的动态过程。这一过程可分为六个阶段:确定教育传播信息;选择教育传播媒体;通道传送;接收与解释;评价与反馈;调整再传送。

(五)教育传播的基本原理

教育传播的最终目的是要取得良好的教育传播效果。教育传播效果是指在一定的教育传播过程完成之后,受教育者在知识、能力和行为等方面所发生的变化,以及与此相关的教学效率、教育规模等。研究发现,教育传播要取得好的效果,需遵循一些原理或规律,其中利用媒体进行传播的几个主要原理如下。

1. 共同经验原理

教育传播是一种信息传递与交换的活动,教师与学生的沟通必须建立在双方共同经验的范围内。一方面,由于学生缺乏直接经验的事实,要利用直观的教育媒体帮助学生获得间接的经验;另一方面,教育媒体的选择与设计必须充分考虑学生的经验。

2. 抽象层次原理

抽象层次高的符号能简明地表达更多的具体意义。但抽象层次越高,理解便越难,引起误会的机会也越大。所以,在教育传播中,各种信息符号的抽象程度必须控制在学生能明白的范围内,并且要在该范围内的各抽象层次间上下移动。

3. 重复作用原理

重复作用是将一个概念在不同的场合或用不同的方式去重复呈现。它有两层含义:①将一个概念在不同的场合重复呈现,如在几个不同的场合下接触某个外语生词,以达到长时记忆;②将一个概念用不同的方式重复呈现,如同时或先后用文字、声音、图像去呈现某一概念,以加深理解等。

4. 信息来源原理

有权威、有信誉的人说的话,容易为对方所接受。资料来源直接影响传播的效果。因此,在教育传播中,作为教育信息主要来源之一的教师,应树立为学生认可的形象与权威。所用的教材与教学软件的内容来源应该正确、真实、可靠。

五、系统科学理论

系统科学理论是对 20 世纪 40 年代末发展起来的控制论、信息论、系统论的统称。20 世纪 60 年代,研究系统演化而创立自组织理论(耗散结构、协同学、超循环理论)。80 年代,研究系统非线性、复杂性出现了孤子理论、混沌理论、分形学理论。系统科学把事物、对象放在系统的形式中加以考察,研究整体与部分(要素)、整体与外部环境之间的相互联系和相互作用,研究系统的成分、结构与功能的关系,研究通过信息的传递和反馈实现对系统的稳定和发展的有效控制方法,以便能整体把握,获得最佳功效。系统科学深刻地揭示了事物运动的特性和规律,成为信息时代人们认识世界、改造世界的科学方法论,对哲学、自然科学、社会科学各个领域都产生了极大的影响,也直接导致了教育技术学科的理论完善。

(一)系统论

系统是指由相互联系、相互作用的诸要素组成的具有特定功能的有机整体。系统论是从系统的角度研究现实系统的模式、原则和规律,并对其功能进行数学描述的科学。美籍奥地利生物学家贝塔朗菲于 1947 年出版《一般系统论》,创立了系统论。

将系统论应用于教育实践所形成的理论,称为教育系统论。教育系统论把教育看成一个系统,如图 1-9 所示。

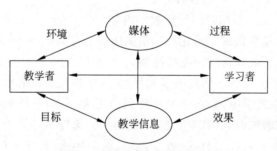

图 1-9 教育传播过程系统构成

根据教育系统论,以系统的观点、综合的观点考察教育教学的过程与现象,并运用系统的方法将整个教育体系看成由相互联系的各部分组成的系统,对具体的教学过程进行系统的分析和研究,从而解决教育教学问题,以实现最优化。

教学过程是一个多因素、多层次、多功能的复杂系统,因而系统科学方法是教育技术的基本方法。系统科学的观点告诉人们,教育是一个复杂的、动态的系统,它是由教育目标、教育内容、教育媒体、教育方法、教育设施及教师、学生等诸因素组成的一个整体的系统,教育媒体是这个系统中的一个子系统。系统科学的观点把教育技术从对教育系统个别要素的研究扩展到对整个系统进行设计、实施、反馈的研究,从而形成了整体意义上的广义的教育技术。

运用系统科学的理论和方法,尤其是运用系统科学的反馈原理、有序原理和整体原理基本原理,对研究现代教育技术和教育实践有着极其重要的意义。

（二）信息论

信息论是关于各种系统中信息的计量、传递、变换、存储和使用规律的科学，由美国教育家香农于1948年在论文"通信的数学理论"中创立。

教学过程的实质就是教育信息传递、变换和反馈的过程。因此，教师的备课实际上就是将教育信息的存储状态进行重新组织、变换，同时设计以适当的表述方法和顺序传递给学生。在传递过程中，一方面，教师要运用反馈原理，不断从学生的及时反馈和延时反馈信息中获得调节和控制的依据，从而发现问题，改进教法，优化教学效果；另一方面，学生也可以从教师处获得反馈评价，找到自己在学习中的问题，从而改进学习方法，提高学习能力。

根据教育信息论的观点，教育活动是双向的，既向学生传输信息，也从学生处获得反馈信息，并给学生以反馈评价，同时强调媒体在信息传递和变换中的作用。

（三）控制论

控制论是研究各种不同控制系统的一般控制规律和控制过程的科学，由美国数学家维纳于1948年在《控制论》中创立。将控制论应用于教育领域所形成的理论为教育控制论，是研究在教育系统中运用信息反馈和调节系统的行为，从而达到既定教学目标的理论。根据教育控制论，为较好地实现教学目标，先需要考虑优化教学的五个指标。

（1）时间（t）：教学实施所需的时间。

（2）教学信息量（u）：根据时间计算教学内容。

（3）负担量（c）：学生理解并消化教学信息所需的时间。

（4）成本（s）：进行教学活动所需的经费。

（5）成绩（w）：学生对教学信息的掌握程度（通常称其为评估）。

由此可以推断，在教学中，要在学生不感到压力大、负担重的前提下，尽量用较少的时间使学生获得较多的知识，培养学生的素质和能力，教学成本要合理化。因此，要取得最好的教学效果，就需要对教学目标、教学内容、教学形式、教学手段、教学结构、教学程序及教学质量进行全面、系统的控制。

对应系统科学的"三论"，在教学应用上有整体原理、有序原理和反馈控制原理。

1. 整体原理

世界上一切事物都存在与其他事物的相互作用，因此都可以联系起来构成系统。比如，教学系统就有教与学两个基本要素，教与学之间的相互作用，产生培养人才的系统功能。系统和要素在一定条件下可以转化，一个大系统中的各个要素可各自构成一个子系统。例如，教与学是教学系统的两个基本要素，而教是一个由教师、教材、媒体、教学内容、教学方法等要素构成的子系统，学也是一个子系统，由学习态度、学习行为、认知程度等要素构成。对于具体事物，首先要决定要素的取舍，区分哪些是系统的内部要素，哪些是系统的外部环境因素。

整体原理把对象看作一个由各个要素构成的有机整体，从整体与部分（要素）、部分与部分相互依赖的关系中，研究系统的特征、运动规律和系统功能。系统诸要素之间的联系作用方式和排列组合方式不同，即系统结构不同，则在系统与环境相互作用中所呈现的系统功能也不同。任何系统的整体功能不等于各部分功能的简单相加,还取决于系统的结构。结构变了,必然导致系统功能的变化。在考察和处理问题时,如果不用整体原理分析研究,就会犯片面性和表面性错误。对于教这一子系统,不仅要研究教师、教材、媒体、内容和方法各要素的优化,还要研究它们之间的不同联系方式,研究不同的组织结构所产生的教学功能,从多种可能的方案中选出最好的系统方案,使系统具有最优的整体功能,实现教学效果的最优化。

2. 有序原理

一个系统如果与环境有输入—输出关系,即与外界环境有物质、能量、信息交换,该系统称为开放系统。开放系统总是要为适应外界环境的变化而调整自己的结构。系统由较低级的结构转变为较高级的结构,称为有序;反之,称为无序。系统从无序走向有序就是系统的发展;反之,则为系统的退化。系统的发展进化是一个不断从简单到复杂、从低级到高级的有序化自组织过程。人的学习从易到难、从低到高,就是一个有序开放系统。按照有序原理,大脑的思维过程,就是大脑内各认知子系统之间交换信息的有序过程。因此,有效的学习必须善于思考,善于协作交流,吸收来自各方面的有用信息,并在知识的迁移使用中不断改正错误,改进学习方法,使自己的认知结构越来越有序,表现的能力也就会越来越强。"学而不思则罔,思而不学则殆",正是有序原理的体现。

3. 反馈控制原理

系统的开放性是系统从无序向有序进化的必要条件,但它不是系统发展的根本原因,其根本原因是系统内各要素按照一定目标的协同运动。反馈则是调控系统要素之间的相互作用,使系统按预定最佳目标发展的必要条件。任何系统只有通过信息反馈,才能实现控制。控制系统的工作原理是从受控对象的输出信息中取出一部分状态信息,通过反馈通道送到比较器,与基准信息或目标信息进行比较,获得控制信息,对受控对象的输入信息值进行修改,促使整个系统按要求稳定运行和发展。

反馈控制原理在自然、社会、思维中普遍存在,在教学系统中同样处于相当重要的地位。教师必须十分重视反馈信息的收集,及时从反馈信息中获得控制与调整的依据,改进教法,优化教学效果。学生也可以从教师那里获得反馈评价,了解自己的学习情况,及时改进学习方法,提高学习成效。

复习思考题

1. 什么是教育技术?
2. 阐述教育技术的研究领域。
3. 阐明现代教育技术的发展历程。
4. 现代教育技术的作用有哪些?
5. 现代教育技术的理论基础包括哪些?
6. 学习理论有哪几个主要流派?
7. 当代教师为什么要具备现代教育技术能力?

第二章 常规媒体的教学应用

 学习目标

通过本章的学习,你应能够:
(1) 了解媒体的含义。
(2) 掌握教学媒体的分类、教学功能特性及作用。
(3) 掌握各种常规教学媒体的基本原理与使用方法。
(4) 理解各种常规教学媒体的教学应用及其特点。

教育过程是教师、学生、媒体相互作用的过程,其实质是教育信息传递和反馈的过程。传递信息必须通过媒体,教学媒体是教学信息的载体,是最基本的学习资源,也是教学系统的组成要素。教学媒体的正确使用是实现教学最优化的重要条件。本章介绍各种常规媒体的特性和使用方法。

第一节 教学媒体概述

媒体一词来源于拉丁语"medium",音译为媒介,意为两者之间。它是指信息在传递过程中,从信息源到受信者之间承载并传递信息的载体和工具。也可以把媒体看作实现信息从信息源传递到受信者的一切技术手段,如报纸、广播、电视、电话、计算机、网络通信卫星等。媒体的范围很广泛,我们把其中以记录、呈现和传递教学信息为最终目标的媒体称为教学媒体。教学媒体包括硬件和软件两部分。硬件是指各种教学机器和设施,软件是指载有教学内容和程序的片(电视片等)、带(录像带等)、盘(硬盘、光盘等)等。没有硬件就不能将软件中存储的信号转换成教学信息,没有软件就没有记录教学信息的载体,软件与硬件是相互依存、相辅相成、缺一不可的统一体。

一、教学媒体的分类

教学媒体的分类方法有很多,最常见的有以下两种。

(一) 按时代的发展分类

按时代的发展分类,教学媒体可分为传统教育媒体和现代教育媒体两类。

(1) 传统教育媒体。传统教育媒体主要是指教学过程中用到的印刷材料、图片、黑板、模型和实物等。

(2) 现代教育媒体。一般来说，凡是使用时不需要电源的媒体就称为传统教育媒体，而使用时需要电源的媒体就称为现代教育媒体，如录音机、电视机、投影仪、计算机等。

(二) 按作用于人的感官和信息的流向分类

按作用于人的感官和信息的流向分类，教学媒体可以分为视觉媒体、听觉媒体、视听觉媒体、交互媒体和综合媒体等。

(1) 视觉媒体。视觉媒体又分为非投影视觉媒体和投影视觉媒体。非投影视觉媒体主要有教学板书、印刷的文字材料、图片、图表、模型和实物教具、展览等；投影视觉媒体主要有幻灯机、投影仪、普通光学照相机、数码相机、视频展示台、多媒体投影机、电子白板等。

(2) 听觉媒体。听觉媒体主要有传声器、扬声器、功放、录音机、CD唱机、MP3播放器等。

(3) 视听觉媒体。视听觉媒体主要有电视机、录像机、VCD/DVD、数码摄像机和无线电视系统、闭路电视系统等。

(4) 交互媒体。交互媒体是指发出的信息能作用于多种感官且具有人机交互功能的媒体，如计算机等。

(5) 综合媒体。多媒体教室、语言实验室、计算机多媒体系统和网络系统等不但为多种感官提供刺激，而且能实现双向交流信息，都属于综合媒体。

二、教学媒体的特性

加拿大著名传播学者马歇尔·麦克卢汉于1964年在所著的《理解媒体：人体的延伸》中提出了"媒体是人体的延伸"的观点。每一种新媒体的出现都是一种延伸，而每一种新的延伸都会使人的各种感官的平衡产生变化，这说明不同的教学媒体对学习者感官的刺激是不同的。正确了解它们的特性，有助于在教学中充分发挥媒体的作用。

一般地说，教学媒体都有以下几方面的特性。

(一) 工具性

媒体是可以被人使用或利用的，在获取、存储和传播信息的过程中，它能够帮助人达到各种感官延伸的目的。

(二) 从属性

媒体是人创造的，人仍然是主体，各种媒体与人相比都是第二位的。因此，它的延伸作用也只能靠人的操纵和指挥来完成。

(三) 能动性

尽管媒体有工具性和从属性，但媒体本身是一种客观的物质实在，在特定的时空条件和信息内容的作用下，可以离开人的主观意识独立发挥作用。

(四) 可替换性

可替换性与媒体的工具性和从属性有密切联系，当人们为使某种延伸或信息的交换更为有效时,可以选择更为适合的媒体。

此外,从媒体与信息的关系看,媒体还具有固定性、扩散性、重复性、组合性等特性。固定性是指媒体可以以各种方式将信息记录、存储并固定下来;扩散性是指媒体可将各种符号形态的信息传送到其他地方,并在扩大的范围内再现;重复性是指媒体可以重复使用并可复制,也可在不同的地点使用;组合性是指若干媒体可以组合在一起,共同发挥多种功能。

三、教学媒体的作用

教学过程是复杂的、动态的。由于教学内容、教学对象、教学方法的不同,教学媒体所起的作用也会有所不同。对于同一种媒体而言,由于使用方式的不同,对所要实现的教学目标产生的作用也可能会不同。更何况每一种教学媒体的特性都不尽相同,各种媒体都有自己的优缺点,适应任何教学目标、教学内容、教学对象或教学策略的最优的"教学媒体"是不存在的。将精心设计的高质量的教学媒体运用于课堂教学或作为教学的主要手段时,就能看出媒体在教学中起至关重要的作用,主要表现在以下几个方面。

(一)使教学信息传递更加标准

在课堂教学中,教师的教学水平参差不齐。例如,在解释学科内容时,常常由于使用的方法不一致,对学生产生不同的影响,利用精心设计的媒体材料则可向每个学生传递相同的信息,促进不同区域学生的共同进步。

(二)使教学活动更加有趣

教学媒体材料中有许多可以引起学习者注意的因素,如画面的生动形象、动画特技效果、声音效果等,都会激发学生的好奇心,引起学生的学习动机和兴趣,促使学生思考,使学生在教学活动中始终保持思维活跃。

(三)提供感性材料,加深感知深度

许多教学媒体既可以向学习者提供各种感性材料,呈现事物的形态或过程,又能提供逼真的情境,促使学习者充分感知,加深印象。例如,学生对历史事件不可能身临其境去感知,但照片、电影、录像资料可加深感知。

(四)提高教学效率和学习质量

教学媒体中传播知识的元素(如画的解说及其结构等)都是经过精心设计和安排的,大部分媒体可以在较短的时间内,以清晰有效的组织方式呈现和传递与实现教学目的有关的信息,为学生提供直接的、间接的、更具有代表性的具体经验,有利于学生的理解和记忆,实现较好的教学效果。

(五)有利于个性化教学

当今教育提倡因材施教的策略,即个性化教学,这种教学策略的实现更加依赖于现代媒体或媒体资源。当教学媒体设计成个别化学习材料时,不论何时、何地,只要学习者需要,便可提供教学。学习者可以在自己方便的时间和地点进行学习,非常灵活方便。

（六）促进学习者的"发现""探询""学习"活动

在接收媒体传送的生动信息时,常常会引导学习者参与到活动中去。例如,观看教学录像,可先观察信息内容中呈现的各种关系,继而发现并解释这些关系,引起和激发学习者询问有关问题。另外,各种媒体特别是计算机,可提供丰富的资源环境,使学习者可以带着问题搜索资源、探索解决问题的方法。

第二节　视　觉　媒　体

视觉媒体主要包括幻灯机、投影仪、照相机、数码相机、手机、视频展示台、多媒体投影机、扫描仪与电子白板等。由于幻灯投影媒体存在制片难、亮度低等不足,已逐步被视频展示台所代替。

一、幻灯机与投影仪

（一）幻灯机

幻灯机种类很多,但基本构成大体相同,一般由光学部分、电路部分和机械部分构成。

1. 光学部分

光学部分是幻灯机成像的基本组成部分,由反光镜、光源、聚光镜组、隔热玻璃和放映镜头等组成,如图 2-1 所示。

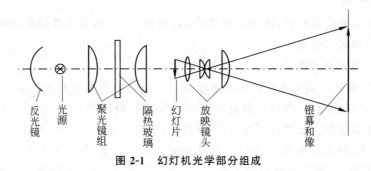

图 2-1　幻灯机光学部分组成

2. 电路部分

电路部分的作用是实现各种控制功能,并为幻灯机工作提供电源,主要有照明电路、调焦电路、换片电路、冷却电路等,用以实现开关光源、调焦、换向换片、定时控制、线控、声控、讯控等操作,并对机箱进行散热。

3. 机械部分

幻灯机的机械部分一般由齿轮、皮带、杠杆、灯箱、聚光镜箱、片门、片架、推片杆、反射镜架、镜头筒、仰俯支架、外壳等部分构成。它的作用是在电路的控制上完成各种动作和支撑,固定各种零部件。

（二）投影仪

投影仪又称投影器，它的原理与直射式幻灯机一样，只是增加了一面反光镜，改变了光线方向，因此它可将水平放置的投影片的图像投射到银幕上。由于投影仪的亮度高、彩色真、画面清晰，特别是书写式投影仪便于书写、操作方便、可演示一些实验，因此在教学中被广泛应用。投影仪的构造如图 2-2 所示。

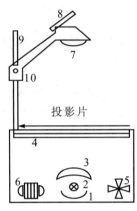

图 2-2　投影仪的构造

1—反光镜；2—光源；3—新月透镜；4—螺纹透镜；5—排风扇；6—变压器；7—放映镜头；
8—平面反光镜；9—立柱；10—调焦旋钮

二、照相机与数码相机

（一）照相机

照相机的发展历史较长，因而其种类众多、功能各异，但其主要结构大体相同，主要由镜头和机身两部分组成。

1. 控制成像的两大要素

（1）曝光。曝光由镜头光圈和光门速度决定。镜头中有由多片薄金属片组成的光圆孔，改变通光孔径的大小，可以控制进光量的多少。一般用相对通光孔径（即光圈）来衡量镜头进光量的多少。光圈就是通光孔径（D）与镜头焦距（f）之比，即 D/f。光圈的倒数，即 $A=f/D$，叫光圈系数，一般标在镜头的光圈调节环上，如 1.4、2、2.8、5.6、8、11、16、22 等。不难发现，光圈系数值的公比为 $2^{1/2}$。这样设置，保证了光圈增大一级（即光圈系数减小一级），进光量增加一倍；反之，亦然。光圈在相机上的功能主要是控制进光量，改变光圈大小还可以改变景深，以及调整镜头的像差。

光门（以往称为"快门"）是通过开启时间长短来控制进光量的装置。光门开启的时间长短以"s"为单位表示，相机上一般为…，1，2，…，30，60，125，…，500，1000，…，以及 B、T 等数字和字母。这些数字的倒数即是光门开启的时间，如"60"表示 1/60s。显然，光门设置也使相邻两挡的进光量相差一倍。不过，现代照相机的电子光门设定已突破这一规律，在原有光门挡位之间还有半挡，甚至 1/3 挡位的设置。例如，在 1/60s 和 1/125s 之间，还有 1/90s 的挡位；在 1/500s 和 1/1000s 之间，还有 1/750s 的挡位等。"B"挡为长时间曝光而设，使用"B"挡时，按下光门按钮，光门打开；松开光门按钮，光门关闭。"T"门也用于长时间曝光,使用"T"挡时,按下光门按钮,光门打开;再按下光门按钮,光门关闭。

(2) 调焦,调焦由调焦装置来完成。调焦装置用来改变镜头(或其中若干片透镜)在被摄物体与像方焦平面之间的前后位置,使被摄景物在胶片上形成清晰的影像。调焦分为手动调焦和自动调焦两种方式。

手动调焦装置大多装在镜头上,称为调焦环。拍摄时旋转调焦环,在取景窗中可通过裂像圆、微棱镜环和磨砂玻璃屏几个区域观察调焦状态,如图 2-3 所示。

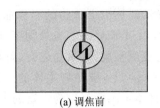
(a) 调焦前

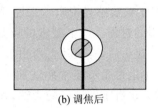
(b) 调焦后

图 2-3 调焦状态显示

自动调焦则通过超声波或红外线自动测距,并由高速微计算机指挥驱动电机自动完成调焦操作。

2. 照相机的种类及特点

照相机的种类极其丰富,我们仅从其结构及用途加以介绍。

(1) 后背取景相机。后背取景相机简称"座机",是最古老的照相器材。作为大型相机,这类相机使用大尺寸散页胶片拍摄,其照片质量是其他相机不能比拟的。这类相机体积比较大,比较笨重,目前使用较少,仅在大型专业摄影室中可以见到。

(2) 120 相机。凡是使用 120 胶卷的照相机都属于 120 相机(一些 120 相机也可以使用 220 胶卷拍摄)。120 相机可拍到的画幅有 60mm×60mm、60mm×70mm、60mm×80mm、60mm×90mm 及 60mm×45mm 等,属于中等画幅,120 相机也因此称为中型相机。120 相机又分为 120 单镜头反光相机和 120 双镜头反光相机。

(3) 135 相机。凡是使用 35mm 胶卷的照相机都属于 135 相机(也称 35mm 相机或小型相机)。因相机规格或结构变化,此类相机可分别拍到 24mm×36mm(全幅)、18mm×24mm(半幅)及 13mm×36mm(半幅全景)等画幅。135 相机是目前最普及的机型,也是制作幻灯片最常用的相机。135 相机又分为 135 单镜头反光相机(全手动 135 单反机、半自动 135 单反机、全自动 135 单反机)和 135 镜间光门小型相机。

(4) APS 相机。APS 是英文 advanced photo system 的缩写,意为先进摄影系统。APS 是由美国 KODAK 公司、日本 NIKON 公司等五家世界著名胶卷和相机生产厂商共同研制的从胶卷到相机全新的摄影系统。由于 APS 胶卷比 135 胶卷要小一些,因此 APS 相机也可看作是"超小型相机"。APS 相机与全自动 135 小型相机相比,具有外观小巧、便于携带、拍摄信息可以同期记录;拍摄画幅宽高比可以改变;胶卷拍过与否状态一目了然;无须接触胶片片头,相机自动引片装片等特点。

(5) 电子成像相机。前面介绍的相机都是以银盐感光材料为记录介质的相机。随着电子成像技术和计算机图像处理技术的发展,不使用胶卷的摄影方式已经成熟,影像科学也出现了从化学领域进入物理学(或电子学)领域的趋势。随着多媒体技术的发展,非银盐感光摄影术日趋普及,也将带来现代教育技术的重大改观。为此,我们有必要了解一下电子成像技术。

电子成像相机按其记录影像的方式差别,又分为静态视频相机(记录模拟信号)和数码相机(记录数字信号)。前者属于电子成像时代的过渡产品,后者则是当前电子成像相机的主流。

3. 拍摄知识

(1) 曝光。对于银盐感光摄影术来说,曝光就是被摄景物的影像通过相机镜头在感光胶片上形成潜影的过程。产生潜影的胶片,经过显影产生与景物亮度相应的密度(密度是指胶片经曝光显影后,在胶片上所出现的变黑程度)。景物越亮,胶片密度就越大。

正确曝光,简单地说是经正常冲洗加工的底片上,被摄物主体的强光部分有足够大的密度,而阴暗部分也有足够清晰的影纹,并且整个画面有较为丰富的层次。

影响正确曝光的因素很多,其中最主要的是相机本身控制的曝光量、胶片的性能、被摄物体的具体情况、光源照度等。

(2) 景深。当对某一被摄主体(如图 2-4 中的 A 点所示)调焦后,该物体将通过镜头在像方焦点所在平面(胶片所在的焦平面)上结成最清晰的影像 a;而在该物体前后的其他景物(如图 2-4 中的 B 点和 C 点所示),将在焦平面的后面或前面形成光斑。若 b 和 c 光斑足够小,我们可以认为它们也算是个清晰的像。这样一来,对某一被摄主体调焦后,在其前后一个范围内的景物都可以在胶片上形成清晰的像。我们把这一景物的前后纵深都有能清晰成像的范围叫作景深。

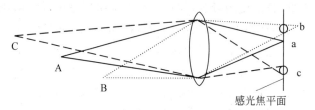

图 2-4　调焦后对前后物体成像清晰度的影响

景深与下列因素有关:镜头光圈、镜头焦距、拍摄距离。

① 镜头光圈。景深与镜头光圈大小成反比。光圈大,景深短;光圈小,景深长。

② 镜头焦距。景深与镜头焦距长短成反比。焦距长的镜头,景深短;焦距短的镜头,景深长。

③ 拍摄距离。景深与拍摄距离远近成正比。被摄物体距离相机远,景深长;被摄物体距离相机近,景深短。

(3) 取景。所谓取景,就是把镜头前面各种不同的景物有选择地安排在一张画面上。对于同一拍摄对象,不同的人可以拍出不同的表现效果,取决于画面所要表现的主体,也反映摄影者的构图技巧。

取景对突出主题是非常关键的。为使主题思想突出,安排画面时必须有意识地排除与主题无关且容易分散人们注意力的内容。如拍一张人像或某一物体时,应尽可能地把背后的景物避开,可以用改变相机拍摄角度或放大光圈来减小景深,使背景模糊的办法解决。采用不同的艺术手法,也能达到突出主题的目的。如欲表现高大,可以相关竖线条为主;欲表现宽大,可以横线条为主;欲表现深远,需注意远景和近景的互相衬托,并采用俯摄;欲表现动向,需注意在人或物体前方留些空隙。

(4)摄影构图。

① 画面的稳定。稳定的画面会给人以安全、宁静之感。画面的稳定是指画面上景物的水平线要水平,垂直线要垂直。这在风景、建筑拍摄中尤应注意。

② 画面的空白。"画留三分空,生气随之发"说的是绘画,摄影画面也是如此。画面的空白是指没有具体形象的部位,既有"亮的、白的"空白,也有"暗的、黑的"空白。烟、云、水、雾、空也被视为画面空白部位。

③ 三分法。三分法又称为"井"字分割,是一种古老的构图法则。把画面两边各三等分的直线产生了"井"字分割画面,有四个交点,尤其是右侧的两个交点被认为是"趣味中心",即处于这些部位的景物往往最能引起观众注意,如图2-5所示。在构图时,有意识地在趣味中心处安排景物或人物,往往能吸引观众视线,如图2-6所示。

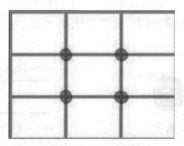

图 2-5　三分法构图

图 2-6　三分法实例

④ 平衡式构图。平衡式构图给人以满足的感觉,画面结构完美无缺,安排巧妙,对应且平衡,如图2-7所示。平衡式构图常用于月夜、水面、夜景、新闻等题材。

⑤ 对角线构图。把主体安排在对角线上,能有效利用画面对角线的长度,也能使陪衬体与主体发生直接关系,如图 2-8 所示。对角线构图富于动感,显得活泼,容易产生线条的汇聚趋势,吸引人的视线,达到突出主体的效果。

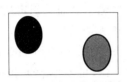
图 2-7　平衡式构图示意

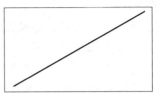
图 2-8　对角线构图示意

⑥ 变化式构图。景物故意安排在某一角或某一边,能给人以思考和想象,并留出进一步判断的余地,如图 2-9 所示。变化式构图富于韵味和情趣,常用于山水小景、体育运动、艺术摄影、幽默照片等。

⑦ 水平线构图。水平线构图具有平静、安宁、舒适、稳定等特点,如图 2-10 所示。水平线构图常用于表现平静如镜的湖面、微波荡漾的水面、一望无际的平川、广阔平坦的原野、辽阔无垠的草原等。

图 2-9　变化式构图示意

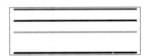
图 2-10　水平线构图示意

⑧ 斜线式构图。斜线式构图可分为立式斜垂线构图和平式斜横线构图两种,常表现运动、流动、倾斜、动荡、失衡、紧张、危险、一泻千里等场面,如图 2-11 所示。也有的画面利用斜线指出特定的物体,起到固定导向的作用。

⑨ 三角形构图。三角形构图以三个视觉中心为景物的主要位置,有时是以三点成一面来安排景物的位置,形成一个稳定的三角形,如图 2-12 所示。这种三角形可以是正三角形,也可以是斜三角形或倒三角形。其中斜三角形较为常用,也较为灵活。三角形构图具有安定、均衡、灵活等特点。

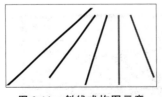
图 2-11　斜线式构图示意

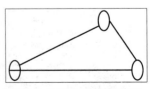
图 2-12　三角形构图示意

⑩ S 形构图。S 形构图是指画面呈 S 形曲线的构图形式,具有延长、变化的特点,看上去有韵律感,使人产生优美、精致、协调的感觉,如图 2-13 所示。当需要采用曲线形式表现被摄体时,应首先想到使用 S 形构图。S 形构图常用于河流、溪水、曲径、小路等。

⑪ 交叉线构图。交叉线构图是指景物呈斜线交叉布局形式,景物的交叉点可以在画

面以内,也可以在画面以外。前者有类似十字形构图的特点,后者有类似斜线式构图的特点,能充分利用画面空间,并把视线引向交叉中心,也可引向画面以外,如图 2-14 所示。交叉线构图具有活泼轻松、舒展含蓄的特点。

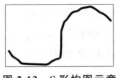

图 2-13　S 形构图示意

图 2-14　交叉线构图示意

(二) 数码相机

数码相机是将数字技术与传统光学相机相结合的产物,是一种能够拍摄景物,并通过内部处理把拍摄到的景物转换成以数字格式存放图像的特殊相机。数码相机与传统相机最大的区别是它们使用的感光材料与存储介质不同,传统相机使用胶卷,而数码相机使用电荷耦合器件(CCD),并用内存或存储卡保存图像。数码相机具有即时拍摄、即时查看、随时输出、存入计算机处理保存等优点。

1. 数码相机的类型

(1) 按图像存储媒体分类,数码相机可分为内置式存储器数码相机和移动式存储卡数码相机。

(2) 按图像传感器分类,数码相机可分为 CCD 数码相机和 CMOS(互补金属氧化物导体器件)数码相机。

2. 数码相机的结构

(1) 镜头。景物必须经过镜头才能成像在光电传感器上。

(2) 光电传感器(CCD 或 CMOS)。光电传感器由一种高感光度的半导体材料制成,作用是接收透过光学镜头的图像光信号,将其转换成对应的模拟电信号。

(3) 模/数转换器(A/D)。模/数转换器的作用是将光电传感器输出的模拟电信号转换为数字信号。

(4) 数字信号处理器。数字信号处理器对数字图像信号进行优化处理,再将其转换成特定的图像文件格式储存。优化处理包括白平衡、彩色平衡、边缘校正等,这些优化处理的效果将直接影响数码照片的品质。

(5) 图像存储器。数码相机中的存储媒体用于保存图像。数码相机常用的存储器有记忆棒(memory stick)、CF 卡、SM 卡等。不同类型的存储媒体的存储容量差别很大,即使同一容量的存储媒体,如果使用的像素水平不同,或者采用的拍摄模式不同,它所能存储的影像也会有较大差异。数码影像的清晰度越高,可存储的画幅则越少。

(6) 液晶显示器(LCD)。液晶显示器既可以用来显示被摄物的影像,帮助取景构图,也可以用来显示功能菜单和重放已拍摄影像。液晶显示器的优势在于不管摄影距离的远与近,取景都不存在误差,"所见即所得",不足之处是取景时眼睛必须离开显示屏一段距离,动作幅度大,不易持稳相机,并且耗电,同时环境光线过强或过弱都不利于观察取景。

（7）输出接口。数码相机常提供视频接口（VIDEO）和数字接口输出图像。视频接口与电视机连接显示视频信号；数字接口与计算机或打印机的相应接口连接，将图像数据下载到计算机或打印机。

（8）总体控制电路。数码相机要进行测光运算、曝光控制及拍摄逻辑控制，必须有总体控制电路或主控程序，通过它实现对各个操作的统一协调和控制。一般的数码相机内部有一个主控程序芯片（MCU芯片），对数码相机的所有部件及任务进行管理。当打开数码相机的电源开关时，MCU就开始检查数码相机的各个部件是否处于可工作状态，如果有一个部件出现故障，LCD屏上就会给出一个错误信息，并使数码相机停止工作；如果一切正常，数码相机就处于准备工作状态。

3．数码相机的使用

（1）装卡。使用数码相机拍照前，首先要把存储卡装入相机内（存储卡内置型除外）。存储卡的使用应按照"关机后取卡，插卡后开机"的顺序操作。在向数码相机中装卡时要注意以下两点：①不要在开机状态下装入存储卡；②要注意方位，对某一类型的存储卡只能以指定方位装入相机，每一种存储卡上都有相应的标记供人们在装入时识别。

（2）接通电源。接通电源时数码相机会自动检测，正常则进入准备状态。因为数码相机耗电量很大，节约能源对于数码相机来说是一个重要的问题。为延长相机电池的使用寿命，在一般拍摄状态下，最好关掉液晶显示屏，尽量使用光学取景器，并减少闪光灯的使用。

（3）选择应用模式。数码相机有拍摄、查看、连接或下载几挡的转换开关或转盘，要拍摄时必须将开关或转盘转至拍摄挡；要在数码相机的彩色液晶显示器上显示拍摄影像，必须将开关或转盘转至查看挡；在与计算机通过数字接口连接下载影像时，则必须将开关或转盘转至连接挡或下载挡。

（4）拍摄模式的选择。根据需要选择相应的拍摄模式，如自动拍摄模式、手动拍摄模式、夜景拍摄模式、雪景拍摄模式等。

（5）选择分辨率。根据拍摄需要选择合适的分辨率，但并不是每次拍摄都需要很高的分辨率，比如，仅拍摄供计算机显示器显示的影像，只需用等于或接近于计算机显示器的分辨率即可。一般数码相机都提供多挡分辨率供拍摄者选择，一旦选中某一分辨率，数码相机就会按拍摄者要求的分辨率记录拍摄的影像。

（6）拍摄状态设定。数码相机在拍摄之前，可根据需要通过功能菜单进行各种工作状态的设置，这些设置将直接影响所拍照片的质量，如闪光模式设定、近距离拍摄等。

（7）拍摄。数码相机与传统相机的拍摄过程基本一致。

① 取景构图。摄影者通过对拍摄景物的取舍来表现自己的创作意图。大多数数码相机有一个可供显像用的LCD显示器，所拍摄的景物在LCD上可以清楚地显示。拍摄后，还能随时重现已拍摄画面，查看效果，如不满意可以删除后重新拍摄。

② 对焦。为避免照片拍虚，应注意拍摄方法和技巧。数码相机提供自动聚焦功能，自动调整焦距。操作方法是半按快门按钮，将相机中心聚焦区对准主体，注意聚焦标志和指示灯，数码相机自动完成聚焦，然后将快门按到底完成拍摄。考虑数码相机拍摄存

在延时性,手持相机拍摄时,在按下快门后应保持相机稳定两三秒,数码相机每拍完一幅图像需要等待数据写入储存装置后才能再拍下一幅图像。

(8) 预览。与传统相机比较,数码相机的一个突出优点就是,在拍完照片后,按预览键(REVIEW)或播放编辑(Play/Edit)挡能够立即查看。

(9) 删除。数码相机存储卡上的信息可以根据需要随时按删除键(DELETE)删除。

(10) 影像输出。

① USB端口输出。数码相机备有USB数据传输端口,将附带的USB驱动程序安装在计算机上,用专用的USB电缆将数码相机与计算机的USB端口进行连接,打开资源管理器或"我的电脑"文件夹,在光盘符后面出现"可移动磁盘"字样,这就是数码相机接通的标志,接下来就可以利用计算机中的软件对数码相机存储卡中存放的图像文件进行操作,也可将满意的影像存入硬盘备份,以便进一步利用Photoshop等图像编辑软件对图像进行编辑。

② 视频输出。数码相机利用视频输出(VIDEO OUT)接口,用视频线与电视机的视频输入(VIDEO IN)接口或有VIDEO IN输入端口的多媒体投影机相连,即可在电视荧屏或投影银幕上观看数码相机拍摄的影像。

③ 数码扩印。数码相机可通过USB端口与打印机相连,打印输出其中的影像。

三、手机

随着手机拍照功能越来越强大,很多人开始用手机来拍照。手机摄影不单单是一种技能,也可以把它当作兴趣,让它融入我们的生活。一部便利且强大的拍照手机可以大幅提升你的创作激情。只要有激情,创意和感觉就是信手拈来的事。

(一) 了解摄影的基本元素——光(顺光、侧光、顶光、逆光、黄金时段)

在拍摄前,头脑中一定要有光的概念,注意拍摄主体、拍摄位置和角度这三者与光构成的关系,是顺光、侧光,还是顶光、逆光。创造性地用光,就要在平时的运用中做到心中有光,慢慢找到对光的感觉。有了光,万物才有了可以被感知的形态和颜色。

"黄金时段"是清晨或傍晚,这时的光线柔和,色调温暖,给拍摄主体蒙上了一层神秘的面纱。

在窗户边拍照早已经不是秘密了,窗边的光线好,并且因为窗户的原因光线会产生漫射,在这种明亮、柔和的光线下特别适合拍摄小清新作品。

(二) 了解你的手机(场景、人脸识别、人像美化、全景、延时曝光)

要想拍出富有创造力的照片,先要了解你的手机。通常,手机的拍照功能里都有如下几个常用项目。

(1) 场景:拍照功能强大的手机一般都支持普通、智能、微距、人像、风景、运动、夜景、雪景等场景,接近于专业的数码单反,将场景设置到"智能"这个位置上就可以了。

(2) 人脸识别:拍人像时,只要等小白框出来并且对准人脸再按下快门就可以了。

(3) 人像美化/美颜:在拍照的同时实现祛斑、磨皮、调整肤色等,有的甚至可以实现瘦脸、美瞳等,但注意拍摄风景的时候要把这个选项关掉,否则会损伤画质。

（4）全景：以前只能通过使用数码相机＋三脚架＋后期PS来完成，现在只要端着手机转一圈就可以做到。

（5）慢速快门/延时曝光：特别适合拍摄夜晚川流不息的人群与车流，创造有趣的光涂鸦。你也可以尝试在这个模式下，让手机与拍摄主体保持同步运动和相对静止的关系，捕捉速度带来的快感。

（三）构图（对称、九宫格、黄金三角、黄金分割）

对称可以给人一种平衡、古典、端庄的美感，甚至可以营造诡异、阴森、压迫式的氛围。

黄金分割可以让作品透露出一种优雅、神秘的艺术气质。部分手机在拍照时可以显示"井"字格，这是最容易掌握的黄金分割构图工具。大家在拍照时可以把辅助线调出来，帮助你构图。

要想拍出文艺复兴时期古典油画一样的优雅构图，就需要了解和体验"黄金螺旋（又叫斐波那契螺旋）"和"黄金三角"这两个高阶构图工具了。目前尚没有一部手机、单反相机甚至摄像机会提供这种高难度的构图工具，必须全靠拍摄者自己。

但千万不可让这些规则限制住你的创造性思维，你可以建立自己独特的构图风格，但这需要多思考、多操练。

（四）主体突出（焦点、层次、前景、中景、远景）

主体决定了一张照片的视觉重点。很多人拍出的照片中拍摄主体经常是模糊的。手机摄像头都能实现自动对焦，但自动对焦采用的是中心对焦或散点/全局对焦方式，只能照顾大多数拍摄者需求。如果自动对焦模式无法将焦距对准你要拍摄的主体，就要用手指定一下焦点的位置。

要想让你的照片富有"层次感"，就要知道怎么摆前景、中景、远景。通常，应该把拍摄主体放在中景位置，把焦点对在中景上，让前景（也可没有）和远景都虚掉。如果照片拍得不动人，很可能是由于距离不够近，或者取景位置不够低。大胆地接近你的拍摄对象，捕捉到充足的细节，才能让照片更动人。

手机拍照的镜头是定焦头，它是不支持变焦的。虽然有很多手机厂商说自己的手机支持变焦，但是变焦后拍出来的效果很差。

目前市场上大多数手机的摄像头焦段在26～35mm，苹果手机的摄像头等效焦段为28mm，手机摄像头28mm的焦段和相机的35mm焦段是很接近的。

所以在使用手机拍照时要尽量靠近被摄物体，在镜头可对焦的范围内尽量靠近，这样拍出来的照片会更加清晰。记住千万不要用手机把景物拉近拍摄，这样拍出来的照片画质会很差。

很多人以为"留白"就是留出大面积的白色，其实摄影中的"留白"是指主体之外的空间。大家在用手机拍照时，要更加注重留白，这样能让画面简洁、主体突出。比如，被拍摄的主体颜色很丰富，那么你最好选择一个纯色的背景或者干净、简单的背景，以此来突出主体。

(五) 给照片加点儿创意（滤镜、逆光、错位、玩镜子/玻璃、多重曝光）

现在手机的相机有很多滤镜，大家在拍摄时可以直接利用。这些滤镜能帮助你拍出非常惊艳的照片。

漏光是胶片时代造就的意外惊喜，相机也常会用到，如今被搬进了 App 滤镜，大幅降低了收获这种意外的成本。

黑白是最经典的色调。在黑白的世界里，你能最真切地感受到"光"带来的"线条"和"层次"，感受到"灰度"的微妙。黑白滤镜适合表现线条、形态、质感、冷静、沉淀、永恒的内容和主体。

剪影效果是利用了手机宽通度的特点，配合黑白的色彩处理方式，人为创造出的效果。黑白剪影效果有时比彩色的具有高动态对比度的照片的视觉冲击力还要强。

开启 HDR（高动态范围）用于对象的最明亮和最暗部分相差特别大的时候。开启 HDR 后会连拍三张照片，分别对应欠曝光、正常曝光和过度曝光，然后把这三张图片合到一块，并且突出每张照片最好的部分从而生成一张精妙绝伦的照片。

虽然手机的相机无法像单反相机那样调整快门速度，但是也可以玩出很多不错的花样。比如，在拍照时，把手机平稳移动一下，就能拍出一张极具动感的照片。另外，你还可以用手机拍摄长曝光照片。将 iPhone 手机的"实况"打开，找好角度就可以拍了。需要注意的是，必须保持手机静止，大概 2 秒钟之后放开快门，然后继续保持手机静止状态 2 秒左右就可以了。

还可以来点新创意，磨砂玻璃后面打逆光、镜头上滴上水珠、微距＋逆光、巧用手机支架等。

(六) 对象、场景和故事（清场、决定性瞬间）

（1）对象就是你要拍摄的中心和主体，它是你构思的原点。你是想拍出它的线条、轮廓、姿态，还是色彩、速度或者惊人的一瞬，取决于你采取什么样的拍摄技巧。想想看，你手机里是不是有大量不假思索就随便按了快门的流水照？从下一张照片做起，先想想你要拍什么，再去想怎么拍。

（2）场景/背景是拍摄主体所处的环境。干净的背景给人以简单、平静、主题鲜明的感受。画面里的一切元素都应该和拍摄主体构成某种关系，或者是为了营造氛围、增强故事性而存在的，否则就应该毫不留情地清除。"你的照片不好看的原因之一就是背景太脏、太乱。"所有与拍摄主体和故事无关的元素都不应该存在于画面之上。所以拍摄前的第一要务就是清场。

（3）决定性瞬间也就是造成某张照片非常"动人""有感觉"的那个瞬间。这个瞬间可以通过自然捕捉，但对拍摄功力和器材的要求非常高；也可以通过人工引导来营造，尤其对于拍摄小孩和宠物来讲，这个尤为奏效。

（4）故事是作品的灵魂。如果可以调动画面里所有的元素和细节讲出一个故事，那这幅作品就有了生命。

总之，要想拍出一张好的照片必须做到主题鲜明、主体突出、画面简洁、形象生动、情感真挚。

四、视频展示台与多媒体投影机

(一)视频展示台

视频展示台是利用摄像镜头输出的视频图像信号,展示立体实物、印刷文稿、投影片、幻灯片等内容的多功能演示设备。视频信号既可以输出到监视器上,也可以通过数码投影机投射到大屏幕上。它可以独立使用,也可以与其他外部设备相连接,组成一个完整的演示系统,是配备多媒体教室不可缺少的设备。

1. 视频展示台的结构

视频展示台由摄像头、照明系统、载物台、控制系统组成,如图 2-15 所示。

(1)摄像头。摄像头的作用是将被展示物体的图像光信号转化为电信号,并通过输出端口输送至显像设备显示出来。

(2)照明系统。视频展示台设置有摄像镜头两侧的臂灯和载物板下的底灯作为照明光源。

(3)载物台。载物台用于承载立体实物、图片或透明胶片等。

(4)控制系统。控制系统用于各种工作状态的调整控制。

2. 视频展示台的使用

1)演示方法

图 2-15 视频展示台

(1)印刷资料的演示。把演示资料放在展示台上,打开臂灯看着显示屏幕用变焦按钮调整图像大小,直到图像清晰、满意为止。

(2)幻灯片的演示。关闭臂灯,点亮底灯,将幻灯片放在展示台上,用变焦按钮调整图像大小,直到图像清晰、满意为止。演示负片胶片时,按 NEGATIVE 按钮切换为负片方式,即可得到正常的彩色图像。

(3)实物的演示。将实物放在视频展示台上,用变焦按钮调整图像尺寸,直到图像清晰、满意为止。可根据室内光线条件决定是否使用臂灯补光。

2)操作方法

(1)视频展示台与外部设备连接,与显像设备配接。视频展示台常见的视频输出有 VIDEO OUT、S-VIDEO OUT、RGB OUT、VGA OUT 等接口,可根据需要与显像设备(电视、视频投影仪等)对应的输入接口连接,将摄像头所摄取的信号显示出来。

① 与录像设备的配接:将视频展示台的音频、视频的输出端口与录像机等设备的音频、视频输入端口连接起来,可以进行实时录像。

② 输入/输出视频音频选择:最多可以连接两对视频音频信号源;外接的两对视频音频信号能通过按键选择;四路视频音频输出插座可同时供四台显示设备输出。

③ 麦克风及音量调节:插入麦克风,音频与视频同时输出;调整麦克风的音量可得到最佳效果。

(2)了解和掌握视频展示台各按键、开关的功能及使用方法。

(3)按下锁定按钮,撑起摄像头支架,打开摄像镜头盖。

(4)打开视频展示台的电源(POWER)开关。

(5) 放置实物或图片等展示物,调整摄像头使之对准被摄物。

(6) 根据实际情况调节光源,将光源开关拨至臂灯处可点亮臂灯;将光源开关拨至底灯处可点亮底灯。一般展示非透明资料时打开两侧臂灯;展示透明资料(投影片或幻灯片)时打开载物板下的底灯。

(7) 将展示资料放在视频展示台上,通过自动对焦或手动对焦调节成像的范围。

① 自动对焦:慢慢按 TELE 变焦按钮放大物体图像;按 WIDE 变焦按钮缩小物体图像。如果按住变焦按钮不放,变焦速度会加快。

② 手动对焦:对焦于立体物的某一点时,请按手动对焦按钮进行调节。一旦图像清晰,停止对焦操作,并保持对好的焦点。

(8) 调整聚焦按钮,使影像最清晰。视频展示台的聚焦分为手动聚焦(MANUAL FOCUS)和自动聚焦(AUTO FOCUS)两种,都能实现聚焦功能,可根据实际情况调整。

(9) 特殊效果调整。正负像转换开关(POSITIVE/NEGATIVE)可将底片影像转化成正像效果呈现,也可以将影像负像化。黑白/彩色转换开关(BW/COLOR)可使图像以黑白或彩色显示。

(10) 使用完毕,按照与开机相反的顺序关闭视频展示台。

(二) 多媒体投影机

多媒体投影机是一种集视频信号与计算机信号相互转换为一体的大屏幕投影系统设备。它既能同步显示高分辨率的计算机、工作站的图像,又能接收录像机、电视机、影碟机、VCD 和 DVD 及视频展示台等视频图像信号的输入,已被广泛地应用于教育领域。

1. 多媒体投影机的分类

(1) 按投影方式分类。

① 直投式摄影机:将图像直射投影到银幕上。

② 背投式摄影机:投影机与屏幕一体化,图像从屏幕后投射出来。

(2) 按成像技术分类。

① LCD 投影机。LCD 即液晶投影,它是液晶显示技术和光学投影技术相结合的产物,液晶是介于液体和固体之间的物体,本身不发光,只起调制外来投射光强弱的作用。它是借助外界光源照射液晶材料而实现显示的被动显示器件。LCD 投影机利用液晶的电光效应,通过电路控制液晶单元的透射率及反射率控制亮度和颜色,由投影镜头投射到投影幕上形成一幅全彩色图像。LCD 投影机体积较小,重量较轻,操作、携带极其方便,亮度和对比度较高,分辨率适中,是目前市场占有率最高、应用最广泛的投影机。其缺点是需要良好的散热条件。

② CRT 投影机。CRT 是英文 Cathode Ray Tube 的缩写,意为阴极射线管。它是投影机中出现最早的一种投影技术,其中心部分是三个高亮度的电磁聚焦投影管,因此被形象地称为三枪投影机。CRT 投影机的工作原理是由构成图像的三基色(R、G、B)信号控制阴极射线电子束扫描击射在成像面上,使成像面上的荧光粉发光形成图像后,再投射到银幕上。CRT 投影机具有色彩丰富、对比性好、还原性好、分辨率高、几何失真调节

能力强、可以长时间连续工作、寿命长等优点。其缺点是亮度很低，操作复杂，体积庞大，对安装环境要求较高，并且价格昂贵。

③ DLP 投影机。DLP 是英文 Digital Light Processor 的缩写，意为数字光源处理器，也称数码光显投影。DLP 投影机是最新发展起来的一种投影机型，其光源发出的光通过快速转动的三基色透镜后，投射到一个镶有微镜面阵列的微芯片上，这些微镜反射投射的光产生图像。DLP 投影机具有清晰度高、画面均匀、色彩还原性好、亮度高、调整十分方便、体积更小等特点。

2．多媒体投影机的主要技术指标

多媒体投影机的主要技术指标包括以下几个方面。

（1）分辨率。分辨率是指图像的清晰程度。当输入信号为视频信号时，用水平方向上的电视线数来表示；当输入 RGB 或 VGA 信号时，则用行列像素来表示。投影机的行频越高，则分辨率越好，显示的图像也越清晰。

投影机的分辨率分为 SVGA（800×600）、XGA（1024×768）和 SXGA（1280×1024）三种，投影机的分辨率也以 H×V 的方式表示的，其中 H 代表水平方向的像素数，V 代表垂直方向的像素数。其兼容分辨率一般比其物理分辨率高一个台阶。例如，如果一台投影机的物理分辨率是 XGA，则它的兼容性分辨率最高为 SXGA，当然也向下兼容。目前，一般课件运行要求分辨率都是 SVGA，部分是 XGA。因此，教室投影机的分辨率应选 SVGA 或 XGA。

（2）亮度。亮度是投影机的一个非常重要的指标，表示投影机的光源所能发光的强度，以流明为单位。确定亮度指标时，应根据室内照度和投影画面面积选择。如室内照度太高，应采取措施降低室内亮度，投影机的亮度也应选择高一些；投影画面面积越大，投影机的亮度应越高。在投影机的亮度选择上往往存在一些误区，其实投影机亮度较高和较低都容易使学生眼睛疲劳，长时间观看眼睛会肿胀、流泪。因此，可根据教室的光线和大小，一般教室（40～60 人）选择 1500～3000 流明的亮度即可。

（3）成像尺寸与镜头焦距。图像的明亮程度不仅取决于光源的光照度，还与成像尺寸和屏幕材料的亮度系数有关。

（4）对比度。对比度是图像黑与白的比值，也就是从黑到白的渐变层次。比值越大，从黑到白的渐变层次就越多，灰度等级越丰富，色彩表现也就越丰富。

（5）接口。不同类型的投影机的接口类型和接口数目不尽相同，常有 RGB、VGA、S-VIDEO、VIDEO 等输入/输出接口。

（6）灯泡寿命。目前，多数投影机灯泡的理论寿命为 2000 小时，按一般使用频率可以正常使用 3 年以上。灯泡可以分为两种：金属卤素灯和 UHP 高能灯。UHP 高能灯发热较少，亮度衰减慢，但价格比金属卤素灯贵得多。

3．多媒体投影机的结构

目前，多媒体投影机品种繁多，但结构、功能和操作基本相同。投影机机身正（顶）面上一般都有电源、输入、变焦、聚焦和菜单设置等按钮，实际中投影机多以吊顶方式使用，此时多用随机配备的遥控机对投影机进行各种操作。

4. 多媒体投影机的使用

(1) 与信号源设备连接。

① 与视音频设备连接,多媒体投影机通常具有视频输入(VIDEO IN)、超级视频(S-VIDEO)、色差信号(Y-Pb/Cb-Pr/Cr)或 VGA 等多种图像输入插口,不同的插口最终所显示的图像质量是不同的,而且质量是按以上插口的顺序依次提高。与录像机、影碟机、摄像机、视频展示台等音频设备连接时,应尽可能采用最佳匹配的配接,以获得最好的显示效果。

② 与计算机连接,将投影机的 VGA 输入口、音频输入口(AUDIO IN)与多媒体计算机的 VGA 输出口、音频输出口(AUDIO OUT)连接。有些投影机上的 RGB 接口也用来与计算机连接。

(2) 投影机的安放。投影机可有正投、背投、倒投(悬挂)三种投影方式,根据场地的需要,选择安放地点和投影方式。注意投影机与其他设备之间的信号连线不要过长,以免信号衰减严重,造成投影画面模糊拖尾。

(3) 投影机的调节。

① 输入源选择设置。由于投影机具有多个输入接口,可以同时与不同的信号源连接,投射时,需要选择输入源,即确定投影机呈现哪一个插口输入的可视化信号,通常可通过面板或遥控器上的 SOURCE 或 INPUT SELECT 按钮来选择。

② 调节画面大小。改变放映距离或改变镜头的焦距可以调节投影画面的大小。

③ 调节画面和声音效果。使用遥控器调整多媒体投影机的清晰度、亮度、色彩饱和度、对比度、音量、音质等,使图像与声音达到最佳效果。

5. 使用多媒体投影机的注意事项

(1) 投影机开机时,绿灯闪烁说明仍处于启动状态;当绿灯不再闪烁时,方可进行下一步操作。

(2) 投影机在使用过程中严禁剧烈振动。

(3) 投影机在使用过程中如出现意外断电却仍需启动投影的情况时,最好等投影机冷却 5～10 分钟后再次启动。

(4) 投影机在使用过程中如使用了菜单中的某些功能后,画面效果不如先前时,可以寻找菜单中的"出厂设置",按"确定"键恢复出厂设置。

(5) 投影机在使用过程中如出现整个画面偏红时,可以寻找菜单中的"输入格式",重新输入 RGB 信号即可。

(6) 关机时,需等投影机的风扇不再转动、闪烁的绿灯变为橙色后,方可切断电源。

(7) 投影机正常关机后,如仍需再次启动时,最好等投影机冷却 2～5 分钟后再启动。

(8) 投影机闲置时,请切断电源。

五、扫描仪与电子白板

(一) 扫描仪

扫描仪是采集图片、照片、书稿、幻灯片、胶片等视觉材料的常见设备,它利用光电转换原理,把各种光学图像信号转化为数字信号,传输到计算机进行加工处理。

1. 扫描仪的工作原理

作为一种光学系统，扫描仪通常由光源、透镜和CCD阵列等组成，如图2-16所示。在扫描过程中，光线从图像反射到CCD阵列，把光信号转换为电信号，然后以位图的形式输出到计算机，可供显示、打印或存储。对于彩色的图像，一般需要用三基色的滤镜分别扫描三次，再组合为RGB图像。扫描仪的扫描区域、对比度、分辨率与颜色深度等，均可用软件设置。

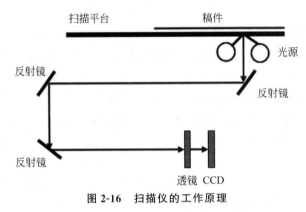

图2-16　扫描仪的工作原理

通过各种相关软件，扫描仪可扩展使用诸如OCR等应用。

2. 扫描仪的主要技术指标

扫描仪的产品质量可从技术指标与易用性两个方面衡量。其中主要包括以下指标。

（1）分辨率。扫描仪的分辨率高低直接影响图像的清晰度。家用扫描仪的分辨率目前主要采用600dpi(dot per inch，即每英寸包含的点数)，商用扫描仪的分辨率可达到1200～4800dpi。

（2）颜色深度。目前，主流家用扫描仪一般采用256级灰度等级或24位真彩色。

（3）扫描时间。在600dpi、256级灰度等级的条件下，扫描一幅图像所需的时间一般为1～3分钟，最快的不到1分钟。

（4）易用性。与扫描质量一样，易用性也值得十分重视。现在有些产品在机身上设置"快捷键"（如扫描、复制、传真、E-mail等），可以有效提高用户的使用效率。鉴于驱动程序是扫描仪与用户直接交流的界面，选择界面友好的驱动程序也是提高易用性的好方法。

3. 汉字OCR软件

扫描仪除用于图像采集外，如果配上文字识别软件，还可将印刷的文字资料转换为电子文档。这一功能对我们在计算机上进行备课、编写学习材料、写文章等具有较强的实用性，它不仅可节省键盘录入的时间与人力，还可以缩减文本的存储容量。

随扫描仪配送的OCR软件通常为简化版本，其识别准确率一般可达到90％以上，对常用汉字、英文字母、数字和常用符号的识别速度一般在每秒钟600字以上。目前，文字的扫描识别发展较快，识别率越来越高，常用的软件有尚书五号、丹青、清华紫光的TH-OCR等。

（二）电子白板

1. 电子白板的发展

从 20 世纪后期以来，人类经历了从黑板到交互式电子白板的渐进演变过程。这一过程大致经历了以下三个主要阶段：从黑板到书写白板、从书写白板到电子白板、从电子白板到交互式电子白板。

最初，为避免粉尘影响师生健康，开始改进并尝试使用各类无尘粉笔，但效果不理想，于是干脆开始使用书写白板。书写白板用各种材质（木材、金属、塑料板材等）制作，相应地改用各类彩色水笔书写，使用特制的板擦擦除。如今，尽管各国仍有大量书写白板在继续使用，但并不普遍，特别是在中小学尤不常见。分析其原因，主要还是在"面向师生集体、易于重复使用、成本低廉"方面远比不上黑板加粉笔。

直到 20 世纪末，书写白板开始演变为电子白板。最早，电子白板就是配备了电子装置的书写白板，可以将白板上的书画内容存储并打印，分发给学生或受众。后来又进一步发展，可以将电子白板上的书画内容存储在计算机中并进行进一步加工处理和传输发送（如电子邮件）。当然，电子白板也可以作为计算机的投影屏幕使用。但此时的电子白板与计算机的相互作用关系始终是单向的，具体表现在以下两个方面。

（1）电子白板上的书画内容可以存储到计算机中，并做进一步的加工处理（可实现从电子白板到计算机的书画内容的单向存储），但计算机处理结果并不呈现在电子白板上，即电子白板上的书画内容不会随着计算机的加工处理而改变（不能实现从计算机到电子白板的书画内容加工处理的逆向呈现）。

（2）计算机通过投影仪可以将其屏幕内容投影到电子白板上（可实现从计算机到电子白板的屏幕内容的单向投影），但在电子白板上无法对投影的计算机屏幕内容做任何加工处理或操作，即此时的电子白板仅仅相当于一块普通屏板（不能实现从电子白板到计算机的屏幕内容加工处理的逆向操作）。

正因为电子白板与计算机之间无法实现双向交互通信与操作，使电子白板的应用推广受到了极大的限制。所以，在教学实践中，电子白板的使用还不如书写白板普遍。

2. 交互式电子白板

从电子白板发展到交互式电子白板（以下简称"交互白板"），这是白板发展史上最关键的一步。交互白板实现了白板与计算机之间信息的双向交互和操作。交互白板既是电子白板，又是计算机屏幕。交互白板上的书画内容及其加工处理结果均被计算机同步存储，同时，在交互白板上可以实现对计算机的各种操作，所有对计算机屏幕内容的操作和加工处理的结果都会即时存储在计算机中和呈现在交互白板上。当然，交互白板也在不断改进和完善。进入 21 世纪后，由于技术的发展、设计的创新和实践应用的改善，如今的交互白板已经基本成型，足以能够替代传统的黑板，并担当起基础教育信息化进程中课堂教学主流技术的重任。

交互白板就是电子感应白板（硬件）与白板操作系统（软件）的有机集成。它融合了计算机技术、微电子技术与电子通信技术等，成为计算机的一种输入/输出设备，成为人（用户）与计算机进行交互的智能平台。简而言之，交互白板就是具有正常黑板的尺寸，在计算机软硬件支持下工作,既具有普通白板和多媒体计算机的功能,又可以实现普通白板与计算机、软硬件与教育资源、人机与人际多重交互的电子感应屏板,如图 2-17 所示。

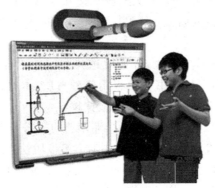

图 2-17　交互式电子白板

3. 交互式电子白板的系统组成

交互式电子白板之所以能在课堂教学中正常应用并发挥巨大的作用,主要是因为它由一个完整的系统在支撑,该系统就叫作交互式电子白板系统。它包括两部分:硬件系统和软件系统。就硬件系统而言,它们由交互式电子白板、电子笔、投影机、计算机、音响和各种信号与控制连线组成,有的硬件系统可能还连有其他附属设备,如实物投影仪、打印机等,如图 2-18 所示。

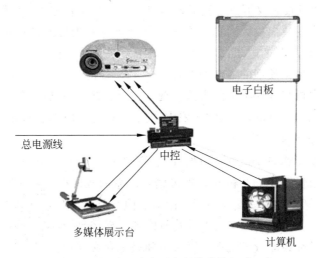

图 2-18　交互式电子白板的系统组成

交互式电子白板的软件系统简称白板操作系统(active studio),是存在于计算机中的一个软件平台。它不仅支撑操作者与白板、计算机、投影仪之间的信息交换及存储,还自带一个强大的学科素材库和资源制作工具库,同时是一个兼容操作各种应用软件的智能操作平台。教师可以在白板上随意调用各种素材或应用软件教学,可以轻松实现书写、标注、几何画图、编辑表格和公式、打印、注释、保存等在计算机上利用键盘及鼠标可以实现的任何操作功能。交互式电子白板集传统黑板、计算机、投影仪等的多种功能于一身,使教师使用起来非常方便,同时能较大程度地解决教学难题和提高课堂教学效率。

4. 交互式电子白板的工作模式

在课堂教学中,交互式电子白板的应用通常包括三种工作模式,即控制模式、注解模式和窗口模式。控制模式就是鼠标模式,把白板看作显示器,把电子笔当作鼠标,主控设备就是计算机主机。注解模式就是可以对当前的页面进行标注,当然包括 PPT 和网页等。窗口模式也就是白板模式,在这种模式下,结合软件丰富的教学资源图库、音频库和课件,不仅实现了传统黑板的板书功能,而且实现了黑板与多媒体应用的有效结合,丰富了教学资源,使课堂教学更加丰富多彩。

有的厂家也归纳成四种,再加上展台模式。展台模式是指打开实物展台或实物投影仪,可以任意切换设备和改变设备分辨率,对实物图像进行移动、放大、缩小、旋转、保存等操作,可以锁定一帧图像,也可以对图像实现动态批注和擦除,使授课更加简单、方便、生动,实现展台与笔记的有效结合,同时提高授课质量。

5. 交互式电子白板的功能

交互式电子白板是新兴的多媒体教学设备与集成环境,具备两个整合(一是以计算机技术为核心的信息技术本身的深度整合;二是交互式电子白板和课堂教学的有机整合),多层交互(包括人机交互、人人交互、以教学应用为主的资源与资源交互等),易学易用等特点。这些特点实现了信息技术与学科教学新的融合,带来了教学内容呈现方式的变化,也带来了课堂教学方式的变革。交互式电子白板的功能主要如下。

(1) 加强屏幕批注,做到及时反馈。在课堂上,教师利用交互式电子白板先呈现电子教材,在讲解的过程中,利用电子白板的屏幕批注功能,实时加上一些重点词语的批注(如加下画线、着重号、画圈等),运用电子白板营造学生互动和师生互动的学习情境。在整个过程中,学生是学习的主体,在独立批注和互动讨论中,提高学生思维的独立性和深刻性。

(2) 强调遮挡隐藏,实现分批呈现。基于交互式电子白板提供的遮挡拉幕功能,可以导入图片作为主题背景,有利于创设情境。可以根据学习进度分批呈现资源,不仅有利于学生集中注意力,更能有效引导学生思维的发展;不但在新授课中比较实用,而且在平时的练习和复习课中也非常实用。

(3) 轻松拖放组合,体现灵活互动。基于交互式电子白板提供的随意拖放、组合和放大功能,使学生在拖放中经历学习过程,在拖放组合中展示思维创造,在学习过程中强化学生的学习实践,使学生在实践中提高能力。

(4) 通过重点放大,强调凸显重点。基于交互式电子白板提供的照相功能和放大、缩小功能,可以突出呈现教学重点、难点、疑点,细致观察,有利于学生发现问题。

(5) 过程回放功能,集中呈现脉络。基于交互式电子白板提供的回放功能,运用于学生各学科的学习中,可以重新展现学习过程,回顾思维的脉络,有利于在学习中总结学法,提炼方法,从根本上发现问题,并抓住关键解决问题。在低年级的识字教学课中,教师将汉字书写的过程录制下来,在教学时可以随时回放书写汉字的过程。特别是在示范书写后,利用回放功能让学生边看边练,使学生进一步明确汉字书写的笔画和笔顺,突破汉字的书写难点。

(6)自由模式切换,特别方便演示。基于交互式电子白板提供的三种模式的切换功能,可以整合教育资源,便于课堂的演示和批画。在教学中,教师可以利用电子白板操作切换到普通操作模式,进行普通的计算机操作,如播放视频、播放PPT、打开文件等,而无须动用鼠标、键盘等。

(7)添加智能绘图,全面提升效率。交互式电子白板提供了圆规、画角、智能笔、量角器、画圆等多种智能工具,教师不需要借助其他工具,稍加练习,便可以用一支笔在电子白板中方便地画出专业、准确的各种几何图形。对于理科教学,不但提供了一个集成的工具箱,而且在使用时同真正的工具是一样的,是一种逼真的模拟操作。在实践操作中,这些工具非常受理科教师的欢迎,学生也非常喜欢。

(8)随时库存另存,不断积累资源。库存是基于交互式电子白板提供的资源库功能和存储功能,可以在学习中随时调用资源和积累现场资源,可以以多种方式存储现场学习资源,便于复习和重温。另存是将教师上课使用的课件、教学资源和学生智慧的创造导出为网页、图片等资源,便于学生再学习或复习等。

交互式电子白板除了以上八个方面的功能外,还有其他很多实用的功能,如定时器、播放器等,这些都可以在实际教学中根据需要灵活选用、逐渐摸索与总结。要想全面、灵活、多角度地应用好电子白板,充分挖掘它的其他功能,就需要教师做一个有心人,多钻研、多实验、多操作、多总结,设计好教案、利用好白板、驾驭好课堂,实现教学的创新性、趣味性、高效性和实用性。

第三节 听觉媒体

听觉媒体是采集、记录、播放声音的现代教学媒体,常用的听觉媒体有传声器、扬声器、功放、录音机、MP3播放器等。磁带录音机是前几年学校教学中使用最广泛的一种录音媒体,但现在教学中主要采用计算机进行录音。下面介绍在学校教学中最常用的听觉媒体及其使用方法。

一、扩音设备

(一)传声器

传声器是一种把声音信号转换为电信号的电声器件,俗称话筒、麦克风。在扩音系统和录音系统中,用它拾取声源发出的信号。声音传输的质量与传声器有密切的关系,要求传声器的性能满足提出的要求(不同类型、不同用途的传声器要求不同)。

1. 几种传声器的结构和工作原理

(1)动圈式传声器。动圈式传声器也称电动式传声器,频率范围一般在50~10 000Hz,优质的可达40~16 000Hz。动圈式传声器坚固耐用,噪声电平低,价格便宜,使用方便,因而在现代教育技术中得到了广泛的应用,其结构如图 2-19 所示。

(2) 电容式传声器。电容式传声器的频率范围很宽,一般在 20～18 000Hz,接近人耳听觉的频率范围,并且频响平坦。它的灵敏度高、信噪比大、体积小而灵敏,结构复杂、成本高,多用于高质量广播、音乐节目的录音扩音中。它的结构如图 2-20 所示。

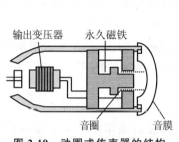

图 2-19 动圈式传声器的结构

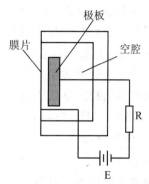

图 2-20 电容式传声器的结构

(3) 无线话筒。无线话筒实际上由微型传声器(动圈式、电容式等传声器)和小型发射机组成。无线话筒的工作原理是传声器把声音转换成音频电信号,再通过小型发射机将其调制到高频载波上,通过话筒自带的软质天线发射。由于它的发射功率小,接收距离为 50～100m。

根据国家规定,无线话筒所使用的频率范围在 VHF 频段的 88～108MHz,以便与有调频广播的收录两用机配套使用。由于每一个无线话筒都有自己的频道,所以当相邻教室选用不同的无线话筒上课时,不会相互干扰。

使用无线话筒时,每个话筒都配备一台调频接收机接收调频信号,传输给扩音机或其他设备的音频输入使用,最后通过扬声器把声音播放出去。

无线话筒最大的优点是省掉传送电缆,它最适用于移动性声源的拾声。

2. 传声器的使用

(1) 注意阻抗匹配。传声器与放大器的阻抗最好相同,失配比在 3∶1 以上会明显影响传输效果。

(2) 注意正确连接。传声器输出电压很低,为避免损失及干扰,应使用屏蔽线且连接要尽量短,一般高阻传声器的连线不超过 10m,低阻传声器的连线不得超过 50m。

(3) 注意工作距离。传声器距声源 20～30cm 为宜,距离远些,音色柔和,混响感强;距离近些,语言清晰,听感亲切。另外,传声器还要远离扬声器,否则会由于声音的回授而出现尖厉的啸叫。

(二) 扬声器

扬声器又称喇叭,是一种把电能转换成声能的器件。当把扩音机放大了的音频电信号加给扬声器时,扬声器的纸盆或振动膜就会产生相应的机械振动,从而在周围的空气中激发声波,产生声音。扬声器是扩音系统的最后一环,无论前面的传声器的扩音机性能如何好,假如扬声器性能不良,照样不能得到高质量的声音。所以,高质量的扬声器是高保真放音系统的一个重要条件。

1. 扬声器的种类

目前,使用得最多的是电动式扬声器,电动式扬声器又分纸盆式和号筒式。

(1) 纸盆式扬声器的频率特性好、失真小、功率有大有小、价格适中,所以得到了广泛的应用。几乎所有的收音机、录音机、电视机中都使用这种扬声器。音乐厅、舞厅、室内广播等高质量的扩音系统也都使用纸盆式扬声器。

(2) 号筒式扬声器俗称高音喇叭。它的工作原理与纸盆式扬声器相同,仍然是利用通电线圈在磁场中的受力运动工作。

号筒式扬声器的特点是效率高、输出音量大、辐射方向强、功率大。其缺点是频率特性差,一般为200～500Hz,所以它主要用于以语言广播为主的室外广播,如学校、广场、运动场、农村广播站等。

2. 扬声系统

将一个或多个扬声器与某种助声装置或某种附带电路组成一个整体的系统,以提高放音质量,这样的系统就是扬声系统。其中,助声装置是指箱体、号筒、纸盆、吸声地材料等;附带电路是指分频网络、功率放大器、反馈电路等。

3. 分频网络

高保真扬声系统要求扬声器的有效工作频带能包括自然界中各种频率的声音,即应有20～20 000Hz的频带宽度。单个扬声器的有效工作频带是非常有限的,根本达不到高保真放声系统频宽的要求,只有将低音扬声器、中音扬声器和高音扬声器利用分频的方法组合,共同承担全频带的声音重放,才能拓宽扬声器的有效工作频带。分频网络使每个扬声器完成各自指定频段的任务,使各个扬声器共同完成全频带的声音重放。

4. 三维环绕立体声

所谓立体声,就是聆听到感受声源的三维(前后、左右、上下)定位的立体感。声音数越多,其环绕声效果越好,价格也越高。

(三) 功放

功放俗称"扩音机",其功能是对来自声源或前级放大器的弱信号进行放大,推动扬声器发声。功放是多媒体教室中必不可少的设备之一。

1. 功放的结构

功放内部由节目源选择键、频率均衡电路、前置放大器、音调控制器、立体声平衡调整、响度控制器、功能选择开关、低通滤波器、高通滤波器及保护电路等组成。

2. 功放与音箱的配接

功放与音箱的配接要素有功率匹配、功率储备量匹配、阻抗匹配、阻尼系数的匹配。如果在配接时做到上述四点,可使所用器材的性能得到充分发挥。

(1) 功率匹配。为达到高保真聆听的要求,额定功率应根据最佳聆听声压确定。我们都有这样的感觉:音量小时,声音无力、单薄、动态出不来、无光泽、低频显著缺少、丰满度差,声音好像缩在里面出不来;音量合适时,声音自然、清晰、圆润、柔和丰满、有力、动态出得来；音量过大时，声音生硬不柔和、毛糙、有扎耳的感觉。因此，重放声压级与声音质量有较大关系，规定听音区的声压级最好为80～85dB，可以从听音区到音箱的距离与音箱的特性灵敏度计算音箱的额定功率与功放的额定功率。

(2) 功率储备量匹配。①音箱，为使其能承受节目信号中的猝发强脉冲的冲击而不至于损坏或失真。这里有一个经验值可参考，所选取的音箱标称额定功率应是理论计算所得功率的3倍。②功放，电子管功放和晶体管功放所需的功率储备是不同的。

(3) 阻抗匹配。阻抗匹配是指功放的额定输出阻抗应与音箱的额定阻抗相一致。此时，功放处于最佳设计负载线状态，因此可以给出最大不失真功率。如果音箱的额定阻抗大于功放的额定输出阻抗，功放的实际输出功率将会小于额定输出功率。如果音箱的额定阻抗小于功放的额定输出阻抗，音响系统能工作，但功放有过载的危险，要求功放有完善的过流保护措施来解决，对电子管功放来讲，阻抗匹配要求更严格。

(4) 阻尼系数的匹配。阻尼系数(KD)=功放额定输出阻抗(音箱额定阻抗)/功放输出内阻。由于功放输出内阻实际上已成为音箱的电阻尼器件，KD值便决定了音箱所受的电阻尼量。KD值越大，电阻尼越重。功放的KD值并不是越大越好，KD值过大会使音箱电阻尼过重，致使脉冲前沿建立时间增长，降低瞬态响应指标。因此，在选取功放时不应片面追求大的KD值。作为家用高保真功放阻尼系数有一个经验值可供参考，最低要求：晶体管功放KD值大于或等于40，电子管功放KD值大于或等于6。

3. 使用功放的注意事项

(1) 正确选择输入信号。在多媒体教室中，一台功放要连接计算机、录像机、VCD/DCD等多路输入信号，如要播放哪路信号，则要在功放前面板上将输入信号置于相应的信号挡上。

(2) 不可满负荷工作。使用功放时，不可将音量旋钮长时间置于最大，一般应控制在总负荷的70%左右。刚开机时，不能将音量置于最大，否则容易损坏功放。在关机不用时，应将音量调至最小，这样下次开机时音量就不会过大，可有效保护功放和音箱。

(四) 教学中的扩音系统

1. 有线扩音系统

有线扩音系统由话筒、扩音机和扬声器等组成，用于校园广播、学术报告和课堂教学的扩音，其构成如图2-21所示。

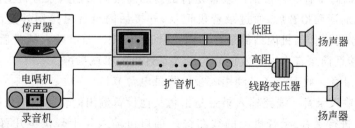

图 2-21 有线扩音系统

在课堂教学中,还可以将此系统简化为直接把有线话筒插入录音机的话筒插口,利用录音机所带的喇叭进行扩音。

2. 无线扩音系统

无线扩音系统由无线话筒、接收机和扬声器组成,如图 2-22 所示,如果接收机带有喇叭则无须再接扬声器。

在课堂教学中,可以用调频收音机作为接收机,若无线话筒的发射频率落在收音机的接收范围内,则只需一个无线话筒和一个收音机就能组成一个简单的无线扩音系统,使用非常方便,但要注意以下问题。

(1) 由于无线话筒常为电容式话筒,要正确安装电池。

(2) 要调整好接收频率,以得到满意的效果。

(3) 相邻教室避免使用频率接近的话筒。

(4) 使用过程中,无线话筒的天线应避免与金属物体接触。

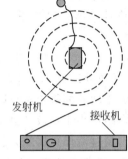

图 2-22　无线扩音系统

二、录放及调音设备

(一) 录音机

20 世纪 80 年代后,盒式磁带录音机在语言教学、丰富学生的精神生活方面一直发挥巨大作用,而且将继续发挥作用,并逐渐向数字化方向发展,部分地被其他数字媒体所替代。

1. 录音机的原理

磁带录音机以磁的形式记录或重放音频信号,其主要过程是进行电磁变换。录音就是把音频电信号转换为磁信号并记录在磁带上的过程,放音是把磁带上的磁信号还原成音频电信号的过程。

2. 录音方式

录音方式有机内话筒录音、外接话筒录音、收音录音、线路输入录音、双卡复录和复制机复录等。

(1) 机内话筒录音。盒式录音机几乎都内置有传声器——机内话筒。利用机内话筒进行录音,所录制的节目往往噪声较大、音质不好,这是因为录音机机械运动的噪声会被录下,也是因为录音机机内话筒的档次一般不高。

(2) 外接话筒录音。外接话筒录音是将话筒的连接插头插入录音机上的 MIC 插口,用远离录音机的话筒拾音后,通过录音机记录,外接话筒录音只是用外接话筒代替了机内话筒,因而录音操作与机内话筒录音相同。录音机 MIC 插口插入插头后,机内话筒即断开,所以外接话筒录音可以有效地避免录入录音机的机械噪声。

(3) 收音录音。收音录音是利用收录机收录电台节目。

(4) 线路输入录音。线路输入录音是指将其他设备输出的音频电信号送入录音机的线路输入插口进行录音,录音机上的线路输入插口可输入几十毫伏至几百毫伏的信号,可有效保证输入端的信噪比,获得高质量的录音效果,因而在具有线路输入和话筒输入两种方式可选择录音情况下,应优先选择线路输入录音。

(5) 双卡复录。双卡复录是用双卡收录机,一个带仓放音,同时用另一个带仓录音。

(6) 复制机复录。磁带复制机是快速复制录音节目的设备,由一个放音机芯和多个录音机芯组合而成,复制时不仅可以以正常走带速度的数倍速度快速复制,而且可以 A、B 面同时复制。复制机的录音仓有带抹音功能与不带抹音功能之分,使用不带抹音功能的复制机时,要先将已用过的录音带用专用消磁器消磁后再复制。

(二) MP3 播放器

MP3 是 Moving Picture Expert Group, Audio Layer 3 的缩写,是一种采用高比率的数字压缩技术编码的数字音频格式。MP3 融合了传统音响技术和 IT 技术,它有着 CD 难以比拟的可重复复制的优势;与随身听相比,它的音质更好,外形更纤巧,存储的歌曲更多,尤其在网络时代能更方便地通过计算机下载或传输,因此 MP3 播放器具有许多模拟设备无法比拟的功能。

1. MP3 播放器的种类

按存储介质分类,MP3 播放器有 CD-ROM 和 Flash Memory 两类。

2. MP3 播放器的使用

(1) 安装。安装是指 MP3 播放器通过 USB 接口与计算机连接,安装管理程序(无驱型的则不需要安装管理程序)。

(2) 传送音乐文件。安装后,通过管理程序将要传输的 MP3 文件复制或拖放到 MP3 播放器的位置上。虽然不同的 MP3 播放器的管理程序有差别,但大致原理相同。

当结束 MP3 文件的传输后,一般是先关管理程序,然后拔掉 USB 线,就可以开始操作 MP3 播放器进行放音了。

(3) 播放。从显示屏上通过菜单键选择要播放的音乐文件。

有些 MP3 播放器具有 FM 收音功能,可以收听电台节目;有些增加了录音功能。

(三) 调音台

调音台是录音、放音、扩音的重要音响设备,利用调音台对来自话筒或其他信号源设备的声音信号进行技术加工和艺术处理,然后馈送给录音机或其他扩音设备。它是多路前置放大器和信号处理设备的有机结合,是音响系统的核心。

第四节　视听觉媒体

视听觉媒体是能同时发出视觉和听觉信息的媒体,对于一些比较抽象的教学内容,由于学生缺乏相关的直接经验,在理解这些教学内容时会产生困难,视听觉媒体可以用直观的方式表现这些抽象的教学内容。视听觉媒体主要有电视机、摄像机和影碟机等。

一、电视机

(一) 电视系统

电视系统由摄像、传输、显像等几部分组成。电视图像的呈现是通过光电转换、信号传送、电光转换几个过程实现的。由于电视信号从发射端传输到接收端的方式不同,形成了不同的电视系统。

1. 开路电视系统

以高频或超高频在空间传输电视信号的系统叫开路电视系统。这种传输方法存在系统复杂、传输环节多、图像质量下降、成本高、效率低等缺点,因此目前远距离传送电视信号已被卫星传输所取代。

2. 有线电视系统

有线电视系统是采用缆线(电缆或光缆)等作为传输媒质来传送电视节目的一种闭路电视系统,它以有线的方式在电视中心和用户终端之间传递声、像信息。所谓闭路,是指不向自由空间辐射,可供电视接收机通过无线接收方式直接接收电磁波。有线电视系统具有播出频道多、图像质量高、服务功能强、运行机制好等多方面的优势。

3. 卫星广播电视系统

卫星广播电视系统是利用地球同步卫星向预定地域转发电视节目的系统。广播电视同步卫星在地球赤道平面上的同步轨道运行,地面接收站的接收天线对准卫星,就可以接收到卫星转发的信号。如果把三颗同步卫星相隔120°置于同步轨道上,就可以覆盖除两极以外的地球的所有地方。

(二) 彩色电视

1. 彩色电视的原理

电视发送端由摄像机把光学图像转变成电信号,即"视频信号",也称为全电视信号,主要由图像信号、同步信号和消隐信号三部分组成。信号通过天线发射前需进行高频调制。视频信号的高频调制采用调幅的方法,调制在本频道规定的载频上;伴音信号则采用调频的方法,调制在比本频道视频信号载频高 6.5MHz 的频率上,与高频图像信号一起形成电视"射频信号"后发射。

彩色电视是在黑白电视的基础上发展起来的,与黑白电视相比,彩色电视还要实现传送颜色的功能。自然界的任何色彩都可以分解成红(R)、绿(G)、蓝(B)三种基本颜色,将这三种颜色有比例地进行混合,就可得到自然界中的绝大部分色彩,这个原理叫三基色原理。彩色电视就是按三基色原理进行摄取和重现彩色图像的。

为进一步提高彩色电视的图像质量,解决高清晰度问题,目前除逐行扫描和隔行扫描技术外,采用了一些数字处理技术,如数字电视中的倍频扫描技术,它克服了传统的隔行扫描彩色电视机的一些缺陷,为解决彩色电视机的高清晰度问题开辟了新途径。

电视接收端由电视接收机把电信号还原成图像和声音。电视机通过天线接收微弱的射频信号,这些信号经高频放大、变频、中频放大、解调、图声信号分离、图声信号低频放大等处理后,被分别送给显像管和喇叭,还原出画面和声音。

根据传输编码方式的不同,目前世界上有 NTSC、PAL、SECAM 三种彩色电视制式同时被使用。美国、加拿大、日本等国家采用的是 NTSC 制,英国、中国等国家采用的是 PAL 制,法国和东欧等国家采用的是 SECAM 制。这三种制式是互不兼容的。

我国广播电视使用的频率在 48.5~958MHz,划分为 68 个频道,其中 1~12 频道为甚高频段(VHF)，13～68 频道为特高频段(UHF)。在 VHF 中，又把 1～5 频道称为 I 段或 L 段，把 6～12 频道称为Ⅲ段或 H 段；在 UHF 中，把 13～24 频道称为Ⅳ段，把 25～68 频道称为 V 段。每个频道的频带宽度为 8MHz，图像信号与伴音信号有各自的载频。在 5 频道和 6 频道之间(92～157MHz)以及 12 频道和 13 频道之间(223～470MHz)，原来预留了一些频道资源，现被用于有线电视中，称为增补频道。如在 5 频道和 6 频道之间，现有 Z1～Z7 频道；在 12 频道和 13 频道之间，现有 Z8～Z37 频道。

2. 彩色电视机的连接

电视机最基本的输入端是电源插头和射频输入插口，其作用分别是与外电源和天线接通，向电视机供电和输入广播电视信号。最基本的输出端是耳机输出插口(EAR)，供耳机收听时使用。新型电视机具备与摄录一体机、录像机、影碟机及立体声音响装置连接播放节目的功能，其输入端增加的设备如下。

(1) 视频输入插口一至三路，音频输入左(L)右(R)声道各一至三路：用于与摄录一体机、录像机和各种影碟机的视频、音频输出端连接放像。

(2) S-视频输入插口：输入亮度和色度分离的信号，使图像信号避免亮色串扰，清晰度更高，色调还原更准确，用于与有 S-视频输出端的设备连接。

(3) 分量视频(Y.U.V.)输入插口：直接输入一路亮度信号和两路色差信号，其图像质量更佳，专门用于输入 DVD 影碟机等高质量视频信号源。

(4) R.G.B. 信号输入插口：用于与计算机显示卡输出端相连，把具有逐行扫描功能的新型电视机作为计算机终端显示设备。

输出端增加了视频输出和音频输出左(L)、右(R)声道各一路，可用于与录像机等视音频记录设备的视频、音频输入端连接，监视录像。环绕声输出用于与音箱连接，改善电视机的音响效果。新型电视机的各种插口如图 2-23 所示。

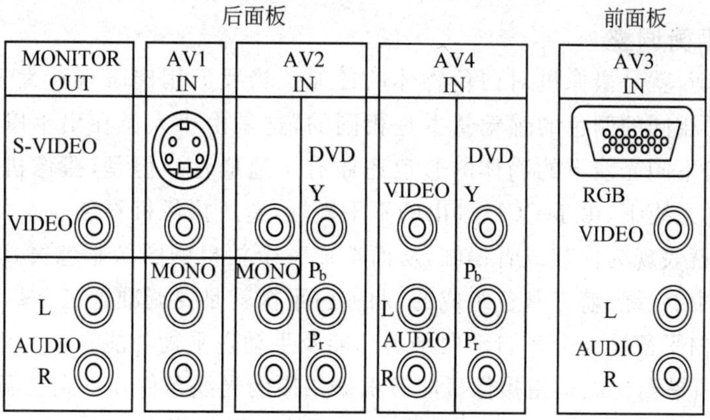

图 2-23　新型电视机的各种插口

3. 数字电视

电视机的分类方法很多，按屏幕对角线的长度分，有 54cm、64cm、74cm(即 21in、25in、29in)等；按显像管的结构分，有普通电视、纯平电视、液晶电视和等离子电视等；按电路分，有模拟电视和数字电视。

准确地说,数字电视是指用数字技术对电视信号进行处理、传输、存储、记录、接收及控制的系统。而数字电视机是指在不改变现行传输体制的前提下,对视频信号和音频信号进行数字处理的电视接收机。前者是指一整套系统,后者仅是一种设备,是前者的一个分支。

数字电视是一项全新的有线电视服务系统,不同于现在大多数家庭收看电视节目所采用的传统模拟信号。数字电视将传统的模拟电视信号经过采样、量化、编码,转化成二进制的数字信号,然后进行处理、传输、存储和记录,通过机顶盒接收、解码、转换成 AV 信号,通过现有的有线网络传输到每家每户。因为全过程均采用数字技术处理,数字信号传输过程不易受干扰,信号损失小,接收效果好。用户收看数字电视时没有模拟信号电视的雪花、重影等现象。

在数字电视中,采用双向信息传输技术,增加了交互能力,赋予了电视许多全新的功能,使人们可以按照自己的需求获取各种网络服务,包括视频点播、网上购物、远程教学、远程医疗等新业务,使电视机成为名副其实的信息家电。

二、摄像机

摄像机是能把日常生活中的事物通过光—电转换过程转变成电视信号的设备,是教育电视系统中的重要媒体之一。目前,摄像机的发展主要是摄像器件的固体化和高清晰度化,CCD 彩色摄像机在近几年内发展迅速,在广播电视中得到了广泛的应用。

摄像机按信号方式不同可分为模拟摄像机和数字摄像机(DV 机)两类。模拟摄像机的信号处理方式是采用模拟的,而数字摄像机、摄像器件一般采用 CCD 替代摄像管,且其信号处理方式是采用数字的。

摄像机因型号不同在使用上差别很大,初次使用时一定要仔细阅读使用说明书,全面了解摄像机的功能、特点和使用方法。下面先介绍摄像机使用时的共性问题。

(一)白平衡调整

所谓白平衡,就是摄像机对白色物体的还原。当我们用肉眼观看大千世界时,在不同的光线下,对相同的颜色的感觉基本是相同的,这是由于人类在出生以后的成长过程中,大脑已经对不同光线下的物体的彩色还原有了适应性。但是,摄像机没有人眼的适应性,在不同的光线下,由于 CCD 输出的不平衡性,造成摄像机彩色还原失真:具体到拍摄白色物体时就表现为偏蓝或者偏红,从而造成整个拍摄的图像彩色失真。彩色摄像机的图像信号是由红、绿、蓝三基色组成的,调整白平衡就是要调准这三个基色的比例。

摄像机的白平衡功能分为自动白平衡功能及手动白平衡功能。

(1) 自动白平衡功能是指摄像机能够根据拍摄的光线条件在一定色温范围内自动地进行白平衡校正而不需要干预,其能够自动校正的色温范围在 2 500K～7 000K,超过此范围,摄像机将无法进行自动校正而造成拍摄画面色彩失真,此时就应当使用手动白平衡功能进行白平衡的校正。

(2) 手动白平衡功能是指选择一个不掺杂色且不反光的纯白物体,将其顺光置于光源下,将镜头对准白色物体并使之充满画框,然后根据菜单提示按下白平衡按钮,直至显示 OK 为止。

（二）光圈调整

摄像机镜头中有与照相机镜头中相似的光圈，其主要作用是控制、调节到达CCD图像传感器光线的多少，使其在摄像机的承受范围之内。摄像机中的光圈调整分为自动光圈调整与手动光圈调整两种方式。

自动光圈调整以被摄物体的总体亮度的平均值或以被摄物体中心的亮度为调整基准进行自动调整，这是摄像机光圈调整的常用模式。然而当被摄物体与周围环境亮度相差比较大时，采用自动光圈调整所得拍摄的画面主体影像就会显得太亮或太暗，这时就需要使用手动光圈调整进行操作。

（三）聚焦调整

聚焦调整可使所拍摄的图像更清晰。聚焦调整有手动聚焦和自动聚焦两种方法。

手动聚焦通过调整聚焦环，使被摄物体呈清晰的影像。自动聚焦有三角测距式、相位检测式、超声波式及红外线式等，其中红外线式应用较多。它是以红外线测距的方式完成对焦的动作，在镜头内下方装置一组红外线发射器，当镜头对准目标时，发射器的红外线也同时感应到与目标间的距离，同时驱动调焦结构进行对焦动作，使被摄物体成像最清晰，从而实现自动聚焦。

（四）变焦调整

变焦就是改变变焦镜头的焦距。对于摄像机来说，一般都是通过调整镜头变焦组的前后位置来实现的。通过变焦，可以摄取距镜头远近不同的物体，既能保证成像清晰，又可高速成像，从而获得远景、中景、近景和特写等不同镜头效果。它是获得运动镜头效果、体现摄像意图的必用手段之一。它通常有手动变焦和电动变焦两种操作方式。

手动变焦是摄像人员操纵变焦杆或变焦环等机械装置，直接改变镜头变焦组的前后位置，实现镜头焦距的改变。它需要操作人员具有较高的技巧和丰富的经验，才能获得预期的效果，操作起来不太方便。但它可以获得快速变焦或匀速变焦等一系列特殊效果，有很大的灵活性。

电动变焦也称作动力变焦，是通过操作人员按压"推""拉"按钮，由电路产生相应的控制信号，控制变焦电机动作，带动变焦镜头组以一定速度匀速移动实现的。这样操作起来十分方便，变焦过程平稳，效果良好，但变焦速度受到限制，没有太大的变化。

（五）画面构图

高清主要采用16∶9的画幅比，而标清主要采用4∶3的画幅比。16∶9的构图方式不仅显得大气，而且包含了更多的信息量，在拍摄大场面或大全景时非常有表现力，更接近电影的视觉效果。在镜头的选择方面，高清镜头以电影镜头为参考，画面不仅柔和，而且清晰度高；景深小，立体感强；对镜头的透光率要求也高。在相同焦距段时，高清摄像机镜头的视角比标清摄像机镜头的视角大。在16∶9的构图中，由于水平视角的增大，更需要留意线条在画面上的延伸感，形成视觉上的透视感；形状上要注意主体和陪衬体的合理位置，既要有对比又不失平衡，虚实的比例也要控制恰当；在色调处理上，要根据色彩的特性、变化、位置及色彩间的相互关系，发挥自己的创意；影调的处理将直接关系到画面的层次。数码摄像机的使用方法可扫描二维码学习。

三、影碟机

影碟机是一种利用激光束读取信息、播放电视节目的音像设备。

数码摄像机的使用方法.docx

（一）激光影碟机的信息存储原理

激光影碟机采用激光束进行信息的高密度记录和读取。

1. 模拟信号存储原理

模拟信号记录方式的影碟（如 LD）机将图像和声音信号进行调频等模拟技术处理后，形成包含图像和声音的复杂脉冲信号流，再以这种脉冲信号控制激光刻制头，在空盘上刻出长度及间隔不等的凹坑而形成信息。

2. 数字信号存储原理

数字信号记录方式的影碟（如 VCD、DVD 等）机将图像和声音信号进行模数（A/D）转换后，再加入控制与显示等信号码，进行数字编码处理，最后以此二进制信号控制激光刻制头，刻在碟片上，完成信息的记录存储。

（二）激光影碟机的种类及特点

1. VCD（Video-CD）影碟机

VCD 影碟机是一种在 CD 光盘的格式中录入了经过数据压缩处理的视频和音频数字信号的设备，采用数字信号方式记录和重放，光盘大小和外形都与 CD 光盘相同。

VCD 光盘按照 MPEG-1 的技术标准进行数据压缩，视频信号的压缩比为（1∶130）～（1∶120），音频信号的压缩比为 1∶6，图像质量与 VHS 相当，伴音比 CD 碟差一些。MPEG 是国际上运动图像专家小组的简称。MPEG-1、MPEG-2 都是这个专家小组制定的视频压缩的技术标准。MPEG-1 是用于 VCD 影碟机的民用级技术标准，MPEG-2 是专业或广播级标准。

VCD 的图像和声音是以二进制形式存储的，二进制"1"和"0"用碟片中反射层上的凸凹坑来表示。在反射层上，每次凸凹坑的跳变表示"1"，不跳变表示"0"。

VCD 系统价格低廉，碟片易于保存，机器可快速检索，静像清晰，操作简便。VCD 碟可在 VCD 影碟机上播放，也可在多媒体计算机的 CD-ROM 中播放。但因压缩比太高，图像质量受到限制，现正在被 DVD 所取代。

2. DVD 影碟机

DVD 系统是 VCD 系统的升级换代产品。由于 VCD 系统存取数据采用 $0.78\mu m$ 的红外激光，而 DVD 系统则采用 $0.635\mu m/0.650\mu m$ 的红色激光，与 VCD 相比，DVD 的数值孔径（NA）更大，因而其记录密度大为提高。另外，VCD 影碟机扫描碟片速度为 1.2～1.4m/s，DVD 则达 3.48～3.83m/s。

DVD 以 MPEG-2 的标准进行视频和音频的压缩，它的传输速率比 MPEG-1 高 3～5 倍，可容纳一部长 135 分钟的节目的全部数据。MPEG-2 标准按照图像画面的亮暗、色彩浓淡和动态变化程度来随机协调地改变传输速率，如动作剧烈、色彩鲜明、画面数据量的比例就分配多一些；反之，则分配少一些。

DVD 的图像质量可以超过普通的广播电视节目水平,达到高清晰电视机的标准,而且 DVD 影碟机同样可以认读 CD 唱盘、VCD 视盘。DVD 因采用 AC-3 环绕系统作为储存音频的形式,其还原的音质超过现有的普通音响系统。

DVD 碟的设计标准有单层单面(DVD-5)、双层单面(DVD-9)、单层双面(DVD-10)、双层双面(DVD-18)4 种版本,信息容量为 4.7~17GB。DVD 的超大容量使多角度、多声道、多情节记录成为可能,最多可选 9 角度、5.1 声道环绕声、8 种语言配音和 32 种字幕。

激光影碟机的使用及维护可扫描二维码学习。

激光影碟机的使用及维护.docx

复习思考题

1. 简述教学媒体的概念、分类和特点。
2. 简述幻灯机、投影机的构成及使用。
3. 简述数码相机的结构和使用。
4. 景深与哪些因素有关?它们之间的关系是怎样的?
5. 简述多媒体投影仪、视频展示台、交互式电子白板、MP3 的特点及使用。
6. 扩音广播系统由哪些部分构成?其中哪些是必不可少的?
7. 目前的录音技术有哪些种类?
8. 录音媒体在教学中有哪些应用?
9. 彩色电视编码有几种制式?我国采用哪种制式?
10. 如何正确使用电视机?
11. DVD 与 VCD 比较,技术上有哪些不同?
12. DVD 影碟机与电视机有哪几种连接方式?
13. DVD 影碟机与音响有哪几种连接方式?

第三章
现代教学环境

学习目标

通过本章的学习,你应能够:
(1) 知道多媒体计算机系统的构成和多媒体教室的功能,理解多媒体教室的基本组成,会使用多媒体教室设备。
(2) 知道网络机房的基本功能和网络机房的组成。
(3) 知道微格教学系统的功能和微格教学系统的构成。
(4) 知道校园计算机网的概念和硬件组成,掌握校园计算机网的使用。
(5) 知道数字化图书馆的特点和常用数字化图书馆的使用方法。
(6) 知道慕课(MOOC)的发展、内涵、特点和功能。

现代教学环境是指将不同种类的现代教育媒体有机地组合在一起,便于开展多媒体教学活动,并能实现特定教学功能的教学环境。现代教学环境以多媒体计算机技术、音视频传输处理技术和计算机网络技术为基础,具有教学媒体组合化、集成化、操作和使用方便化、信息传输网络化等特点。它是学校现代化的标志,也是学校教学环境建设的重要组成部分。

第一节 多媒体教学系统与多媒体教室

现代多媒体教学系统是以计算机为核心的可综合储存、传输、处理和运用多种媒体进行教学的系统。随着计算机及其网络的迅速发展和普及,多媒体计算机在教学法中以其特有的方便、快捷、交互性、多样化的教学信息表达方式正备受青睐。本节主要介绍多媒体教学系统的基本构成,以及多媒体教室的功能、设备组成、配置和管理等。

一、多媒体的概念及特点

20世纪90年代兴起的多媒体技术和计算机网络系统应用于教学,正在使教育技术经历一次前所未有的变革。以往靠多种设备、多种技术才能进行的多种媒体组合课堂教学,已通过集各种技术与功能于一身的多媒体计算机辅助教学系统得以实现。毫无疑问,在21世纪的信息化时代,多媒体计算机辅助教学大规模、大范围地进入课堂是大势所趋,恰当地采用多媒体辅助教学手段为教学服务,将成为信息化时代衡量一名教育工作者的条件之一。

(一) 多媒体的概念

"多媒体"这个词早已家喻户晓,如"多媒体计算机""多媒体出版物""多媒体网络""多媒体教学软件""多媒体游戏"等。那么,什么是多媒体?

多媒体是随着科学技术的发展和人们对传播媒体的广泛应用而产生的一个复合词和术语,随着科学技术的不断进步,多媒体的内涵也在不断深化。

在早些时候,教育技术中的多媒体是指语言、文字等传统教学媒体和各种电子类电教媒体,如幻灯片、投影仪、电视机、计算机等多种媒体。因此,多媒体系统通常是两种或两种以上媒体的优化组合。

20世纪80年代中后期,多媒体计算机的出现使多媒体的内涵发生了深刻的变化。近年来,社会上更为频繁地使用了多媒体的概念,这是因为人们有了统一处理多种媒体信息的需要,并希望有交互控制的能力。多媒体是利用计算机传递的文本、图形、图像、声音、动画和影视信息的集合。从不同的角度出发,对多媒体会有不同的描述。从字面上理解,多媒体就是多种媒体,但是,它常常又是与计算机紧密相关的,所以多媒体主要是指计算机处理信息的多样化。因此,现在作为一个专门用语的"多媒体"是指以计算机为核心的能够同时采集、处理、编辑、存储和展示两种以上不同类型媒体信息的技术。由于处理信息的程序、过程或活动也可以视为媒体,这样,计算机、电视机等都可算是多媒体的工具。因此,从广义上来说,多媒体是一个领域,是指与信息处理有关的所有技术和方法,包括广播通信、家用电器、印刷出版等。

而多媒体技术就是利用计算机综合处理以上各种媒体的技术,其目的是将多种媒体形式集成于计算机,使我们能以更加自然、更加"人性化"的语言使用这些信息。多媒体技术能提供多种文字信息(文字、数字、数据等)、多种声音信息(语音、音乐、音响效果等)、多种图像信息(图形、图像、动画、视频等)的输入、输出、传输、存储和处理,使表现的信息图、文、声、像并茂,更加直观和自然。

由此可见,多媒体技术是计算机技术、音频视频技术、图像压缩技术和文字处理技术等多种技术的一种结合。

(二) 多媒体技术的特点

与传统的计算机技术相比,多媒体技术具有以下特点。

1. 集成性

集成性不仅是指多媒体系统的设备集成,还包括多媒体的信息集成和表现集成。

多媒体技术能将不同的媒体信息有机地进行同步组合,成为一个完整的多媒体信息系统,也能把不同的输入媒体和输出媒体集成在一起,形成多媒体演播系统。

多媒体技术中的单项技术在多媒体出现以前都可以单一使用,但很难有所作为,其原因在于它们都是零散的、不完整的。当多媒体将设备、信息和表现集成起来以后,"1+1>2"的系统效应显得十分明显。

2. 交互性

交互性是指人和计算机能进行对话，以便实现人工干预控制，这是多媒体技术的关键特征。由于图形技术的飞速发展，图形界面成为人机交互的主要方式，鼠标、键盘、触摸屏使人机接口更趋于自然，各种媒体在屏幕上展示的方式更易于控制。交互性是我们获取和使用信息由被动变为主动的最为重要的表现，学习者能根据自己的需要进行有效的控制。在早期单一文本空间中学习时，学习者只能"使用"信息，而很难做到控制和干预信息的处理。当引入交互时，活动本身作为一种媒体介入了信息转变为知识的过程，学习者借助于活动，便可能获得更多的信息。

3. 实时性

由于多媒体技术是多种媒体集成的技术，其中声音及活动的视频图像是和时间密切相关的，这就决定了多媒体技术必须可以支持实时处理，如播放时，声音和图像都不能出现停顿现象。

4. 数字化

早期的媒体技术在处理音像信息时，采用模拟方式进行媒体信息的存储和演播。但由于模拟信号的衰减和噪声干扰较大，且传播中存在逐步积累的误差，因此，模拟信号的质量较差。而以计算机为中心的多媒体技术以全数字化的方式加工和处理多媒体信息，精确度高，播放效果好。

多媒体技术是基于计算机技术的综合技术，它包括数字信号处理技术、音频和视频技术、计算机硬件和软件技术、人工智能和模式识别技术、通信和图像技术等。它是正处于发展过程中的一门跨学科的综合性高新技术。

（三）多媒体硬件系统的基本构成

多媒体教学系统包括硬件平台、软件平台和课件三部分。硬件平台与软件平台相结合形成教学授递环境，多媒体课件在该环境中运行。

根据不同的应用目标，多媒体硬件系统有以下两种类型。

1. 播放型多媒体硬件系统

一套标准的播放型多媒体硬件系统的构成如图 3-1 所示。

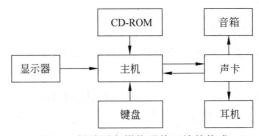

图 3-1　播放型多媒体硬件系统的构成

从系统硬件的组成角度看，播放型多媒体硬件系统实际上只要在一台普通计算机的基础上外加一块声卡和两只音箱即可。

当然，要产生比较好的播放效果，应该提高 CPU（中央处理器）、内存等的配置指标。

2. 创作型多媒体硬件系统

创作型多媒体硬件系统的构成如图 3-2 所示。

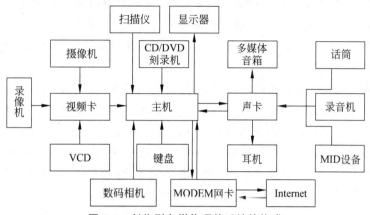

图 3-2　创作型多媒体硬件系统的构成

（1）扫描仪。扫描仪是计算机常见的图像输入设备。图书馆用它复制读者所需的资料，商场和仓库用它识别货品的条形码。传统的扫描仪身形巨大，加上价格不菲，个人计算机（PC）用户很少配置。随着办公自动化和多媒体应用的发展，扫描仪的价格不断下降，现已随媒体播放器（MPC）进入办公室和一般家庭。除用于图像采集外，如果配上光学字符识别（optica character recognition, OCR）软件，还可将印刷的文字资料转换为电子文档，省去用键盘输入的麻烦。

家用扫描仪采用的幅面一般为 A4 与 A3，大幅面扫描仪采用的幅面为 A0。

（2）多媒体音箱。提到音箱，人们常常会想起时而高亢、时而低沉、时而宏大、时而柔美的高雅音乐。在音乐剧场或音乐茶座，它们为听众播放美妙的音乐，使音乐爱好者为之陶醉和感动。传统音箱强调高保真度（fidelity），所以也称为 Hi-Fi 音箱。而多媒体音箱则是 MPC 输出声音媒体的主要设备，其信号输入端通常与 MPC 声卡的信号输出端相连，需要兼顾"听音乐、看影碟、玩游戏"三种用途。

十余年来，多媒体音箱的配置发生了很大的变化。最初的配置仅用两个音箱分别连接左右声道，以模拟立体声的音乐，称为 2.0 系统。随后，陆续出现了由三个音箱组成的 2.1 系统，由五个音箱组成的 4.1 系统，以及由六个音箱组成的 5.1 系统。随着 DVD 影碟的普及，目前 5.1 系统大有取代 4.1 系统的趋势。

不言而喻，良好的音质对音箱和声卡都提出了较高的要求。一般来说，高档的音箱一般使用独立的声卡，这样才能满足用户对音质的要求。

（3）CD/DVD 刻录机。光盘的应用极大地提高了外部存储器的容量，使 CD/DVD 光盘一跃成为存储信息的首选介质。但 CD/DVD-ROM 驱动器只能读光盘，不能写入。CD/DVD 刻录机的出现，使它具有光盘记录、重写和读取三项功能，近年来，高速 CD/DVD 刻录机的速度迅速增长，价格逐渐降低，已经成为 MPC 中发展最快的外部设备之一，MPC 中的 CD-ROM 驱动器逐渐被 CD/DVD 刻录机取代。

CD/DVD 刻录机有着广泛的运用。用 CD 盘存储备份数据，具有容量大、寿命长、携带方便等优点。

（4）数码相机。与扫描仪相似，数码相机是 MPC 的又一图像输入设备。它在照相时可离开计算机，与传统相机一样单独用于拍摄，因而也可看成一种独立的多媒体设备。随着价格的不断下降，它正在逐步取代传统相机成为市场主流。

（5）视频卡。视频卡用于将摄像机、放像机或其他视频图像信号转变为计算机数字图像信息流进行存储。

根据视频卡的工作方式不同，视频卡可分为通用型和专用型两种。通用型视频卡采集到的图像符合国际流行的标准格式，可以方便地由计算机进行编辑处理；而专用型视频卡分为静态采集卡和动态采集卡两种。一般静态采集卡可以实时显示输出图像卡的视频图像，当需要的画面出现时，操作者按下某个操作键，就可以将画面截取下来，然后进行存储。动态采集卡可以像录像机那样，把连续运动的画面记录下来。为减少记录所需的存储空间和存储时间，视频卡一般具有硬件压缩功能。

（四）多媒体的软件环境

多媒体的软件环境包括多媒体操作系统、多媒体素材编辑软件和多媒体创作软件。

1. 多媒体操作系统

多媒体操作系统是多媒体软件环境的基础，如 Windows Vista、Windows 7 视窗操作系统等。

由于 Windows 提供图形界面，用户只需简单地对图标、对话框、菜单、按钮等对象进行选择和操作即可完成需要的任务。用户界面的一致性使计算机操作者不必再将大量的时间和精力花费在不同软件的学习上，一致的界面外观和操作方式，使用户可以举一反三，很快熟悉和掌握不同的应用软件，大幅提高了工作效率。

Windows 为应用程序之间的信息交换提供了三种标准机制：剪贴板（静态数据交换）、DDC（动态数据交换）和 OLE（对象的链接与嵌入）。这三种技术为在 Windows 环境下使用的各种应用程序搭起了沟通的桥梁，用户只需分别单独地开发出各种需要的应用程序，再利用上述某种手段将它们结合起来，即可构成一个新的应用系统，这就是 Windows 为用户提供的整合式操作环境。

值得提出的是，购置的各种多媒体板卡和外设并不是安装到计算机就能够使用的。要使系统有效地管理这些设备，使它们发挥应有的功能，就必须有相应的驱动程序。在购买声卡、视频卡、扫描仪、数码相机等设备时，会同时得到一套专用驱动程序，有时厂商还会同时赠送一些很优秀的像素编辑工具，以方便用户最大限度地利用其产品功能。因此，我们在已有计算机系统中正确完成这些硬件的连接以后，还需要将驱动程序通过特定的方式安装到硬盘上，使这些硬件无冲突地接到 Windows 操作系统中。

2. 多媒体素材编辑软件（多媒体工具软件）

多媒体素材编辑软件可用来完成声音录制编制、图像扫描输入与处理、视频采集与压缩编码、动画制作与生成等。下面列举的是一些常用的多媒体素材编辑软件。

（1）Windows 中的录音机程序为声音的录制与编辑提供了一个基本工具。

（2）Creative Wave Studio 是一个在 Windows 下用于录制、播放和编辑波形文字的应用软件程序,它有很强的功能,并支持 Windows 的 MIDI。

(3) Cool Edit Pro 是一个非常流行的、支持多种声音格式、编辑功能较强的声音编辑器。

(4) Photoshop 是一个功能强大的图像采集、制作、编辑工具。

(5) Premiere 是一个常用的非线性编辑软件。

3. 多媒体创作软件(多媒体写作工具)

多媒体创作软件用于编辑与生成各种多媒体应用。多媒体创作软件是处理和统一管理文本、图形、声音、静态图像、视频图像和动画等多种多媒体信息的一个或一套编辑、制作工具,也称为多媒体开发平台。

二、多媒体教室

多媒体教室是实施多媒体教学的场所,如果以个别化教学为主,宜构建多媒体网络教室;如果以集中化教学为主,则可以构建多媒体多功能教室。

多媒体网络教室主要用于开展通过多媒体网络进行并以个别化教学为主的教学活动,这种网络教室属于局域网,硬件主要包括多媒体文件服务器、教师用机、学生工作站、网卡、高速视音频传输器、集线器、配备器及缆线等。

多媒体多功能教室(以下简称"多媒体教室")是现代教育的标准化之一,在现阶段的教学中被广泛使用。它的出现把教师从传统的"黑板+粉笔"的教学模式中解放出来;借助多媒体设备,可以从视听的角度向学生提供更多的、更有趣的知识和信息,扩大学生的知识面;利用动画技术和影像技术可以使抽象的概念、深奥的理论简单化与直观化,以利于学生理解、吸收。利用多媒体教室进行教学,能更好地突出重点、突破难点,促进学生学习。

(一) 多媒体教室的功能

多媒体指的是由文本、声音、图形、图像等基本媒体以两种或两种以上形式存在和表现的形式。常见的多媒体信息的载体有幻灯片、投影片、录像带、电影胶片、VCD/DVD 碟片等。多媒体教室通过装备合适的硬件设备,实现载体记录的媒体还原。为此,多媒体教室应配备尽可能完备的多媒体载体还原设备,使教学过程中对媒体记录信息的表达不受限制,以期达到尽可能完善的应用。

多媒体教室是由教师自己使用、进行课堂教学的场所,应具备以下条件。

(1) 在技术上,在多媒体教室内有计算机的数字信号、视频信号、音频信号(包括经过多媒体计算机处理的视频信号和音频信号)。因此,多媒体教室应能够实现:①多媒体计算机单独使用,并把所显示的内容传送到大屏幕上;②将书稿、图表、文件资料的原件及实物通过实物展示台传送到大屏幕上,或者将其扫描的图片传送到大屏幕上;③播放音乐、影碟及教学录像;④通过校园网调用各种信息。

(2) 在功能上,教师使用多媒体教室,要能够做到:①迅速处理、显示各种教学内容;②有兼容不同版本的教学软件;③通过校园网进行网上课堂教学,在校园网上调用有关信息,进行网上交流;④使用幻灯片、投影仪等进行常规电化教学,满足传统教学的需要。

(二)多媒体教室的构成

1. 多媒体教室的类型

随着教育技术在各类学校中的逐渐应用,各个学校都进行了相应的硬件建设,很多学校都拥有了多媒体教室,配置了多媒体投影机、实物展示台、音响、中控系统等。有些地方在配置多媒体教室时片面追求硬件建设,追求大、全、高,有些多媒体教室建设得过于复杂,使任课教师很难对其得心应手地进行操作,只能依靠专业人员配合,既影响了课堂教学的效果,又浪费了人力资源。学校在建设多媒体教室时,应根据本校的实际需要和教室环境的基础设施,遵循经济性、效益性原则,合理配置设备,才能建成高性价比的多媒体教室。以下对简易型和标准型多媒体教室作简单介绍,以供参考。

(1)简易型多媒体教室。最简易的方法就是在教室内配置一台计算机、一台液晶投影仪、一张银幕、其他的信号源设备、切换器、音响系统,终端设备可根据需要选择,如图3-3所示。

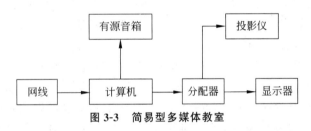

图 3-3 简易型多媒体教室

(2)标准型多媒体教室。标准型多媒体教室将多媒体计算机技术与常规电教媒体相结合,一般要求具备以下主要功能:能播放文本、图像、动画、视频、音频等多种媒体信息;通过实物展示台可将图片通过大屏幕显示;配备音响系统和控制银幕、窗帘、照明等相关辅助设备;可与多种信息网相连,如校园计算机网、卫星电视网和校园有线电视网等,如图3-4所示。

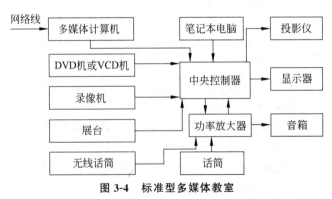

图 3-4 标准型多媒体教室

2. 常见多媒体教室的系统组成

(1)多媒体计算机。多媒体计算机在多媒体教室中占主要地位,大多数教学软件都需要由它运行。在系统中,多媒体计算机既是计算机的媒体,又是网络连接设备,可能还是中央控制系统的操作平台。

多媒体计算机兼备了以往计算机的综合交互能力、视听产品的视音频传播能力。在信息处理方面,多媒体计算机主要有以下能力。

① 图形图像处理能力。多媒体计算机具有较强的图形图像处理能力。在多媒体计算机上,既可以创建和编辑形象直观的图形,也可以对色彩绚丽、生动逼真的各种格式的图像文件进行处理。如果配置图像采集卡,还可以采集并处理来自摄像机等视频设备的图像信号(视频静帧画面)。由于图像的信息量较大,一般都要进行压缩处理。

② 音频信号处理能力。多媒体计算机具有较强的波形声音、语音、音乐等音频信号处理能力。借助多媒体计算机中的音频卡(声卡),既可以录制、处理和重放声波信号(.wav 波形文件),也可以用 MIDI 技术合成音乐(.mid 文件),甚至还能进行语音识别。音频信号的信息量也很大,一般也要进行压缩处理。

③ 视频信号处理能力。多媒体计算机具有较强的视频信号处理能力。视频信号的信息量非常大,为解决大量存储和实时传输视频信号的问题,通常需要对其进行压缩和解压缩处理。视频压缩目前需通过压缩卡完成,而视频解压缩采用解压缩软件即可。

由于多媒体教室的计算机要适合不同课程的教学,所以在配置软件时要能兼顾不同课程的需要,能兼容不同版本的教学软件,能满足常用格式媒体文件的播放等要求。

由于多媒体教室使用来源复杂的各类存储介质的软件,所以多媒体教室的计算机必须具有较强的保护能力和还原能力。对于没有安装还原保护卡的计算机,应安装系统保护还原软件,以预防由于误操作、病毒等因素引起的系统故障。

(2) 数字投影机。投影机是多媒体教室中价格最贵的设备。数字投影机的出现彻底改变了过去投影电视机体积庞大、亮度低的缺点。现在的数字投影机体积小、重量轻、亮度高(可达 4 500ANS 流明以上),并可以有多种信号输入。与计算机连接可显示文字、数据、图形、图像等;输入视频信号可播放电视录像、VCD 图像、DVD 图像、HDTV(高清晰度电视)信号等,一机多用。

目前,多媒体教室中使用的投影机按投影原理划分,主要有 CRT 投影机、LCD 投影机和 DLP 投影机。

LCD 投影机和 DLP 投影机作为目前教室中主流配置的投影机,两者各有优点,但仅从显示课堂教学信息的角度看,这两种投影机没有太明显的差别,配置时可根据具体情况选择。投影机的主要技术指标是亮度、对比度和分辨率等参数。

投影机的安装方式有桌式正投、吊顶正投、桌式背投、吊顶背投等。一般来说,如果投影机固定使用,可选择吊顶方式。如果有足够的空间,选择背投方式的整体效果最好。

(3) 电子白板。电子白板是一种替代传统"黑板+粉笔"的数字化教学演示设备,是汇聚尖端电子技术、软件技术与互联网技术等多种高科技手段而研究开发的新科技产品,是现代多媒体教室中重要的信息输入/输出和显示设备。

从原则上说,交互白板对配套的投影机没有特殊的要求,但配置时最好选择短焦镜头(广角镜头)的投影机,这种投影机的投影距离短,可吊挂在靠近白板顶部的天花板上,减少教师操作白板时对投影光线的遮挡现象,目前也有厂家在白板上增加支架,将配套投影机固定在白板前端的一体化产品。

(4) 视频展示台。视频展示台是一种随着视频技术发展而出现的视觉媒体。它本身不具备投影功能,但将它与大屏幕投影机或大屏幕电视机相接,可十分方便地将文字资料、图片、讲稿、实物等材料的影像清晰、逼真地投影到银幕上。

(5)中央控制设备。中央控制设备简称中控器,可以对多媒体教室中的设备源、信号切换、音量控制,以及电动窗帘进行集中控制。配置中控器可以方便教师操作设备,但它同时又成为多媒体教室的控制中心和信号交换的枢纽,其质量、可靠性和稳定性会直接影响多媒体教室的使用效果,因此在该设备的选配上需要慎重考虑。系统必须稳定可靠,且信号损失小;安装控制系统的目的是简化操作,让教师能轻松自如地控制各种设备,因此选择时必须考虑系统操作的直观、简便和人性化。一般简易的多媒体教室可不配置中央控制设备。

(6)投影屏幕。多媒体教室中使用的投影屏幕主要有三种,它们在图像亮度、图像对比度、观看有效视角方面有很大差别,各有长处。①白布基屏幕,它的反射率与白色墙面差不多,投影到屏幕上的图像亮度低,对比度弱,但是它的视觉范围大,可大于120°,在中心区域观看和在边缘观看的视觉差不是很明显。②金属屏幕,它的反射率高,投影到屏幕上的图像亮度高,对比度强,但它的视觉范围小,只能达到90°左右,正对着屏幕的图像亮,越偏离屏幕中心的图像亮度越低。另外,它的基色不白,偏银灰色。③玻璃微珠屏幕,属于漫反射银幕,它的反射率和屏幕的视觉范围在白基布屏幕与金属屏幕之间,投影到屏幕上的图像受到教室环境照亮影响,适当调整教室环境照度,既可满足投影电视教学的需要,又能满足学生看书写字的需要,学生长时间看屏幕眼睛也不会感到酸胀、不舒服,价格又较低廉,因此教学中常选用玻璃微珠屏幕。

(7)其他设备。多媒体教室应该配置音响设备,小教室可使用有源小音箱,配合多媒体计算机播放多媒体课件及其他采用设备的声音。多媒体教室应配置扩音系统,同时配置领夹式无线话筒,解决教师声音的扩散问题。

另外,由于教学内容、教学软件不同,教师要求使用不同的设备,有时用多媒体计算机,有时播放教学录像,可能还会组织学术会议。视频展示台与大屏幕投影机组合在一定程度上可以取代幻灯片、投影仪等常规设备,但是,在实际使用效果上并不能完全代替。常规电教设备在图像亮度、图像分辨率、清晰度等方面都还具有自己的优势。因此,应该根据多媒体教师的实际用途考虑是否配置幻灯片、投影仪、录像机等常用电教设备。

(三)多媒体教室的管理与应用

多媒体教室设备数量较多且昂贵,为保证教学活动的正常开展,应做到以下几点。

(1)各种设备的放置和连接应相对固定,不要经常搬动,大屏幕投影机采用吊顶式安装。指导教师正确使用多媒体设备,教育学生爱护各种设施,保持教室环境卫生,保证各种设备的完好、正常运行,保证课堂教学的顺利进行。

(2)有专人管理,及时检查、处理、解决在多媒体计算机教学过程中出现的问题。

(3)有详细的操作规程,如有必要,对新使用教室的教师应进行使用培训。多媒体教室中的一些设备对操作有严格的要求,如多媒体计算机、大屏幕投影机等。大屏幕投影机一般采用遥控开关机,特别是关机操作,必须采用遥控器,等散热完成后方可关闭电源,显示器开机时冲击较大,最好先打开它。

(4)多媒体教室的使用在同样的单位时间内,扩展了教学内容,增加了信息量的传播，学生要接收的课程内容和信息量比过去增加近一倍，有时来不及理解消化。因此，教师使用多媒体计算机教学，应该合理控制教学进度。在教学中，屏幕内容切换不能太快，各信号源间的切换不宜频繁，并通过电子教鞭、鼠标指针等引导学生观看屏幕中的重点、难点内容。

（5）大屏幕投影机投射到屏幕上的文字不能太小、字数不要太多，合理选用底色和文字颜色，尽量使黑白反差和色差大一些。另外，图形、表格不宜过小，也不宜过于复杂。

（6）教师使用多媒体教室后应填写使用情况登记表，及时反馈使用情况。

第二节　网络教学机房

学校的网络教学机房是由几台甚至上百台联网计算机组成的计算机实验室，是进行信息技术理论知识和实践性环境教学的重要场所。

一、网络教学机房的基本功能

（1）供学习计算机相关课程的学生实习上机操作。如计算机文化基础课程、程序设计课程、多媒体课件制作课程和各种模拟实验课程等。

（2）提供使用各种网络服务和应用的平台。如远程网络教学、教务管理、电子图书馆、信息浏览查询、无纸化考试等众多的网络服务和应用。

（3）开展交互式多媒体教学。在安装网络电子教室软件后，教师可以实现多种方式的交互式多媒体化课堂教学。

（4）通过机房管理系统，可以实现按教学安排自动化管理机房的功能。

统一建设和管理学习的网络教学机房，可以提高设备的利用率，提高管理效率，实现更大的综合效益。

二、网络教学机房的组成

网络教学机房由布置在专用房间中的众多计算机和连接这些计算机的网络布线系统及交换机等组成，主要包括以下几部分。

（1）计算机。最好选择同一型号和规格的机器，特别是选择带有硬盘保护和网络复制功能的专为学校机房设计的机器，便于今后的维护管理。

（2）交换机。应使用 100MB 或 1 000MB 以太网交换机，不建议使用集线器，因其网络传输设备太慢。交换机多为 24 口的，所以一个机房要有多台交换机，交换机可集中放置，便于管理维护，但双绞线使用量大，为减少布线量，也可分散靠近计算机放置，多台交换机要正确级联到上一级交换机，不可以形成环路。

（3）布线系统。使用超 5 类以上双绞线，用星形拓扑将计算机连接到交换机。电源线和网络线的布放在房间土建和装修时就要给予考虑，尽量做到规范、美观和便于管理。

（4）服务器。如需要可设置服务器，可放置在网络教学机房内，或者放置在中心机房内,适用范围大和重要的服务器应放置在中心机房内,这样既有好的使用环境,也便于管理。

(5)软件系统。软件系统包括一些常用软件和教学所需的各种应用软件,还有电子教室软件和机房管理系统。

网络教学机房的环境要求可扫描二维码学习。

网络教学机房的环境要求.docx

三、网络教学机房的软件维护、使用和管理

(一)网络教学机房的软件维护

1. 网络教学机房操作系统的安装部署

网络教学机房要便于快速安装部署软件系统,即安装设置好一台机器的软件系统后,通过网络复制功能将系统复制安装到机房的其他所有机器,安装完成之后机器应自动更改 IP 地址、机器名等相关参数,这样才能大幅提高网络教学机房的管理维护效率。所以,网络教学机房配置时最好选择同一型号规格的机器,特别是选择带有硬盘保护和网络复制功能的机器,这样便于今后的维护管理。

下面以联想计算机硬盘保护系统为例,介绍网络教学机房操作系统的安装部署流程。

(1)硬盘分区。联想计算机硬盘保护系统能在一台计算机上安装多个操作系统,各个操作系统相互独立,这样就可以为学校的不同应用提供多种选择,图 3-5 所示是联想计算机硬盘保护系统分区实例。

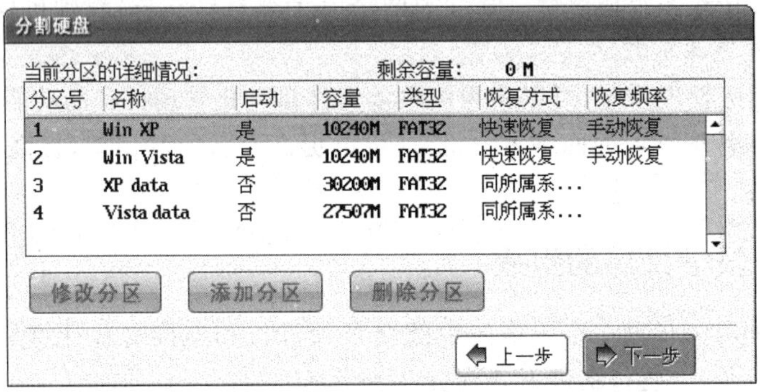

图 3-5 联想计算机硬盘保护系统分区实例

(2)网络复制。联想计算机硬盘保护系统能将任意一台计算机分区数据通过网络复制功能复制到多台同一种型号的联想计算机上。图 3-6 所示是联想计算机硬盘保护系统网络复制界面。

2. 网络教学机房软件系统的维护

网络教学机房使用频繁,且适用对象众多、目的各异,所以必须对机器的软件系统进行有效的保护,避免错误操作、故意破坏和计算机病毒的危害,从而保证计算机的完好率和使用效率,减少维护的工作量。

硬件和软件保护是在计算机上安装硬件还原卡,软件还原只需安装还原软件即可达

图 3-6　联想计算机硬盘保护系统网络复制界面

到保护的目的,如还原精灵、冰点等还原软件。一般来说,各人计算机厂家都为其生产的计算机专门设计了保护系统,效果比较好。

联想计算机硬盘保护系统可方便地设置硬盘分区的保护方式,图 3-7 所示是联想计算机硬盘保护系统分区保护方式实例。

图 3-7　联想计算机硬盘保护系统分区保护方式实例

(二)网络教学机房的使用

可在网络教学机房实现学校和计算机相关课程的上机操作,在使用过程中教师一般都要求安装一个能够控制机房内其他计算机的软件。该软件要具有将教师机操作过程同步传输到其他计算机的功能,这样教师机就能边讲边操作,学生也可以边看边操作。为实现这个目的,可以在机房内安装电子教室软件。

1. 电子教室软件简介

电子教室软件是指安装在网络教学机房中的软件系统,该系统能实现教师机对机房内其他计算机进行广播教学、语音教学、屏幕监看学生、远程控制学生机、网络影院、分组教学等功能,是网络教学机房不可缺少的教学辅助系统。

电子教室系统有硬件版和软件版,它投资大、安装维护困难、图像传输有重影和水波纹、线路传输距离有限,随着计算机性能的提高,软件版电子教室系统克服了广播效率低、语音延迟大、操作复杂、稳定性兼容性等方面的不足,是目前应用较为广泛的网络电子教室系统,常见的电子教室系统有天寓、极域、联想、凌波。

2. 电子教室软件的主要功能

电子教室软件由教师软件和学生软件组成,图 3-8 所示为电子教室端界面。

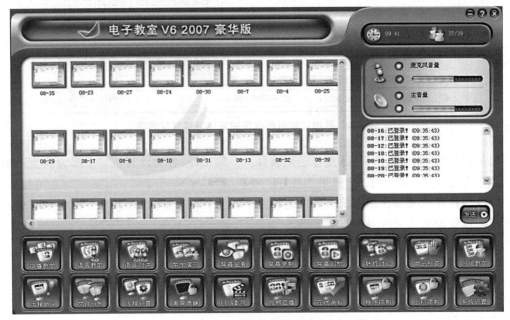

图 3-8　电子教室端界面

电子教室软件主要具有以下功能。

(1) 广播教学。教师可以把自己的屏幕画面传送给全体或部分学生,学生可以边看演示边操作,支持鼠标光标广播,即在窗口模式下能体现教师鼠标与学生鼠标,广播方式有全屏广播、区域广播、学生使用窗口模式接收教师全屏广播。

(2) 语音教学。教师可将自己的讲话或其他声音通过话筒和耳机传给学生,主要用于教师课堂讲解,可以实现真正软件控制的多向双工语音传输。

(3) 屏幕监看学生。教师不用离开自己的座位即可在自己的计算机上观看每个学生对计算机的操作情况,支持多屏实时监看,可对单一、部分或全体学生进行监看,支持鼠标光标监看。

(4) 远程控制学生机。教师可以远程重启或关闭部分或全体学生的计算机,可以遥控单一、部分或全体学生计算机的键盘与鼠标操作,让学生安心听课。

(5) 网络影院。将教师机上播放的 VCD 等图像和声音传送到每一台学生机上,先进的多媒体数据压缩和传输技术,可以实现 VCD、MP3 等的流畅播放,支持无声卡、有声卡混合环境,无声卡机器也能看到 VCD 图像,在网络影院播放时,学生可同时操作自己的机器。

(6) 分组教学。教师进入分组教学状态后,各组组长机器上自动出现组长操作界面,组长可实现对本组学生的广播、监看、联机讨论、网络画板、电子抢答等十多项教学功能,实现真正的分组教学。

（三）网络教学机房的管理

1. 网络教学机房管理概述

目前，网络教学机房基本上都采取集中管理的模式，这样可以集中资源、统一调配、提高利用率，这也对网络教学机房的管理提出了更高的要求。

网络教学机房管理的宗旨是以人为本，向学生提供较好的上机学习环境，使机房功能得到高效发挥，使投资实现最大的效益，服务于学校的教学和科研。

2. 网络教学机房管理软件的主要功能

网络教学机房具有机房数量多、各机房计算机数量多等特点，为能较好地管理网络教育机房，网络教学机房管理软件应具有以下功能。

（1）具有开放的机房自动化管理功能。可根据不同机器（机房）、不同上机时间（正常教学与自由上机）自动区分并实现其管理功能与计费功能；在上机班级的课表安排时间内，学生打开计算机后自动登录机房管理软件，学生可正常使用计算机。

（2）用户管理。对每个学生的账号进行有效的管理，非教学上机时，学生必须登录机房管理软件，通过身份验证后使用计算机，学生下机后系统自动结算费用。

（3）用户上机情况记录。网络教学机房管理软件应能记录和查询每一个用户的基本情况，主要包括用户上下机的详细情况记录，如用户何时上机、使用哪间机房哪台计算机、下机时间、上机消费情况等。

（4）实时监控机房上机情况。机房管理教师通过网络教学机房管理软件能查看当前各机房的详细情况，包括各机房有哪些用户在使用计算机，机房还剩余多少台计算机没有使用。

第三节　微格教学系统

师范院校学生在正式走上教师岗位前，都会经历试讲和实习两个阶段。传统的试讲和实习都是在教室内，受训者讲，教师和其他学生在下面听，然后进行评价。这种评价往往不够到位，与受训者本人的感觉不一致，一些受训者总是感觉良好，而不能发现自己讲课中存在的问题，无法达到试讲或实习的预期效果；一些受训者由于紧张，难以按自己设计好的教学方案完成一节课，讲课中出现忘记教学内容、语言不规范等问题。微格教学系统可以让受训者扮演教师，小组成员扮演学生，模拟真实课堂的教学环境，同时将上课的全过程如实进行记录和保存，并及时、如实地再现反馈给受训者。微格教学系统产生于20世纪60年代，是培训师范学生和在职教师教学技能的重要手段。

一、微格教学概述

微格教学的英文名为microteaching，是指借助电影电视摄录像设备培养学生某种技能的教学方式。由于该方法一般是在小教室中对学生的某种技能进行培训，培训时间短、规模小,故称为微格教学或微型化教学,又被译为"微观教学""微型教学""小型教学""微化教学""录像反馈教学"等。

微格教学是理论与实践相结合、利用现代教育技术系统训练师范生和在职教师集中掌握教学技能的方法。微格教学的创始人、美国斯坦福大学阿伦教授认为:"它是一种缩小了的可控式的教学环境,它使准备成为或已经是教师的人有可能集中掌握某一特定的教学技能和教学内容。"

微格教学自 1963 年在美国斯坦福大学诞生起,便得到了迅速推广,尤其受到各国师范教育界的重视。在欧美,微格教学已成为教师培训的基本课程。微格教学的主要特点是作为一项小型的简化教学技能的训练,它以现代视听技术为基础,由少数学习者组成"微型课堂"(5~8人),以真实的学生或受训者的同学充当"学生",使课堂微型化,利用 5~20 分钟的时间训练某一两项教学技能,利用视听设备将教学过程记录下来,进行反馈评价,可以自我评价也可以由他人评价。

微格教学具有以下几项优越性。

(1) 集中性。微格教学可以让受训者在规定时间内集中练习某一两项特定的教学技能,而且可以把教学技能的细节加以"放大",反复练习,细微观察,可以进行深刻的研究和批判性的讨论。在训练过程中,无须同时兼顾其他技能和方法,这样就可以把精力集中放在重点上。

(2) 简单性。由于时间短、学生人数少,并且只集中练习某一两项技能,所以可以随时进行练习,同时教学环境及条件也容易得到有效控制。

(3) 反馈性。比较全面、准确、清晰、及时的反馈功能是微格教学的一大优势。因为采用录像和录音等手段,微格教学一旦结束,立即可以将所记录的教学情况进行回放。录像设备具有暂停、慢放、重放等功能,可以细微观察和分析受训者的教学情况与学生的反应,便于作出客观评价。由于编制和采用了内容科学、项目详细的评价表,并利用计算机作为统计工具,因此能够做到量化分析和处理,使教学评价更具科学性、直观性和快速性。受训者自己可以作为第三者观察自己的教学活动,以收到旁观者的客观效果,即所谓"照镜效应"。

(4) 创新性。根据反馈和分析,加上受训者的想象力,可重新修改教学方法,更好地运用教学技能。因此,为受训者提供了创新的机会。

(5) 安全性。用微格教学比用其他的传统方式更安全。首先,受训者如果教学失败,对学生没有任何消极影响,相反,还能从"学生"方面得到有益的帮助。其次,受训者的心理压力较小,可以增强他们的自信心。

二、微格教学系统的构成

微格教学系统一般由一间或多间微格教室、控制室、观摩室三个部分构成,如图 3-9 所示。

(一) 微格教室

微格教室是开展模拟训练的场所,是缩小的课堂教学教室,配置了进行模拟教学的各种教学设备,同时配置了微格教学设备。话筒、摄像机用于拾取模拟教学过程中的画

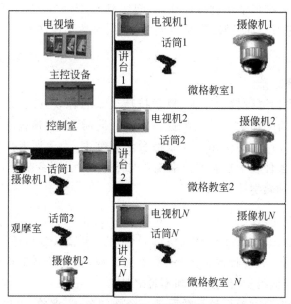

图 3-9 微格教学系统的构成

面和声音,摄像机由控制室进行控制;电视机用于重放已录信号,供同步评价分析。

(二)控制室

控制室配置有摄录像控制系统、监视系统、电视特技切换设备、调音台、实时编辑系统、录制系统、信号切换分配等设备。控制室可以控制任一微格教室中的摄像机云台和镜头,可以监视和监听任一微格教室的图像和声音,并可以随时暂停在某一微格教室与之进行电视讲话,向微格教室播放教学录像与电视节目;可以把某个微格教室的情况转播给其他的微格教室,进行观摩示范;可以录制部分或全部微格教室的教学实况供课后讲评等。

(三)观摩室

观摩室主要用于教师现场评述,或让较多学生同时观摩和分析,也可以作为班级教学实况摄像的场所。观摩室内的教学设备按普通教室或多媒体教室的要求进行配置。观摩室配置电视机,把控制室处理后的信号传送到电视机上,实时播放教学训练情况,供指导教师现场评述,让较多学生观摩分析。室内一般配置两台摄像机,一台放置在教师讲台前拍摄学生,另一台放置在教室的后面,用于拍摄教室评述现场,或用于课堂实况拍摄,也可只配置单机,采用单机拍摄。

三、微格教学系统的功能

(一)训练教学技能

教师教学的基本技能包括导入教学技能、讲解教学技能、板书板画教学技能、媒体演示操作教学技能、提问教学技能、反馈强化教学技能、归纳总结教学技能和课堂组织教学技能等。指导教师布置好训练任务后,可将受训者分组,让他们到各微格教室扮演各自的角色，或模拟教师或模拟学生进行训练，时间一般为 5～20 分钟。在训练过程中，指导教师在控制室可以进行全面监控，包括界面的切换、对教学现场的现场指导、与受训者的实时互动、录制等。

（二）示范观摩功能

教学观摩是教师们进行教学经验、教学技巧交流的有效方式，或组织学生观看优秀教师课堂教学录像，给受训学生或教师提供示范。同时，在引领教学、促进教师（包括准教师）成长方面发挥着巨大的作用。在微格教学训练中，为受训者提供多种不同风格的教学示范，再辅以对各种教学技能的详细说明与展示，使受训者获得直观的感受和认知，模仿、学习并掌握多种教学技能。

（三）反馈评价功能

教学训练结束后，通过重播自己训练的录像，肯定成绩，分析问题，进行自我纠正和评价。同组训练的同学通过听课、一起观看重播录像，对受训者的模拟教学情况进行讨论、分析和评价，指出值得学习的地方和不足之处。

此外，指导教师也要对模拟教学情况进行全面的分析、评价，提出改进意见。这些评价方式能及时、有效地帮助训练者提高教学技能。

四、数字化微格教学系统

随着信息技术的发展，数字化微格教学系统应运而生，它是一个集微格教学、多媒体编辑、影视音像制作、多媒体存储、视频点播和数字化现场直播为一体的数字化网络系统。在这里，观摩和评价系统均采用计算机设备，并通过交换机连接校园网或互联网（Internet）。信息记录方式采用硬盘存储或视频服务器，人们可以随时、随地通过网络或光盘进行点播、测评与观摩。

数字化微格教学系统是基于网络和多媒体计算机技术真正实现数字化、网络化的教学系统。该系统由一个控制室和多个微格教室组成，如图 3-10 所示。

微格教室配置普通教室设备、多媒体计算机、中控系统，还配置可远程控制的摄像机。每台摄像机配置一台视频编码器，将摄像机输出的模拟视频信号转换为数字视频信号，然后进入校园网。配置拾音器拾取教室中的声音，送入视频编码器。控制室配置有系统控制设备、电视墙、录播服务器、电波服务器等。系统控制设备可操控云台转动，控制摄像机镜头的推拉、调焦等，可进行画面切换、信号切换等。此外，控制室中还可配置录播服务器，进行教学录制、直播、点播等。

工作原理：微格教室中的摄像机拍摄现场图像、拾音器（话筒）拾取现场声音、VGA 采集设备采集多媒体计算机显示信号，三种信号经过视频编码器将模拟信号转换为数字信号，通过网络传送到控制室的录播服务器和电视墙；视频录播服务器将每间教室的实时视音频信号进行相关处理后，广播到网络上，各终端计算机可以通过专用客户端软件或 IE 浏览器收看直播和点播。系统可对终端授予不同的权限，如普通用户可收看直播和点播，指导教师还可进行部分控制操作和下载操作等功能，管理员可以在控制室或网络中的任何一台计算机上进行系统操作和控制微格教室的摄像机等。

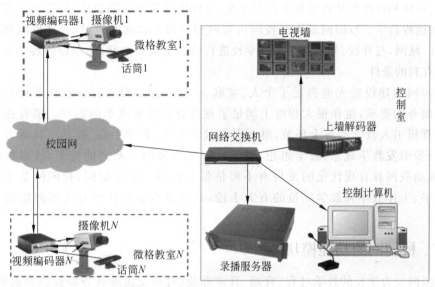

图 3-10 数字化微格教学系统的基本结构

数字化微格教学系统基于网络架构,所有信号通过网络传输,布局灵活、扩散方便。系统不受地理位置限制,各微格教室可以集中建设,也可以分散在校园的不同教学区域。在联网的多媒体教室、教研室等计算机上可现场收看直播或随时进行点播、测评与观摩。

数字化微格教学系统的功能及使用可扫描二维码学习。

数字化微格教学系统的功能及使用.docx

第四节　校园计算机网络与数字化图书馆

一、校园网概述

一般认为,校园网是一种在大、中、小学利用现代网络技术、多媒体技术,与互联网连接,为学校学习活动、教学活动、科研活动和管理活动服务的校园内的局域网络环境。

校园生活的核心是学习活动,校园生活的主体应该是学生与教师,网络的基本技术特质是开放、交互与共享,校园网的主要功能是促进人们主动学习,实现资源的交流与共享。因此,校园网环境必须基于互联网应用。

校园网是一种基于互联网应用的,集相关软件系统和硬件设备于一体,以为学校师生提供教育教学服务为核心,兼顾科研、教育教学管理、办公管理等的计算机局域网系统。

校园网是学校办学的一种重要基础设施,是学校师生、科研和管理人员所依托的重要资源,许多地区和学校也把建设校园网视为学校办学条件现代化的标志。

校园网为学校教育提供资源共享、信息交流和协同工作的平台环境,通过校园网,学校师生、科研和管理人员可实现办公自动化、多媒体计算机辅助教学、资源共享及信息交流,开展远程教学。校园网是沟通校园内部网和外部互联网的桥梁,通过校园网可以接入外部广域网,与外校、外地甚至国外学校进行信息交流和沟通,为学校的教学与管理创造了更有利的条件。

校园网的建设极大地满足了个人、家庭、学校与社会对教育信息计算机管理和教育信息服务的要求,也在很大程度上满足了现代教育教学改革的需要。随着在校园网中将计算机引入教学的各个环节,继而引起教学方法、教学手段、教学工具等方面的革新,进一步引发教学观念、教学思想、教学过程等方面的一系列的变革,这对提高教学质量、推动我国教育现代化的发展有不可估量的作用。毫无疑问,校园网是学校提高管理水平、工作效率和教学质量的有力手段,是解决信息时代教育发展问题的基本工具之一。

二、校园网的功能模块

校园网应为学校的教学过程、管理、日常办公、对外交流等各方面提供全面的、切实的支持。校园网的主要功能模块包括教与学应用系统、行政管理自动化、远程教学与通信服务三大部分。

(一)教与学应用系统

教与学应用系统包括学习系统、教学资料库、教学演示系统、网上备课系统、题库管理系统、考试与评价系统、图书馆管理系统、电子阅览室、多媒体教学网等模块。

为学校的教育教学服务是校园网的首要功能,师生应当通过校园网进行备课、教学、查阅资料,进行多媒体教学软件的开发与演示,校园网为学校提供了宽带多媒体网络环境,它的最重要任务就是发挥其一切潜能为学校的教育教学服务,为学校的教书育人服务。只有充分认识并在日常教学中努力做到这一点,校园网才能发挥其应有的作用,才能具备强盛而持久的生命力。

(二)行政管理自动化

行政管理自动化包括学校行政事务管理、教务管理、学生管理、教研管理、后勤管理、信息查询及交换和校园一卡通等模块。

建立在校园网基础上的 MIS(管理信息系统)可以为学校在人事、教务、财务、日程安排、后勤管理等方面提供一个先进的分布式管理系统;并会使原有的管理模式从纵向、单通道、主要依靠个人的经验和判断及决策的简单模式,发展成为现代的、多向的、多通道的、网络状的复杂模式,从而提高管理效率,达到事半功倍的效果。

(三)远程教学与通信服务

远程教学与通信服务包括学校主页、电子函件、电子公告、视频会议、远程教学与教育等模块。师生之间及与主管部门和兄弟学校之间可实现网上互相通信、浏览互联网,甚至进行个别辅导、小组讨论、远程教学等。

三、校园网的设计原则

校园网是学校信息资源建设的基础设施,校园网建设的根本目标是为院校的教学、科研和管理提供先进实用的信息网络环境。现代校园网的设计应该从全局出发,从宏观方面去考虑,不仅要考虑网络的带宽,还要考虑网络的可靠性、安全性、扩展性、可维护性、实用性。校园网的设计应采用国际通用的 TCP/IP 协议,同时要考虑以下几个原则。

(一) 实用性与先进性相结合原则

根据学校实际情况和特点,在设计中特别强调实用性与先进性的结合。校园网设计应能满足学校目前对网络应用的要求,充分满足学校内部管理、教学和科研的网络化、信息化的要求,使网络的整体功能尽快得到充分的发挥;应采用覆盖率高、标准化和技术成熟的软硬件产品,充分发挥设备效能,保证校园网的使用;跟踪国际网络技术的新发展,采用先进的设计思想、网络结构、开发工具,设计技术先进的网络。

(二) 开放性与标准化原则

整个系统设计应采用开放技术、开放结构、开放系统组件和开放用户接口,以利于网络的维护、扩展升级,以及与外界信息的沟通和互联。同时,在选择服务器、网络产品时,强调产品支持的网络协议的国际标准化。

(三) 可靠性与安全性原则

在校园网的设计中,主要考虑两个层次:①整个网络的可靠性与安全性,采用高可靠性和高安全性的网络体系结构,提供多层次安全控制手段,建立完善的安全管理体系,防止数据受到攻击和破坏,有可靠的防病毒措施;②网络设备的可靠性与安全性,主要是采用可带电插拔的模块、配置双电源、端口冗余、设置网络设备的用户表及口令限制等手段。

(四) 经济性与可扩充性原则

在满足学校需求的前提下,应选用性价比高的网络设备和服务器。采用的网络架构和设备,应充分考虑易升级换代,并且在升级时可以最大限度地保护原有的硬件设备和软件投资。

(五) 统一性与灵活性原则

在校园网的总体设计中,应坚持"三统一",即统一规划、统一标准、统一出口。采用积木式模块组合和结构化设计,使系统配置灵活,满足学校逐步到位的建网原则,使网络能够可持续增长。

(六) 稳定性与抗干扰性原则

校园网应能满足当地的环境、气候条件,抗干扰能力强。

校园网覆盖整个学校园区,在设计与建设校园网时,除应结合学校的实际情况外,还应该注意以下几点。

(1) 校园网的建设要适应学校的长远发展规划,可依据具体情况采取统一规划,分阶段实施,遵循逐步到位的建网原则。

(2)校园网的建设要考虑学校的实际需要,以满足教育教学的需要为根本出发点。

(3)校园网的建设应坚持"培训在先、建库在先、然后建网"的原则。要实现学校教师、技术与管理人员的全员培训,形成一支能使校园网实现正常持续运行软硬件管理建设的骨干队伍。

(4)在建和已建校园网的学校要设专职人员,负责网络日常运行、维护和管理工作。

(5)制定适合本校校园网安全使用的管理制度。

(6)有条件的学校在建设校园网时可考虑数字网络、电视网络与广播网络合一的方案,以满足学校的实际需要和规范校园的整体建设。

四、校园网的建设方案

在校园网设计与建设中,应当充分重视网络体系结构和所采用技术的合理性,并为网络今后的发展打下良好基础。由于校园面积较大,在校园网中往往需要建立多个局域网。考虑网络扩展性,校园网一般都采用"主干+分支"的结构。这种结构利用高速网络技术构建整个校园网的主干网,提供网上文字、声音、图像等多媒体信息的传播通道,学校里各个院、系、部门的局域网或其他计算机系统则作为分支通过网络设备连接到主干网上。这样的体系结构简单明了,易于维护、管理和更新,也便于网络划分、流量控制与隔离。对于校园各建筑物内的局域网尤其是工作组网络可采用交换技术,以追求最高的通信效率。

校园网建设常用的技术如下。

(1)VLAN技术。

(2)防火墙技术。防火墙是指一个由软件和硬件设备组合而成、在内部网和外部网之间、专用网与公共网之间的界面上构造的保护屏障,是一种获取安全性方法的形象说法。它是一种计算机硬件和软件的结合,在Internet与Intranet之间建立一个安全网关,从而保护内部网免受非法用户的侵入。

在逻辑上,防火墙是一个分离器、一个限制器,可以有效地监控内部网和互联网之间的任何活动,保证内部网的安全。防火墙通常设置在不同网络或不同的安全域之间。它是不同网络或网络安全域之间信息的唯一出入口,能根据安全政策控制出入网络的信息流,且本身具有较强的抗攻击能力,是实现网络和信息安全的基础设施。

(3)VPN技术。

(4)存储技术。

校园网的架构和主要技术可扫描二维码学习。

校园网的架构和主要技术.docx

五、数字化图书馆及其教学应用

数字化图书馆利用数字技术存储各类数字化信息资源,其主要特点是图文并茂、视听兼备、检索迅速,它将在未来的教学、科研等方面发挥重要作用,也将为以探究性为特征的信息化教学提供支持。

(一) 数字化图书馆的概念

20世纪80年代以来,信息技术与通信网络技术迅猛发展,全球掀起了一股"信息数字化"的热潮,大量的信息涌入互联网,信息在很大程度上处于混乱状态,使互联网上信息的查询、检索变得十分困难,极大地影响了信息的利用程度。在此情况下,急需一种管理信息资源的新模式,数字化图书馆就是在这种情况下产生的。数字化图书馆的概念最早是由布什(Vannevar Bush)于1945年在著名的《大西洋月刊》上发表的论文中提出来的。从概念上讲,数字化图书馆将数字技术应用于图书馆各项服务中,几乎所有的图书信息都能以数字化形式获得。读者通过网络访问图书馆的文献数据库系统,如电子杂志、电子图书、多媒体声像资料等。数字化图书馆通过计算机系统管理图书期刊为读者服务,通过局域网、校园网、国际互联网连接到办公室、教室、家庭等,使人们能很方便地共享各种资源。数字化图书馆通常又被称作电子图书馆、虚拟图书馆、无墙图书馆、全球图书馆或网上图书馆。虽然它们的名称各不相同,但它们是人们对未来图书馆的一种形象比喻,是未来图书馆的特征和发展方向。

从1993年起,发达国家开始投入大量资金开发、构建数字化图书馆。英国国家图书馆首先提出"存取创新"计划,实施图书馆的数字化系统研究。此后,美国国家基金会又发布了"数字图书馆创新"计划,目标是"使收集、储存与组织数字化信息的技术手段得到极大的进步,使数字化信息能通过网络进行查询、检索和处理,并以对用户友好的方式加以实现"。1995年5月,七国的国家图书馆组成"G7数字化图书馆联盟",提出"以现有的数字化项目为基础,构建一个人类知识的虚拟馆藏,通过网络为公众取用"的口号。

(二) 数字化图书馆的特征

1. 信息存储数字化

数字化图书馆是一个网络化的多媒体信息资源库,海量的信息、数据以文本、图形、声音等形式存储于磁介质(硬盘、磁带机)、光介质(CD-ROM)及磁光介质(MO)上,供人们随时调用、查阅。数字化图书馆的信息资源除文字外,还有大量图形、图像信息及声音、视频、动画等,利用计算机把它们通过多媒体技术有机地结合在一起,进行统一存储和管理。

2. 信息组织网络化

在信息资料数字化的基础上,通过由宽带网组成的互联网将世界各国的数字化图书馆和成千上万台计算机连为一体,超文本又能模拟人脑记忆的网状结构,实现不同信息之间的联系,从而使用户快速、灵活、直观地查找相关信息。利用计算机终端友好的人机界面,可以随时随地访问数字化图书馆有组织的、动态的信息资源。

3. 信息利用共享化

在信息资源利用方面,传统图书馆只限于印刷型文献或以其为主的馆际互借、合作采购、联合编目及书本目录的交换等。而数字化图书馆能够通过网络对信息资源进行存储、检索和传递,快速为用户提供世界各地的信息资源,这是真正意义上的信息资源共享。现代的信息资源共享既延伸了传统信息资源共享的时空范围,又拓展了信息资源共享的广度和深度,使原有的信息资源共享的方式和手段发生了根本性的变化。

4. 信息提供知识化

与传统图书馆不同,数字化图书馆将实现由"文献提供"向"知识提供"的转变。数字化图书馆将图书、期刊、照片、声像资料、数据、网页、多媒体资料等各类信息载体与信息来源在知识单元的基础上有机地组织并连接起来,以动态分布的方式为用户提供服务;而自动标引、元数据、内容检索、不同数据的互联等知识发现与组织的技术将成为数字化图书馆发展的技术关键。数字化图书馆信息提供的知识化,将为广大读者建立"知识水库""学术银行""数据仓库",而图书馆馆员也将成为"知识导航员"。随着信息加工的知识化、智能化和建立完备的检索系统,数字化图书馆将能够为读者用户一次性地提供某一主题的目录、论文和著作的全文、照片、图像、声音等各种知识信息,由信息提供的多次满足转变为信息提供的一次满足。

5. 信息服务个性化

信息服务个性化是吸引用户参与数字化图书馆的关键所在,也是图书馆发展的重要趋势。个性化服务主要包括个性化连接和个性化更新。个性化连接用来收集和组织由用户定义的资源,其基本设计思想是利用文件夹包含个人选择的 Web 地址连接,用户可对任何选择的资源和文件夹命名、由高到低排序,并可从文件夹中增删资源,在资源地址变化时也可进行编辑修改。个性化更新允许用户确定感兴趣的领域,在与这些领域相关的资源发生变化时系统及时通知用户(如用 E-mail 方式)。通过个性化服务,用户只需从数字化图书馆中挑选想看的内容和确定提交方式,如用户可选择在某一时间点由图书馆提供相关的指导信息,或想知道重要的新书目数据何时更新,或何时增加与本人学科相关的 Web 地址。对跨学科的研究人员,则可能希望从不同的主题专业图书馆接收通知,其信息可在用户对个人定义的页面进行访问时提供。

(三) 数字化图书馆的教育功能

1. 师生获取信息资源的重要通道

图书馆经过长期的建设和积累,形成了系统完整而又极具校园特色的馆藏资源。随着各种载体的电子信息资源的涌现和普及,光盘、微缩制品、电子出版物等非传统型文献成为高校数字化图书馆收藏信息资源的一个重要方面;互联网的开通、信息高速公路的架设,使网上信息资源成为数字化图书馆收藏信息资源的另一个重要方面。与传统图书馆相比,数字化图书馆使师生获取教学、科研、学习和生活信息资源的途径、形式更加多样化和快捷化。数字化图书馆不仅能使师生及时、有效地获取其所需的馆藏信息资源,还能获取校际间、区域间及互联网上的国际信息资源。

2. 学生学习的第二课堂

课堂教学为学生的成长打下了良好的知识基础。数字化图书馆拥有丰富的文献信息资源,是学生成长的思想库和知识库,能提高他们独立思考、独立研究的能力,为他们提供良好的学习环境。由于数字化图书馆的文献信息资源具有连续性、全面性和实时更新性,学生可以长期地享受数字化图书馆丰富的文献信息资源,因此数字化图书馆成为学生学习的第二课堂。

3. 对学生进行德育、美育素质教育的重要场所

教育的主要目的是提高学生的综合素质,促进人的成长。数字化图书馆除给学生提

供丰富的知识外,还提供丰富的文献资源、优美的环境、宽敞的空间、名人的警句格言、隽永的书画及影视资料等,学生置身于这样的环境中,可以自我警醒、陶冶情操,这将是对学生进行德育、美育素质教育的重要场所。

4. 培养学生创新能力的重要基地

培养创新人才的关键是启迪人的创新意识和提高创新能力,而其中最重要的是自学能力的提高。数字化图书馆不但提供文献资源的知识,还培养学生的计算机技能、网上信息的搜索技能等。学生通过不断利用数字化图书馆,可以培养文献检索能力,提高自学和自我服务能力,从而能对已有知识进行分解、加工,组合成新的知识,促进创新能力的培养。

5. 培养学生信息素质的重要场所

数字化图书馆馆员大多都有长期的信息检索、加工和组织的丰富经验,在培养学生的信息索质方面有其独特的优势。他们能对繁杂无序的网络信息进行处理、整序和去伪存真,并从中搜寻出有利用价值的核心信息提供给学生。数字化图书馆馆员一般都拥有外语、信息、图书馆学的专业背景,能针对学生不同的信息需求,提供不同层次的信息服务,在信息服务中潜移默化地对学生进行信息素质教育。

中文数字化图书馆举例.docx

中文数字化图书馆举例可扫描二维码学习。

第五节　慕　课　简　介

一、认识慕课

慕课是大规模开放在线课程(massive open online course,MOOC)。通俗地说,MOOC是大规模的网络开放课程,是为增强知识传播而由具有分享和协作精神的个人或组织发布的、散布于互联网上的开放课程。

美国麻省理工学院在 2001 年把本校 2000 门课程在网上公开,发起"开放课程计划"(OCW),让全世界共享名校资源。之后,为促进网上教育资源的开发和利用,联合国教科文组织首次发布了"开放教育资源"(OER)这个理念。而慕课正是在这个理念的基础上逐步发展起来的,是传统课堂走向在线课堂的开始。2011 年,美国哈佛大学等著名高校掀起了慕课热潮,纷纷创设各自学校的精品课程,并上传到网络平台上,吸引了世界各地上百万的学生注册学习。在 2012 年,Coursera、edX 和 Udacity 三大慕课平台相继开课运营,在线教学飞速发展,有杂志更是将 2012 年称作"慕课之年",可见其影响巨大。2013 年,在我国相继出现了慕课平台。三大平台中 Coursera 慕课平台与中国网易合作,率先开设中文专区。随后,国内高校陆续加盟 edX 慕课平台,清华大学、北京大学、香港大学等高校成为 edX 慕课平台的首批亚洲成员。之后,清华大学研发出中文慕课平台"学堂在线",面向全球提供在线课程。

慕课无疑成为中国高等教育国际化的一股新的推动力。2014 年 5 月,爱课程网和网易携手推出的拥有中国自主知识产权的慕课平台——中国大学MOOC平台上线,5月20日正式开课,首批加入的高校有北京大学、复旦大学、浙江大学、哈尔滨工业大学、中国科学技术大学等20多所高校,短短两年时间就有70多所高校,600多门精品课程上线。2015年,《教育部关于加强高等学校在线开放课程建设与应用管理的意见》出台,明确指出"要综合考察课程教学内容与资源教学方法、教学活动、教学设计、评价等要求,在2017年前认定1 000门国家精品在线开放课程"。实际上从2013—2017年,从建设国家精品课程到现在的课程建设,它的内涵已经发生了变化。

二、慕课的本质内涵

(1) 基本内涵。MOOC是面向社会公众的免费开放课程。顾名思义,"M"代表massive(大规模),与传统的只有几十或几百名学生不同,一门慕课可能会有成百上千名学生乃至上万名学生;"O"代表open(开放性),以兴趣为导向,凡是想学习的都可以进来学,没有任何条件;"O"代表online(在线),学习在网上完成,不受时空限制;"C"代表course(课程)。通俗地说,慕课是具有分享和协作精神的个人或组织为增强知识传播发布于互联网上的开放课程。对学习主体没有任何要求,只要有网络,学习者便可以根据自己的需求在任何时间、任何地点进行学习,而且这是一种开放课程,是针对大众的免费公开课,有兴趣的人都可以免费注册。

(2) 实际上,慕课并非一种全新事物,它是长期以来"技术变革教育"的理念与实践的时代产物。慕课是新近涌现出来的一种在线课程开发模式,它发端于过去的那种发布资源、学习管理系统及将学习管理系统与更多的开放网络资源综合起来的旧的课程开发模式。慕课是近年来开放教育理念及实践这个"旧基础"上的"新发展",尚处于发展过程中,还没有形成一种成熟的、公认的、定型的模式。我们对慕课本质的挖掘,不能仅停留在慕课的"现实状况"上,要从历史的、纵深的角度认识慕课的教育本质。

从更深远的角度看,慕课是现代网络信息技术与学习者中心的教育教学模式的有机融合,是"技术变革教育"在网络信息时代的新尝试。长期以来,一直有很多人认为技术创新可以真正实现教育革命。19世纪40年代,黑板的发明对教育改革产生重要影响,使得人们更加重视通过技术带来的变革教育。此后,印刷技术、电视电影、程序教学、计算机等,都曾被人们称为最具教育变革意义的技术或工具。在这个过程中,还催生出教育技术学等相关学科的发展,使技术革新与教育改革更紧密地联系在一起。2000年以来,越来越多的人认为网络信息技术将彻底改变教育模式。美国麻省理工学院开放课程项目、我国网络精品课程等远程教育、在线教育盛极一时。慕课只是这一趋势的新发展。也许,有一天慕课将不再是目前的样态甚至彻底不复存在,但慕课所代表的这种网络信息技术与教育教学改革高度融合的尝试将长期存在。这种尝试将不断冲击传统教育教学,最终形成符合时代要求的教育模式,这才是慕课的教育本质。我们也不能仅把慕课看作教育现象。慕课在一定程度上与以往的开放式网络课程没有太大的本质差异,但慕课为什么能比以往任何形式的网络课程都备受关注和看好呢?这就涉及慕课的文化本质。慕课是课程、教育改革、互联网、经济发展等交织在一起形成和发展起来的。

三、慕课的特点

慕课的形成、发展时间还不长,但是发展至今对教育的影响却很大。慕课不同于微课及网络视频公开课,它是由远程教育模式发展而来的,是一种全新的在线教学模式。它改变了教师为主导、学生被动接受的空间制约的传统课堂教学,利用网络的特性实现教学,能够更好地实现终身教育理念。慕课的特点可以总结为以下几点。

(一) 大规模

慕课的大规模主要体现在学习者规模、课程资源规模、参与教师团队规模、参与高校规模、需要大投入等几个方面。

(1) 慕课的学习者规模很大,它向所有希望学习到该课程的人员开放,有可能世界各地数千万人在同一时间一同学习同一内容。而我们的传统课堂教学或视频公开课都是几十名学生的小班或者100多名学生的大班的上课模式,有空间制约。

(2) 大规模交互是指课程研讨同时有数千人、数万人参与,当学习者提出问题时,众人从问题的不同角度与其交流讨论;学习者大规模的参与和交互使课程产生海量的学习数据,MOOC平台利用数据挖掘、人工智能和自然语言处理等技术,多维度、深层次地分析海量学习数据,发现课程学习的特征和规律,动态调整学习引导策略和支持服务。

(3) 大规模还可体现为参与高校众多,如哈佛大学、耶鲁大学等国外知名大学做后盾,国内70多所高校都在参与,可见教师团队的强大和课程资源的丰富程度。

(4) 大规模意味着大量可供选择的网络课程。截至2013年7月,全球最大的网络课程联盟Coursera共享了408门课程,分别为人文、教育、健康与社会、生命科学、商业及管理、信息技术、经济与金融、自然科学等各类在线课程。edX作为世界顶尖高校联合的共享教育平台,目前也提供了60门在线课程,覆盖法律、历史、科学、工程、商业、社会科学、计算机科学、公共卫生和人工智能等领域。可汗学院则在YouTube上载有超过3 600段教学影片,内容包括数学、物理、化学、天文、生物、历史、医学、金融与经济、公民教育、计算机科学等诸多方面。不仅课程种类繁多、覆盖的知识领域广泛,而且随着MOOC的不断国际化,授课语言也趋于多元化。目前,Coursera平台除提供英语课程外,还提供西班牙语、法语、中文、阿拉伯语、德语和意大利语课程。

(5) 大规模更意味着需要大投入。MOOC三大巨头在2012年和2013年先后投入1亿多美元的资金。除资金的大量投入外,还需要教师时间、精力的大投入。有调查显示,教授们通常需要花费上百小时准备课程,包括拍摄讲座视频、精心准备教学素材、设计教学环节与活动等,正式开始上课后,每周还需要花8~10小时参与在线学习社区的讨论与答疑等活动。

(二) 在线

(1) 慕课是依托互联网技术的,所以需要一台计算机或手机在平台上学习。在慕课的学习中,只要具备在线条件,任何学习者可以在任何时间、任何地点随心所欲地进行课程的学习。虽然慕课视频学习、讨论、作业、考试及评价流程都是通过网络在线实时完成的,但是视频课程可以在线下载、线下播放重复学习。特别是,现在网络技术发达,城市任何地方,甚至高校宿舍楼都有 Wi-Fi,短短十几分钟就可以学完一个模块,大幅提高了学习的时效性,同时经济上也非常实惠。

(2) 教育机构或者教育者可以随时随地将课程、教学内容与资源上传到网络平台。随着网络技术、信息技术的不断成熟与更新,上传到网络平台的课程内容、呈现形式更趋于迅捷、多样。这种快速架设在线课程的方式甚至可以运用到救灾援助等紧迫式学习环境中,便于随时随地组织学员展开学习。

(3) 在线意味着经济实惠,得益于廉价、高速的互联网连接在全球范围的蓬勃发展,这些在线课程只需很少的成本就可在全球播放。而且,由于在线课程可以支持大规模学习者进行线上学习,因此,具有较好的规模效应,这使集体教学与几年前相比更能为大众所承担。

(4) 在线还意味着可以适时记录学习者的学习行为和过程,便于在大数据分析的基础上掌握学习情况,跟踪学生的学习生涯,探讨学习与认知规律。随着 MOOC 平台中记录、存储和汇聚的数据不断增加,可以发现学习者对不同知识点的反应,过去困扰心理学、认知科学与行为科学的教与学的规律问题将不断被深入地分析与探讨,学生的学习质量与学习效率将会随着教育规律认知的深化而不断提升。

(三) 开放性

慕课的开放性体现在学习对象、教学与学习形式、教学内容与课程资源、教育理念等几个方面。

(1) 学习对象的开放性。慕课的开放性体现在对学习对象的全面开放上,体现为真正意义上的"有教无类"。慕课真正实现了全民学习的目的,对学习对象的身份完全没有限制,不分种族、不论性别、不分年龄,只要你想学习,就都可以在慕课平台上注册并免费选择课程。只要具备基本的上线条件,鼠标轻点,不管身在何处都能轻易地学习一流大学和大师的课程;网络连通就可以和世界各地的同行交流。人们多年来梦想的教育形态——任何人、任何时间、任何地点,按自己的节奏学习,并即时得到学习反馈,在 MOOC 教育的平台上似乎有可能成为现实。

慕课的这种特点吸引了一大批学习者,是对教学本身的促进。当然,慕课向所有学习者免费提供优秀教学团队制作的优质的教学内容与课程资源,为家庭经济条件差的爱学习者打开一扇通往知识殿堂的大门。因此,慕课的这种先进教育理念,使教学团队更具有凝聚力,激励众多的学习者,促进现代教育的改革。

(2) 教学与学习形式的开放性。Coursera 的联合创始人科勒指出,他们的平台是在主动学习(active learning)、深度学习(deep learning)等理念基础上,通过 10 分钟左右的短视频课程、高频率回顾性(巩固性)测试、与学习材料的深入互动、家庭作业(含截止日期)、作业批改、问答平台、线上互动等整体建构而成的。吴恩达在接受《文汇报》记者采访时说,他在斯坦福大学的一名前同事在 Coursera 上开设了一门课,在线上答疑时有一名学生提问,他起身去倒了一杯咖啡,打算回来就回答这名学生的问题。他回来时发现,就这么短短的 1 分钟时间,已经有来自世界各地的学生回答了这个问题,而且讨论得热火朝天。事实上,正是由于 MOOC 平台的开放性,几乎每门在线开放课程中师生互动、学生互动都非常充分、热烈。

（3）教学内容与课程资源的开放性。根据经济合作与发展组织（OECD）研究报告的定义,开放不仅包括教育教学内容性的资源,还包含技术性的资源,如用于开发、传播和使用开放式内容的软件工具。基于此,有的学者将开放教育资源划分为三个类型：①"开放的内容与资源",即向学习者提供可用于学习和参考的免费数字化内容,包括直接与教学相关的课程、课件、内容模块、学习对象、参考资料、电子期刊等；②"开源的软件与工具",即提供各种功能的开放源代码软件来促进开放式教育资源的开发、传播、交流与共享,所提供的开源软件功能众多,从资源的开发、发布、管理和存储,到资源的搜索、交流和传播等；③"开放的协议与策略",主要是指学习内容和工具软件的版权使用协议、资源应用的策略、内容的本地化和网络学习的技术与资源存储标准等,是实现内容性资源、技术性工具之间的交流与互用、解决各种版权法律问题的基础。

（4）开放还意味着阳光下的高质量。教授们一旦将课程上传到网络平台,就要面对来自同行、专家和批判者的"检阅",因此,上传在线课程是件关乎个人声誉、学校声誉的事,不容小觑。杜克大学的罗恩·布莱瑟（C. Ronen Plesser）坦言,为应对大量水平不一的学生,他在拍摄讲课视频时不得不仔细地推敲教学讲稿,这让他的教学达到了10年来的最高水平。他认为,最后的网上课程要比他在校内面授的版本更为严谨,要求更高。而且,在线课程中的学生是自愿的学习者,有更大的自由可以随时选择退出,因此,学生用脚投票来评估教学质量的方式变得畅通无阻。可以说,能见度、曝光率和注册数是课程质量的试金石,借此敦促教师不断改进课程质量,是学生求知途中的福音。

（5）最为根本的是教育理念的开放。杜威曾经指出,教育中一切的浪费都是由于彼此的隔离。时至今日,国家与国家之间、大学与大学之间、组织与组织之间、学科与学科之间、课程与课程之间的隔离俯拾皆是,司空见惯。但是MOOC及与此相关的开放教育运动所传递出来的知识公益、利他主义和开放自由的精神,足以跨越时空、跨越组织机构、跨越国界、跨越学科,从而实现知识的有效传递和充分运用。

（四）课程的个性化

（1）在课程的组织方式上强调"翻转课堂",也就是将课堂内与课堂外师生的、教与学的时间重新进行安排。在这种学习模式中,课外的时间从过去让学生做作业"翻转"为现在让学生在线或线下自学或者协作学习教师预录（或预留）的教学内容,并针对学习中的疑难问题进行提问；课堂内的时间从过去由教师讲授知识"翻转"为现在由教师引导学生互动讨论或进行问题答疑,从而将课堂的主导权从教师转移到学生,在真正意义上实施以学生为中心的教学设计,实现以问题或项目任务为导向的学习。这种课程也就真正做到了深度学习、主动学习和探究学习。

（2）在课程的内容上强调重组。各学科、专业领域的专家、教师可以将先行编制的多样化的网络课程和教学资料上传到MOOC平台。这些设计之初未必相互关联的学习资料可以单独作为学习单元,也可以按照一定的逻辑、意义、目的进行重新整合,聚集成为具有不同学习目标的学习单元集,实现课程资源的再利用。

（3）在课程的学习方式上强调众包交互（crowd-sourced interaction）。远程教育历经异时异步的函授教学（远程教育1.0版）到定时定点的无线电、电视教学（远程教育2.0

版),再到随时随地但无交互的网络教学(远程教育3.0版),再到如今众包交互、数字化学习的MOOC教学(远程教育4.0版)。在MOOC平台上,大量的学习者构成了共同解决在线课程中未知问题的群"众"。众多学习者在虚拟或者现实的学习社区中,利用群体的智慧和有机的互动,共同探讨、实施并评估问题的解决方案。科勒在演讲中专门介绍道,在MOOC衍生的巨大线上社区中,学生们以多种方式进行互动,甚至比在教室里的收获还多。而且,来自世界各地的学生们还会自发组织线下的学习小组,定期定点见面共同研讨一系列问题。通过这种众包交互,学习成为一个高度个性化的主动建构过程,终身学习也将成为普遍的现实。

(4)在课程评价方式上的创新。有研究表明,同学之间相互批改作业与教师批改作业的分数在统计意义上几近吻合,因此学生互评是大规模开放在线课程中面对巨量学生作业需要评阅时一种十分有效的课程评价策略。由于网络技术的不断完善,MOOC平台可以编制一定的程序批改包括选择题、简答题、数学计算题、数量模型、经济金融模型等各种复杂程度不一的作业。Coursera的实践表明,在适当的激励机制下,让学生自己给自己批改作业也是一种行之有效的方式。

四、慕课的分类

(一)基于内容的MOOC

基于内容的MOOC(以下简称"xMOOC")以行为主义学习理论和认知主义学习理论为基础,以教学视频、作业和测试等为学习方式,强调学习者获取和掌握课程内容,侧重于知识传播和复制。该模式产生于2011年,以美国名校的Coursera、Udacity和edX三大MOOC平台为代表,在2012年和2013年获得飞速发展。

xMOOC结构化程度高,每门课程都有明确的开始时间和结束时间。课程内容以视频讲授为主,视频长度为5~15分钟,教学者通常通过案例激发学习者的兴趣,组合多种媒体呈现、讲解课程内容。课程互动以线上交流为主要形式,学习者与教学者利用课程讨论区互动交流和答疑解惑;以城市为单位的线下见面会为辅,通过线下见面会扩展学习者的线上交流,实现线上与线下的混合学习。课程评价以软件测试评分为主,通过视频中内嵌的自动化测试,使学习者反复提取已经学习的内容,强化知识要点,同时将课程作业的学伴互评成绩作为参照性评价标准。该模式的缺点是忽略了人类学习的复杂性和丰富内涵,单一使用"刺激—强化"模式加速学习者的学习。

(二)基于网络的MOOC

基于网络的MOOC(以下简称"cMOOC")以关联主义学习理论为基础,围绕某一特定课程主题,以周为单位,每1~2周探究一个专题,强调学习者自治和社会网络学习,侧重于知识的创造与生成。乔治·西蒙斯等认为,学习是一个连续的、知识网络形成的过程,知识不只是驻留在人类的大脑中,还驻留在人类的人际交互网络中。cMOOC的代表课程是由乔治·西蒙斯等人开设的Connectivism and Connective Knowledge课程。

cMOOC是一种结构松散的分布式课程,主题前沿,学生自主选择内容,自定学习步调,不注重课程评价。cMOOC平台以gRRShopper为核心,整合多种技术构建课程的在线学习环境。该环境支持学习者从其他课程网站导入课程资源,以任何想要的方式重新组织课程内容,并以 RSS 订阅、网络站点和 JSON 数据格式等方式传播课程内容。在 cMOOC 平台中,学习者自主地开展多种学习活动,包括搜索信息资源并选择过滤出自己感兴趣的内容;在论坛中开展协商讨论和合作探究,进行问题解决与自主建构;通过社交网络媒体共享学习成果,如博客、微博、Facebook 和 Twitter 等。

(三)基于任务的 MOOC

基于任务的 MOOC(以下简称"tMOOC")以建构主义学习理论为基础,课程结构松散,内容设计灵活,以任务为驱动,注重学习者对知识的深度加工。在 tMOOC 中,学习者在特定的任务情境中自定学习步调,利用丰富的学习支持服务与同伴开展协作学习,完成预设的学习任务,获得相应的专业技能。tMOOC 的典型代表是 Oxford Brookes University(牛津布鲁克斯大学)开设的 First Steps in Learning and Teaching in Higher Education(高等教育学与教的第一步,FSLT12)课程。该课程的目标是培养学习者的高等教育教学技能,训练和提升高校教师职业发展中的学术技能。一些学者的研究发现,该课程能有效提升学习者的高等教育教学技能和学术素养。

综上所述,三种 MOOC 在学习理论基础和实践运行形式方面存在明显差异,如表 3-1 所示。xMOOC 以行为主义学习理论和认知主义学习理论为基础,属于知识复制型,学习者通过观看教学视频学习课程内容,辅以在线测评和同伴互助,强调知识的独立自主学习。cMOOC 以关联主义学习理论为基础,强调学习者应用社交媒体围绕专题开展协商讨论,师生共同贡献思想,目的在于通过社会性网络学习和创新课程知识。tMOOC 以建构主义学习理论为基础,采取基于任务驱动的学习方式,认为知识与技能是学习者通过个体建构与社会建构而形成的,强调学习者对知识的能动加工。

表 3-1　莱恩关于 MOOC 的三种分类

项　目	xMOOC	cMOOC	tMOOC
出现时间	2011 年	2008 年	2012 年
表现形式	基于内容	基于网络	基于任务
理论基础	行为主义学习理论和认知主义学习理论	关联主义学习理论	建构主义学习理论
课程组织	他组织、内容动态形成	自组织、内容动态形成	自组织、内容动态形成
学习取向	知识传播与复制	知识建构与创造	复杂技能获得
评价方式	机器评价	传统方式评价较难	传统方式评价较难
典型项目	edX、Udacity	西门思:PLENK;"关联主义和关联知识"	格鲁姆:DS106;莱恩:POT cert

五、慕课与传统教学的区别

(一)开放性与封闭性

传统教学是在固定的校园中进行的,每年的入学人数都有限制,学校的课程也是根据在校时间和学期安排的。上课方式基本上都是师生面对面,教师讲授,学生负责听和记,一根粉笔、一块黑板、一份 PPT 就可以上完一堂课。外校学生没有资格获取学校资源和教育服务,具有很强的封闭性。相比而言,慕课的一大特点就是开放性,学习注册没有任何条件,平台上的课程也不是为某一所学校设计的,而是面向全球的,只要进行注册,所有的课程都可以看到。平常进不了一流大学的学生在这里也可以获得一流的教育。但也因为慕课是面向所有大众的,所以涉及内容比较宽泛、浅显易懂,对基础薄弱的学生作用不强,针对性较差,难以做到因材施教。

(二) 灵活性与固定性

传统教学是在固定的校园、固定的教室内进行的,每一堂课都是在固定的时间内由固定的教师向固定的学生进行一对多的知识传授,课与课之间环环相扣。而慕课是在网络上呈现的,人们在学习时能够不受时空限制,可以根据自己的安排灵活地选择时间和场所,只要有网络,无论计算机或者手机都可在线学习,这改变了传统教学的死板模式,让学习成为一种随时随地都可以进行的活动,并且以一对多或多对多的形式进行。慕课虽然比较灵活,但也正是这样,课程设计的系统性不是很强。如李青在第四次中国远程教育青年学习者论坛上谈到的:"MOOC缺乏专业体系,课程多而新但很零散,没有构成完备的专业体系。"

(三) 经济性与昂贵性

传统的高等教育不是免费的。根据美国《高等教育纪事报》,美国知名大学的高等教育学费年均在4000~5000美元。在中国高等教育的学费也在每年5000元左右,一些特殊专业的学费更在上万元。而慕课平台上的课程大多数都是免费的(获取证书要花费几十美元),只要注册了就可以免费观看学习,慕课上的课程还可以重复观看,成本低、利用率较高。另外,慕课要花费很多的精力来设计课程内容,这对一般的教师来说是一项不小的工程。教师制作课程时要预想可能会出现的问题,不断修改自己的课件,直至自己满意。而且慕课上面有互动答疑和资料上传,这将花费大量的时间和精力,所以慕课的背后也必须有一支强大的团队。

(四) 知识培养与素质教育

慕课是在网络上进行的,学习者的学习都是自己一人对着计算机或者手机,彼此之间的互动都是在网上,几乎没有面对面交流的机会。而传统教学中,高等教育学生都是在学校接受知识,无论在宿舍还是教室,都有同学在一起,与教师接触也比较方便,能够在学习之余提高处理人际关系的能力。此外,学校里会有很多社团或者学生组织,类似于小型的社会工作单位,学生参加这些组织也能较早学习领导、组织策划等工作中需要的能力。整体来说,传统教学的实践性较强,能给学生创造更多的环境,锻炼其动手能力。

六、慕课在我国当下教学中的应用

慕课发展势头迅猛,但目前在中国的应用还处于学习和准备阶段。通过慕课学习需要学习者有很强的学习动机和兴趣,否则会出现注册率很高但学习完成率低的现象。

目前,我国对慕课的使用主要是翻转课堂。翻转课堂又称为反转课堂,是指学生在课外完成知识的学习,课堂变成了师生、学生之间的互动、答疑的场所,颠覆了传统的教育模式,从而达到更好的教育效果。慕课下的反转课堂改变了以往"齐步走"的老路子,学生可以根据自己的知识背景通过互联网选择优质的资源,教师的职责变成了解答学生问题,引导学生进行逻辑性学习和知识运用。教师安排学生在慕课上学习的内容,基础薄弱的学生可以多看几遍,不懂的在课堂上进行咨询;基础较好的学生可以按照教师的引导运用知识并学习下一节的新知识。这样不仅能节省教育成本,而且可以更好地因材施教。

传统教育延续了几千年,虽然存在一些弊端,但是其教育效果也是非常显著的。教育改革不能"一刀切",应该将传统教育与慕课下的翻转课堂相结合,对于理科或逻辑性较强的课程可以用创新的方式进行,而对于文科类课程,尤其是语文,需要有细腻的情感表达,这些课程在必要时也要用传统教育方式对学生进行引导。所以,在高校中应该实行传统教育与网络资源共享相结合的混合式教学。只有将两者有机地结合起来,才能有效地实施高校教育。

慕课的研究与实践展望.docx

慕课的研究与实践展望可扫描二维码学习。

七、智慧树

(一) 智慧树平台概述

智慧树网络教学综合服务系统是隶属于上海超睿新数码科技有限公司的大型教学一体化的学分课程营运服务平台,简称智慧树平台。智慧树平台为教育信息化工作提供有力的技术支持,是国内运行较为成熟的网络教学平台,有独特的"平台＋内容＋服务"三位一体的运行模式。智慧树平台是一个较大型的在线教育平台,它拥有大量高品质的高校课程,实现了跨校课程共享、学分互认及跨校选课,促进了高校现代化教育教学模式和教学方法的改革。伴随"互联网＋教育"的蓬勃发展,现代教育教学课堂打破时空的限制,慕课、微课等在线开放课程的不断发展,智慧树这款教育类管理工具平台软件更加展示出了其强大的优势。

智慧树平台为用户提供了建立新课和修改编辑已建课程的功能,还可以选用放于该平台的国内很多知名学校已经建好的精品课程资源。智慧树平台如同一棵参天的智慧之树,为人们提供了"精美的知识果实"。

(二) 智慧树平台运营服务

智慧树平台为学校或机构、教师、学生及教学联盟提供全方位的运营服务。

(1) 针对学校或机构提供在线大学建设方案,实现学校或机构层面的在线教育运营,并依据学校或机构的课程教学管理要求提供相应的服务,提供课程选择和学分认证服务,完成课程推广及招生任务。

(2) 针对教师提供完整的线上线下教学及管理所需的教师服务功能,能够完成课程构建并支持课程教学工作,提供基于社交网络服务的教学交互服务。

(3) 针对学生提供在线学习服务,完成选课、上课、讨论作业及成绩评价的整体学习过程,提供社交学习服务。

(4) 针对教学联盟提供课程交换服务,构建完善的认证机制,为联盟成员提供公共服务。

(三)智慧树平台使用简介

使用智慧树平台首先要进行注册,然后登录使用系统。登录系统后,进入智慧树界面,进入"我的课程"后会显示出用户当前的课程状况。用户可以根据界面左边的导航选择相应的功能进行操作。

若要新建一门网络课程,可进入平台后单击"＋新建课程"按钮,会弹出"新建课程"对话框。选择一种新建课程的形式,如"混合式课程",可单击"混合式课程"后对应的"创建课程"按钮。此时会弹出"概要设计"界面,在"概要设计"界面中输入各项信息,首先输入课程名称,之后是课程背景、课程目标、课程设计原则和课程基本属性等。然后单击"下一步"按钮,进入"师资介绍"界面,填写相应的信息。

同理,将其余各项(如"知识点""内容计划""见面课""考核方法""课程推广"等)逐次填好,每一项制作完毕后单击"下一步"按钮。当最后一项"课程推广"填写完成后,单击"保存"按钮,之后再单击"发布课程"按钮。

当课程建设好后,再将使用本系统的学习者和教师名单导入系统,就可使用本系统了。使用的主要项目参考在线学堂导航栏中所列的项目。

对于已建课程,智慧树提供的主要功能如下。

1. 课堂教学

课堂教学提供了在线直播课堂和线下课堂功能,方便进行面对面的实时互动交流。同时,管理信息系统针对性地设计了点名、抢答、投票、答疑和头脑风暴等教学环节和内容,在有限的见面时间内最大限度地进行沟通交流。

2. 学习资源

教师在此模块可上传课程的教学内容供学生学习,选择"本地上传",选择本地已经准备好的资源上传即可。支持如下方式上传:本地上传、引用个人资源库的文件、链接上传、引用专业资源库文件,网页端支持上传各种格式资源(视频、音频、文档、链接、压缩包等)。

3. 学习任务

教师在课前预习环节可以发布任务,任务式的预习模式有利于循序渐进地推进课前预习内容,由浅入深、从易到难逐步完成课前预习。单击"新建任务"按钮,输入任务标题。也可填写任务要求、选择此任务需要完成的附件和修改任务参与人,可选发布任务或通知。发布成功后,学生即可在学习任务一栏中查看该任务。

4. 作业考试

(1) 创建作业,填写基本信息,包括作业标题(必填)、作业描述(选填),如果有作业的参考文件,还可上传作业附件,还有题库选题(选填)。

(2) 作业设置。在作业设置页面需要设置作业截止时间、作业分值(若为选题组卷,则无须设定分值)、关联资源、参与人,以及是否允许迟交。

(3) 创建考试,填写基本信息,包括考试标题和考试描述,如果有考试的参考文件,还可上传考试附件;题库选题(选填),单击"题库选题组卷"按钮,进入题库选题页面,在题目左侧的勾选框中勾选需要的题目,单击左下角的题目包图标,可以显示已选的题目。选择完毕后,单击左下角"导入题目"按钮,进入试卷设置页面。在该页面中需要设定每道题的分值;可以手动对每道题目进行设定,也可点击右上角"批量设置分值"齿轮按钮,快速设置每道题的分值。

(4)考试设置。在考试设置页面需要设置考试时长、满分值(若为选题组卷,则无须设定分值),考试班级和考试时间(可通过旁边的"新增"按钮来同时创建多场考试)。

(5)作业/考试成绩。该项包含批阅、试卷详情、修改记录、导出成绩等项,教师可以根据需要选择相关项目。

5. 学生管理

通过学生管理模块给出对应课程的学习者信息,教师完成管理信息系统课程学生的导入、调整和退档等基本工作。

目前有四种方式可以邀请学生入班:分享课程号/课程码;分享群号/群二维码;手机号邀请;导入学生名单。

对于已入班的学生,在"已入班"菜单中可查询到学生名单,也可对班级学生进行管理,包括新建班级、批量调班、批量退课等操作(单个课程最多不能超过2万名学生)。

6. 问答讨论

利用该界面,教师可以发布话题,师生之间可以互动,学习者之间也可以讨论一些话题。

教师在课前除了发布任务外,还可以发布问答话题,引导学生进行课前讨论。

提问和发起话题可通过左侧导航栏进入问答讨论模块(移动端在课程空间内进入问答模块)。在问答模块单击"发布话题"按钮,可以进入话题编辑页。输入话题,单击"立即发布"后学生即可查看话题。在发布话题时可以选择关联的资源,并设置是否允许学生多次作答。

7. 小组教学

小组教学模块采用国内外倡导的项目制小组教学模式,在特定的项目内部进行分组并布置小组作业,帮助教师线上高效管理分组,批改作业,同时学生组内互动,高效地进行合作式学习,加强学习效果。

在课程首页左侧导航栏中单击"小组教学"进入设置页面。首次进入出现引导页面,已经创建过项目后右上角会出现"新建项目"按钮。单击右上角的加号来新建项目。填写项目名称和项目内容(选填)后即新建项目成功。教师可根据场景不同灵活选择随机分组、自由分组、指定分组方式。

8. 学情分析

在学情分析模块中,管理信息系统课程能够实时跟踪课程数据情况、资源学习情况、学生学习情况和作业完成情况,方便教师在课程教学过程中灵活变更教学方法和手段,结合签到互动等综合信息,实现管理信息系统课程教学中学生的过程性考核。

单击左侧导航栏中的"学情数据"按钮,即可进入学情数据模块。页面上方展示了本课上传、发布的资源数和入班学生数,教师也可单击"资源学习情况""学生学习情况""作业完成情况"选项卡来查看每一位学生的学习情况。

9. 成绩管理

该项给出对应课程的成绩管理项目，包括发布成绩、成绩规则、导出表格等。结合考试系统设计考勤成绩、平时成绩、作业成绩、考试成绩的多方位综合管理模式，最终在成绩管理模块完成总成绩的生成和分析方案。

成绩管理模块本着公平、全面、科学、灵活的设计原则，旨在帮助教师更高效、全面地管理课程下的学生成绩。教师可根据实际教学情况灵活设置各项教学活动的分数占比，节省教师在分析及汇总成绩过程中所消耗的精力。

课程主页中选择左侧导航栏中的"成绩管理"即可进入成绩管理模块。在成绩管理模块顶部单击"作业成绩"（或"考试成绩"），即可切换至作业/考试成绩列表，该表会记录该班级的学生每一次的作业/考试成绩得分情况。筛选对应班级，会显示班级内对应的作业/考试成绩情况。

注：成绩管理模块仅支持网页端操作有考勤成绩列表、导入线下考勤、平时成绩（学习进度、互动投票、随机点名、课堂抢答、课堂答疑、问答）。

智慧树和超星网络教学平台在抗击新冠肺炎疫情期间发挥了极大的作用。它们为在线建课、授课、在线学习等活动的开展提供了巨大便利。这些网络平台在教师开展线下课程教学的过程中所带来的帮助是无法衡量的；借助智慧树、超星、中国大学 MOOC、雨课堂、钉钉等平台，实现了"停课不停教、停课不停学"，降低了疫情给教育教学带来的损失。广大师生依托智慧树、超星平台，利用 PC 端、知到 APP 移动端（智慧树）或学习通 APP 移动端（超星）等，就可以实现在线听课、讨论、课堂互动交流、完成作业或测验等功能。

复习思考题

1. 谈谈你对多媒体计算机系统的理解，自己设计一套多媒体配置方案。
2. 简述多媒体教室的基本构成和教学功能。
3. 简述网络教学机房的组成和教学功能。
4. 结合专业特点，简述微格教学系统的组成和教学功能。
5. 简述校园网的基本设备和基本功能。
6. 简述慕课的发展、内涵、特点、功能和教育应用。

第四章
数字化教学资源的获取与利用

学习目标

通过本章的学习,你应能够:
(1) 说出数字化教学资源的开发与管理的思想及要求。
(2) 掌握数字图形图像的获取与利用及 Photoshop 软件的使用。
(3) 掌握数字音频的获取与利用及音频编辑软件的使用。
(4) 掌握数字视频的获取与利用及视频编辑软件的使用。
(5) 根据自己的需要建立文档、图像、音频、视频资源库。

第一节 数字化教学资源概述

数字化教学资源是教育信息化的产物,是推动教育教学改革、构建新的教学模式的基本前提。数字化教学资源的有效利用是每一位教育工作者应具备的基本能力,也是每一位教师信息素养的集中体现。加强数字化教学资源管理与应用的最终目的是优化教学,促进师生共同发展。

一、数字化教学资源的开发

(一) 数字化教学资源开发的质量要求

教育部教育信息化技术标准委员会制定的《教育资源建设技术规范》,为以数字信号在互联网上进行传输的教育信息建设提供了一般原则,它向资源的开发者提供一致的标准,统一开发者的行为,保障资源基本属性结构的一致性,以实现资源在区域内的广泛共享,并为学习者或教育者等以最大效率实现对教育资源的查找、评估、获取和使用提供支持,同时也为不同资源库系统实现数据的共享和交互操作提供支持。

教育资源是指蕴含了特定的教育信息,能创造一定教育价值的各类信息资源,特别是能以数字信号在互联网上进行传输的教育信息。数字化和教育价值是它的核心特征,它的开发有相当高的技术要求。《教育资源建设技术规范》从资源开发的角度定义了各类资源应符合的技术性要求与教育性要求,所有开发者都应以此为标准,以保证数字化教学资源建设工程的质量。

(二)数字化教学资源的来源

数字化教学资源的来源主要有以下三个途径。

1. 现有教学资源的数字化改造

我国现存的教学资源中,除近几年开发的数字化教学资源外,大部分还是在几十年教育教学实践中积淀的印刷品、音像制品等传统教学资源。这些资源数量庞大,且其中不乏精品,即使在今天仍有较高的教学价值。对这些教学资源进行数字化改造既有经济效益又有社会效益,在充分利用一大批有教学价值资料的同时,这对于节约有限的教育经费和缓解我国当前优秀教学资源的匮乏意义重大。

随着教育信息化进程的加快,传统的教学资源正在经历数字化改造,如中国基础知识设施工程CNKI将众多知识文献进行数字化处理,中国基础教育知识仓库CFED将基础教育的众多知识文献进行数字化处理。

数字化改造的具体方法是,将现有教学资源中的图片和文字材料通过数码技术,如数字相机、数字扫描仪,转化为可在计算机上加工、处理、传输的数字化教学资源。音像教材也可借助相关的设备和计算机应用软件进行数字化改造。随着数字技术的发展,传统的广播电视教学所使用的模拟设备逐渐被取代,数字化音像资源在教学中的应用将越来越广泛。

2. 师生创作的电子作品

师生创作的电子作品是在数字化学习环境中产生的一种新型教学资源。电子作品有三种基本类型:①展示型作品,这是学生作业的电子稿,教师可选择最优秀、最典型的学生电子作品,将其发布到网上供其他同学观摩学习;②师生交流作品集,这类作品往往被称为教学作品集,主要来源于教师与学生之间的相互交流,交流作品可能是师生就某一问题的讨论结果,也可能是教师对学生疑难问题的答复;③教师对学生进行评价的作品集,这部分资源来源于教师对学生作品进行评价并给出分数等级的教学评价活动。

3. 由专业人员开发建设的资源

由专业人员开发建设的资源是数字化教学资源的主要来源,其开发和建设一般有以下几个步骤。

(1)初期制作。这是资源开发的第一步,要做的工作有以下两项。

① 由于各种媒体在信息呈现形式上互不相同,为满足不同的教学需求,需收集各种形式的媒体素材。对此,可采取购买、自行创建、网络共享等方式获取文本、图形、图像、动画、音频、视频等所需素材。

② 对素材进行分类与描述,即按照某种标准对各种素材资源进行分类,并对每类素材对象的类别、格式等属性作出清晰的描述。

(2)素材集成。经过初期制作的各种素材,在形式上还比较零散,教学功能也比较单调,因而需要将各种零散的素材集成为完整的教学资源单元。创作人员可应用多媒体集成软件对文本、图形、图像、声音、动画及影像等素材进行集成编辑。目前,可用于集成多媒体素材的软件有很多,比较常用的有PowerPoint、Authorware、方正奥思等。经集成后的多媒体素材教学功能强,可直接应用于教学。

(3)对资源内容标引。经上述加工的素材,还需有专业人员对其进行标引。标引工作包括分析资源内容、给出主题、对资源内容置标等。

（4）质量检查。检查的内容包括标引的正确性，图像、声音及视频的质量、文件大小、格式等。

（5）归档。资源制作完成后，需要将全部数字化文件归档，存入资源库。将数字化教学资源做入库处理时，一方面，要注意对资源进行分类，以利于快速检索；另一方面，还要对资源进行相应的说明，指出其获取手段、来源及适用于解决的问题等。

二、数字化教学资源的管理

（一）数字化教学资源的管理思想

1. 数字化教学资源的管理应采用知识管理的思想

知识管理是将可得到的各种信息转化为知识，并将知识与人相联系的过程。知识管理就是要对知识进行规范管理，以利于知识的产生、获取和重新利用。知识管理的基本活动包括对知识的识别、获取、开发、分解、使用和存储。在教育领域，知识管理就是将各种教学资源转化为具有网状联系的规范知识集合，并对这些知识进行开放式管理，以实现知识的生产、利用和共享。

在数字化教学资源的管理过程中应该注意加强对资源的鉴别、分类，并与学习者的需要和实际经验结合，通过资源的使用，使学习者的学习能力和创新能力得到进一步的提高，使资源真正能转化为学习者的知识，这就对数字化教学资源的设计、开发和管理提出了更高的要求，需要开发者和学习者双方合作并进行长期的努力。

2. 数字化教学资源的管理应采取开放的思想，建立开放的数据库

互联网数据不断膨胀，其中不乏大量有价值的教育信息。但是，这类教学资源处于一种零散的分布状态，且形式、内容各异，尽管可以通过搜索引擎指向目标地址，但不利于用户的直接检索和使用。开放的教育资源库不仅体现在能通过其搜索机制将互联网上的资源地址收录到索引数据库中，更能通过输入接口将零散、不规范的网络教学资源进行统一标识，纳入更为完整的资源体系之中，这是教学资源库的一大发展趋势。为维护版权利益，虽然资源文件本身仍处于一种零散的分布状态，但面向用户的是一个虚拟的大型教学资源库。用户不必进行人为的转换，就能获取规范的教学资源和应用指导。通过技术和属性的规范，定义资源的标准化过滤接口和导入接口，将网上优秀的教学资源的元数据信息自动提取出来，进行标准化过滤后导入自身的数据库中，经过不断的完善与扩充，形成系统的教学信息资源。注意资源库智能性的实现，教学资源库的智能性，最简单的应用是计算机能自动判断学生输入的答案是否正确。其高级应用是学生只要与计算机进行短时间的人机对话，计算机就能判断该学生的知识水平、学习能力和心理特征等情况，然后针对不同学生的情况，选择最合适的教学内容和教学方法，从而有效地促进学生学习。学生也可以进行自我控制，自定步调。另外，教学资源库的智能性还表现为能够对一些知识点进行简单的调整与扩充，能根据学生的实际水平合理组卷，并能保存学生的成绩，还可以使相联系的题目随机出现等。

3. 学科网站——数字化教学资源管理的新思路

目前，各类教学资源中心对教学资源的管理大多采取了数据库存储的方式，有的

将资源文件以二进制数据形式存储在关系型数据库中,对教学资源的管理都是基于对数据库的操作;有的将资源以文件的方式存储,但索引信息存在数据库中。基于数据库的资源管理系统最大的优势是可以存储大容量数据,便于资源的快速检索和定位,但其最大的局限是采用以数据记录为核心的界面视图过于生硬,不符合人们的习惯性认知思维,尤其对于一些非计算机专业学科的教师;而且各学科的资源混杂在一起,良莠不齐,干扰信息太多,对一线教师的教学应用支持不直接,功能不强,界面不友好。目前,在广东佛山、珠海等地采用学科网站的方式作资源库的用户前端界面,后台采用数据库对资源存储管理的思路,得到了广大一线教师的认同,为教学资源管理提供了一个新思路。

(二) 数字化教学资源的管理形式

数字化教学资源的管理形式主要包括资源的索引编制、发布、修订、删除、传输、审核和检索,等等。数字化教学资源按照学科组织建设与使用,但按照物理属性进行分类存储与管理,资源管理系统应该具备的具体功能如下。

(1) 对各种数字化教学资源进行查、录、删、改等基本操作的功能。

(2) 输入资料应具备两种形式:单独资料的随机输入、大量资料的批量输入。

(3) 支持单键查询功能。对于文本素材,也就是关键词的全文检索功能;其他类型的素材,以布尔逻辑查询所有类型匹配的属性字段;对于不同子类型的素材,应能自动适应其特殊属性(出现并加入检索项)。

(4) 素材检索引擎功能还应包括布尔查询功能、关联查询的段落定位查询、精确查询、模糊查询并支持通配符。

(5) 多媒体素材应集成多媒体音频影像查询技术,如可采用"关键帧捕获"技术,根据多媒体资料中场景的变化自动选择关键帧,用于预览或建立索引,以便查询。

(6) 良好的导航及检索预览功能。

(7) 素材的远程提交功能,用户可以通过网络远程提交素材。

(8) 对于每一个素材,都具备相关素材的显示功能,相关素材可按学科类型、作者或关键词等显示。

(9) 评论输入及显示功能。对于每一个素材内容,使用者都可以对其发表评论,并能查看他人所输入的评论内容。

(10) 支持多文件压缩下载功能。当用户选择下载多个资源时,系统能自动将资源文件压缩成一个自解压的可执行文件供用户下载。

(11) 提供内容传输管理功能。支持多媒体上传和下载;保证多媒体传输的安全性、稳定性和保密性;集成现有各种成熟技术保证产品传输的及时性和可靠性。

(12) 支持基于标准互换格式的资源导入/导出功能。具有能自动生成标准互换文档的接口模块,实现与其他资源库系统间数据的批量导入/导出。

(13) 提供与第三方应用程序的接口。允许扩展资源库系统的应用功能,如与电子备课系统的接口。

第二节　数字图形图像的获取与利用

一、图像基础知识

图形图像是教学信息中最常见的信息表达形式之一，可以形象、生动、直观地表达教学信息。在计算机中，图形图像是以数字方式记录、处理和保存的。所以，图像也可以说是数字化图像。图像类型大致可以分为矢量图像和位图图像。这两种类型的图像各有特色，也各有缺点，两者各自的优点恰好可以弥补对方的缺点。因此，在绘图与图像处理的过程中，往往需要交叉运用这两种类型的图像，才能取长补短，使作品处理的更完美。

（一）矢量图像

矢量图像也称为面向对象的图像或绘图图像。它是用一组绘图指令描述图形的要素，以数学方式记录图像，在数学上定义为一系列由线连接的点，如 Adobe Illustrator、CorelDRAW、CAD 等软件是以矢量图像为基础进行创作的。矢量文件中的图形元素称为对象。每个对象都是一个自成一体的实体，它具有颜色、形状、轮廓、大小和屏幕位置等属性。既然每个对象都是一个自成一体的实体，就可以在维持其原有清晰度和弯曲度的同时，多次移动和改变它的属性，而不会影响图例中的其他对象。因此，矢量图的优点是信息存储量小，分辨率完全独立，对图形的移动、放大或缩小、旋转、复制、颜色的改变、线条粗细的变化等都非常方便。这些特征使基于矢量的程序特别适用于图例和三维建模，因为它们通常要求能创建和操作单个对象。基于矢量的绘图同分辨率无关，这意味着它们可以按最高分辨率显示到输出设备上。因此，它的文件占有的容量较小，也可以很容易地进行放大、缩小或旋转等操作，并且不会失真，可用于制作 3D 图像，但这种图像有一个缺点，即不易制作色调丰富或色彩变化太大的图像，而且绘制的图形不是很逼真，无法像照片一样精确地描述自然界的景观，同时也不易在不同的软件间交换文件。

（二）位图图像

位图图像弥补了矢量图像的缺陷。它能够制作出颜色和色调变化丰富的图像，可以逼真地表现自然界的景观。它的色彩显示自然、柔和、逼真，适合于表现含有大量细节（如明暗变化、场景复杂和多种颜色等）的画面，并可直接、快速地在屏幕上显示，同时也可以很容易地在不同软件之间交换文件，这就是位图图像的优点。其缺点则是无法制作真正的 3D 图像，并且图像在缩放和旋转时会产生失真，因文件较大，对内存和硬盘空间容量的需求也较高。

位图图像是由许多点组成的，这些点称为像素。许多不同颜色的像素组合在一起便构成了一幅完整的图像。

Adobe Photoshop 属于位图式的图像软件，用它保存的图像都是位图图像，但它能够与其他矢量图像软件交换文件，且可以打开矢量图像。在制作 Photoshop 图像时，像素的数目和密度越高，图像就越逼真。记录每一个像素或色彩所使用的位的数量，决定了它可能表现的色彩范围。

（三）分辨率

分辨率是单位面积中包含的像素数量，通常用每英寸多少像素来表示。在已知图像分辨率和图像尺寸的情况下，可以精确地算出该图像中含有多少个像素。例如，一个一平方英寸的图像，分辨率为每英寸16像素，那么该图像就包含16×16＝256（像素）。分辨率的高低直接影响位图图像的效果，太低会导致图像粗糙模糊，在排版打印时图片会变得非常模糊；而使用较高的分辨率则会增加文件的大小，并降低图像的打印速度，所以掌握好像素的大小是非常重要的。出版印刷时分辨率应大于或等于300像素，文件存储为TIFF格式。Web分辨率可以小于或等于72像素，色彩模式为RGB。

1. 图像分辨率

图像分辨率就是每英寸图像含有多少个点或像素，分辨率的单位为点/英寸，英文缩写为ppi，如72ppi表示该图像每英寸含有72个点或像素。在Photoshop中也可以用厘米作为单位来计算分辨率。当然，不同的单位所计算出来的分辨率是不同的，用厘米计算比用英寸为单位计算出的"点/英寸"数值要小得多。

在数字化图像中，分辨率的大小直接影响图像的品质。分辨率越高，图像越清晰，所产生的文件也就越大，在工作中所需的内存和CPU处理时间也就越多。所以，在制作图像时，不同品质的图像需要设置适当的分辨率，才能最经济有效地制作出作品。例如，用于打印输出的图像，分辨率就要高一些；如果只是在屏幕上显示的作品，如多媒体图像或网页图像等，分辨率就可以低一些，以便计算机运行和快速处理图像。

2. 设备分辨率

设备分辨率是指单位输出长度所代表的点数和像素。它与图像分辨率不同，图像分辨率可以更改，而设备分辨率不可以更改。如常见的计算机显示器、扫描仪和数码相机等设备，各自都有一个固定的分辨率。

3. 屏幕分辨率

屏幕分辨率又称为屏幕频率，是指打印灰度图像或分色所用的网屏上每英寸的点数。

4. 位分辨率

位分辨率又称为位深，用于衡量每个像素存储的信息位数。这个分辨率决定了在图像的每个像素中存放多少种颜色信息。如一个24位的RGB图像，即表示其各原色R、G、B均使用了8位，三者之和为24位。而RGB图像中，每个像素都要记录R、G、B三原色的值，因此第一个像素所存储的位数即为24位。

5. 输出分辨率

输出分辨率是指激光打印机等输出设备在输出图像的每英寸上所产生的点数。

（四）数字图像文件格式

编辑好的图像文件需保存到磁盘上，保存前首先要考虑图像的格式。目前，图像的存储格式有很多种，下面介绍几种最常见的数字图像文件格式。

1. BMP 格式

BMP 格式是 Windows 操作系统的标准位图格式,采用无损压缩格式。这种格式保存的图像文件占用的磁盘空间巨大,但它不会丢失图像的任何细节,适合于对图像质量要求严格的情况。

最典型的应用 BMP 格式的程序就是 Windows 的画笔。BMP 是用于 Windows 和 OS/2 的位图(Bitmap)格式,文件几乎不压缩,它的颜色存储格式有1位、4位、8位及24位,在具体使用时要想达到比较好的效果,至少要达到24位。开发 Windows 环境下的软件时,BMP 格式是最不容易出问题的格式,并且 DOS 与 Windows 环境下的图像处理软件都支持该格式,因此,该格式是当今应用比较广泛的一种格式,大多数 Windows 桌面都应用这种格式的图像。其缺点是该格式文件比较大,不适用于网络传输,所以一般只应用在单机上。

2. JPG、JPEG 格式

JPG、JPEG 是最有效、最基本的有损压缩格式,其特点是压缩比高,图像文件占用的磁盘空间较小,而图像质量没有明显的变化,为大多数图像处理软件所支持。

JPG、JPEG 格式是按 Joint Photographic Experts Group 制定的压缩标准产生的压缩格式,属 JPEG File Interchange Format,可以用不同的压缩比例对这种文件进行压缩,其压缩技术十分先进,对图像质量影响不大,因此可以用最少的磁盘空间得到较好的图像质量。由于它有优异的性能,所以应用非常广泛,在 Internet 上它更是主流图像格式。

3. GIF 格式

随着 Internet 的普及,GIF 成了网络图形标准之一。GIF 格式普遍用于显示索引颜色图形和图像,最大支持 256 种颜色,在颜色数很少的情况下,它生成的文件很小,适合于在网上传输。由于 GIF 格式对颜色的支持不是很丰富,所以不能用于存储真彩的图像文件,只适合于表现线条、图表和图标这类图片。由于 GIF 格式支持动画和透明效果,图像文件容量小,所以在多媒体课件和 Internet 上备受欢迎。

4. TIFF 格式

TIFF 格式是主要用于排版的一种位图格式。它是一种点阵格式,是扫描仪和桌上出版系统中一种较为通用的图像文件格式。TIFF 格式具有图像格式复杂、存储信息多的特点,3DS、3ds Max 中的大量贴图就是 TIFF 格式的。TIFF 格式的最大色深为 32bit,可采用 LZW 无损压缩方案存储。

5. PSD 格式

PSD 格式是图像编辑软件 Photoshop 专用的位图格式,它最大的特点是支持多层和通道,能保存图像数据的每一个细小部分,所以 PSD 格式的文件特别大,正是因为图层的存在,它可以存储许多其他格式所不能存储的信息,但这些信息在转存为其他格式时将会丢失,因此最好在储存一个 PSD 文件备份后再进行转换。由于 PSD 格式是 Photoshop 专用的图像文件格式,多数的多媒体创作工具都不支持它,使用 Photoshop 处理好的图片应另存为 JPG 格式。

6. PNG 格式

PNG(portable network graphics)格式结合了 GIF 和 JPEG 的优点,具有存储形式丰

富的特点。PNG 格式的最大色深为 48bit，采用无损压缩方案存储。Macromedia 公司的 Fireworks 应用软件的默认格式就是 PNG 格式。

二、数字图像的获取

（一）购买图像库光盘

数字化的图形、图像库可以在市场上选购到，它们存储在 CD-ROM 光盘上，如底纹、图标、花卉、风景等专集，用户可以根据需要选择购买。

（二）从网上下载

网上有大量的信息资源，是我们获取图像的有效途径，从网上下载图片的操作步骤如下。

（1）将光标放在网页中要保存的图片上。
（2）右击，在打开的快捷菜单中选择"图片另存为"命令，打开"保存图片"对话框。
（3）在"保存类型"列表框中选择文件类型，在"保存在"框中确定保存文件的位置。
（4）在"文件名"文本框中输入保存文件名称，单击"保存"按钮即可。

（三）利用绘图软件制作

如 Windows 的 PaintBrush（画笔）、Painter、Photoshop 等都可以用来绘制各种图形，也可以对图像进行加工处理。此外，利用 Office、WPS 中提供的绘图工具也可以生成一些 CAI 制作中需要的图形。

（四）扫描仪扫描

使用扫描仪可将照片、图片、美术作品等模拟图像扫描到计算机中，变成通用的数字图像，这是制作位图的一条捷径。

（五）对屏幕图像进行截取

目前，可以利用一些软件截取屏幕上的图像画面，再以文件的形式保存下来，这是一种常见的获得图像的方法。

Windows 操作系统有屏幕抓图的功能，在一般情况下直接按 PrintScreen 按键，Windows 会将整个屏幕上的内容捕捉到剪贴板中；若同时按下 Alt＋PrintScreen 组合键，可将当前活动窗口的内容捕捉到剪贴板中。想要保存复制剪贴板中的图像，可以打开一个图形图像处理软件，然后选择"编辑"菜单下的"粘贴"命令把剪贴板中的图像粘贴下来，再把它保存成图像文件就可以了。

此外，还有专门的屏幕抓图软件，可以捕捉屏幕上的任何内容，如 HyperSnap-DX、Capture Profession、PrintKey、SnagIt 等。

（六）使用数码相机拍摄

数码相机集成了影像信息的转换、存储和传输等多种部件，具有实时拍摄、数字化存储模式和与计算机交互处理等特点，可以把看到的现象、景物转化为数字信号，直接输入计算机中，是获得数字图像的一种重要途径。

（七）视频帧捕获

利用超级解霸等软件可以将视频图像进行单帧捕获，以静止图像形式保存起来。

（八）利用电视机、摄像机捕获图像

电视机和摄像机通过视频采集卡与计算机相连，视频采集卡可以将模拟信号转换成计算机能接收的数字信号，视频图像以一定的文件格式存储，供进一步使用。

三、数字图像的编辑处理

从各方面获取的图像在使用前均需要进行编辑处理，以适应不同场合的使用要求。数字图像的编辑处理是指利用图像处理软件在图像上进行各种处理，如放大、缩小、旋转、色彩矫正、明暗调整、图像裁减、图像合成、艺术处理、添加装饰等。

处理教学所需要的图像主要包括以下几个方面。

（1）图像调整。主要调整图像的亮度、对比度、色彩平衡、色相、图像尺寸、色彩模式等。

（2）图像修描。擦除一些缺陷或修改一些细节，使图像看上去更加完美。

（3）图像裁剪。选择图像中需要的区域进行裁剪。

（4）艺术处理。使用图像处理软件提供的多种工具，改变图像的效果，如添加画框、改变色彩、删除红眼等，也可以利用软件提供的各种滤镜实现不同的艺术效果。

（5）图像合成。把几幅图像中需要的部分进行合并，并进行必要的加工处理，使之符合教学的要求。

关于数字图像编辑与处理的软件很丰富，Photoshop 是公认的最优秀的专业图像编辑软件之一，它有众多的用户。此外，CorelDRAW、Adobe Illustrator 等都是创作和编辑矢量图形的常用软件。

四、Photoshop 软件与图像的编辑处理

Adobe Photoshop 是当今世界上一流的图像设计与制作软件，也是进行图像处理最常用的软件。

（一）Photoshop 文件操作

1. 新建图像文件

新建图像文件的具体步骤如下。

（1）打开"文件"菜单，选择"新建"命令，弹出"新建"对话框。

（2）设定文件名、尺寸、分辨率等信息。一般课件中的图像分辨率设定为每英寸 72 线（约 28 像素/厘米），制作封面时，为每英寸 300 线（约 118 像素/厘米）。在"模式"中设定色彩模式类型。

（3）在"文档背景"中设定新建文件的背景颜色。白色即背景颜色为白色，背景色即以"色板"调板中的背景色作为背景的颜色，透明即无背景色。

（4）单击"好"按钮，完成新建操作。

2. 打开图像文件

对于保存在磁盘或光盘上的图像文件,可以打开它,然后再对其进行操作处理。Photoshop 几乎可以打开所有格式的图像文件。打开图像文件的具体步骤如下。

(1) 打开"文件"菜单,选择"打开"命令,弹出"打开"对话框。

(2) 在"搜寻"列表框中找到图像文件所在的文件夹。

(3) 在文件列表栏中选择需要打开的文件,单击"打开"按钮,即可打开图像文件。

3. 保存图像文件

完成对图像的建立、编辑后,就应将图像保存到磁盘中,以便日后使用。保存图像文件的具体步骤如下。

(1) 打开"文件"菜单,选择"存储"命令或"存储为"命令,弹出"保存"对话框。

(2) 设置保存路径,输入文件名。

(3) 设置完毕,单击"保存"按钮。

4. 备份存盘

很多情况下,用户应为文档保存一份备份,以防文件丢失。备份存盘的具体步骤如下。

(1) 打开"文件"菜单,选择"存储副本"命令,弹出"存储副本"对话框。

(2) 在"文件名"框中,系统自动为此文件名加上"副本"二字,用户也可以根据自己的需要重新设置文件名和扩展名。

(3) 设置完毕,单击"保存"按钮。

5. 关闭图像文件

下列方法都可以关闭图像文件。

(1) 打开"文件"菜单,单击"关闭"按钮。

(2) 单击图像右上角的 按钮。

如果文件在上一次存盘后作了修改,系统会弹出存盘提示对话框,询问是否存盘。如果需要存盘,单击"是"按钮,否则单击"否"按钮。

(二) 常用图像编辑操作

在数字图像处理的过程中,最常用的操作是图像的合成。例如,将一幅图像中的某部分或全部进行复制,然后粘贴到另一幅图像中。下面介绍常用的图像操作方法。

1. 选区操作

要对图像进行操作,首先要选中要操作的部分,选区操作是非常重要的。

(1) 选择规则区域。在 Photoshop 中,选框工具可以选取规则的区域。选框工具有矩形选择工具、椭圆形选择工具、单行选择工具、单列选择工具、裁切工具等。以矩形选择工具为例,选择一个矩形区域的具体步骤如下。

① 双击工具箱中的矩形选择工具 ,弹出"选框选项"调板。

② 根据需要设置相应参数。

③ 将光标移到图像区域,光标变成"+"形状,将光标移到适当位置。

④ 按住鼠标左键向适当方向拖动鼠标,形成一个以光标起始点为顶点的矩形,把矩

形拖到适当大小即可创建一个矩形选区。

（2）选择不规则区域。利用套索类工具可以选取一个不规则的区域。在 Photoshop 中，套索类工具有三种，即套索工具、多边套索工具和磁性套索工具。利用套索类工具选择不规则区域的具体步骤如下。

① 在工具箱中选择套索工具，将光标移到图像上，光标变成套索形状。

② 将套索的绳头移到要选择的区域边界上，按住鼠标左键不放并沿着边界路径移动光标。

③ 当光标移动的路径闭合时，释放鼠标，则选中该区域。

④ 扩展和缩小选区。

有时，需要在已经制作完成的选区上再扩大选取一块，可以利用 Shift 键达到目的，具体步骤如下。

① 在图像中先选择一个选区。

② 按住 Shift 键，在工具箱中选取一个选取工具，将光标移到图框内，则出现一个带"＋"的十字形光标。

③ 再创建一个选区后，释放鼠标左键与 Shift 键。如果这两个选区是分离的，则两个选框同时存在。如果这两个框相交，则这两个框将合并成一个大选区。

（3）保存选区。建立选区是一项费时的工作，如果别的图层再次用到该选区，可以将该选区保存下来，以节省时间。一个图像可以保存多个选区。保存选区的具体步骤如下。

① 在图像中设置好要保存的选区。

② 选择"选择"菜单中的"存储选区"命令，打开"存储选区"对话框。

③ 选择是将选区保存在当前图像中，还是保存在另一个图像或新建一个图像窗口进行保存。系统默认保存在当前图像中。

④ 选择是新建一个通道，还是覆盖原有通道。如果要保存到新通道，则输入新通道名称。

⑤ 单击"好"按钮，保存选区。

（4）调用保存的选区。调用保存的选区的具体步骤如下。

① 选择"选择"菜单中的"载入选区"命令，打开"载入选区"对话框。

② 选择或输入文件名和通道名称。

③ 选择是新建选区还是与已设置的选区进行并或交。如果想反相调用选区，则选择"反相"复选框。

④ 单击"好"按钮，则在目标文档中建立一个存储选区。

注意：反相就是将选区之外的图像变成选区。

2. 图层操作

Photoshop 中的图层可以理解为透明胶片。可以在每一张透明胶片上绘制图像的一部分，然后将多张胶片叠放在一起，就可以看到整个图像。

新建一个图像文件时，系统自动建立一个背景层，这个背景层相当于一块画布。利用"图层"调板可以对图层进行创建、复制、合并、删除等操作，也可以隐藏或显示单独的图层。

（1）创建图层。创建图层的具体步骤如下。

① 单击"图层"调板上的▶按钮，弹出"图层调板"菜单。

② 选择"新图层"命令，弹出"新图层"对话框。

③ 参数设置完毕，单击"好"按钮。

（2）复制图层。复制图层的具体步骤如下。

① 在"图层"调板中单击要复制的图层，使其成为当前层。

② 单击"图层"调板上的▶按钮，在"图层"调板菜单中选择"复制图层"命令，打开"复制图层"对话框。

③ 输入新图层的名称，或者采用默认值，单击"好"按钮。

（3）删除图层。删除图层的具体步骤如下。

① 在"图层"调板中单击要删除的图层，使其成为当前层。

② 单击"图层"调板上的按钮，在"图层"调板菜单中选择"删除图层"命令。

（4）移动图层。移动图层的具体步骤如下。

① 在"图层"调板中单击要移动的图层，使其成为当前层。

② 如果需要同时移动多个图层，可在"图层"调板中单击需要同时移动的图层链接标记，将多个图层链接为一个图层组。

③ 在工具箱中选择"移动"工具，将光标移到图像中，按住鼠标，向适当的方向拖动。

（5）设置图层的可见性。如果要分别编辑图像的某一层，需要将被编辑的图层设为可见，而其他的图层隐藏起来。当图层可见时，在"图层"调板中会出现一个👁图标，单击该图标，图层会被隐藏。

（6）链接图层。链接图层是将多个图层链接成一个图层组，这时所有的编辑操作将对图层组中的所有图层有效。链接图层的具体步骤如下。

① 在"图层"调板中选取参与链接的第一个图层。

② 在"图层"调板第二列处，单击要链接的图层，使其出现链接图标⑧。

③ 根据需要依次链接其他图层。所有具有图层链接图标的图层和当前层成为一个图层组。

（7）将背景图层转换为普通图层。每个图像都具有一个背景层，背景层在新建图像时自动产生。背景层决定了整个图像的尺寸，因此背景层的图像应该是所有图层中尺寸最大的，否则其他图层中的图像就会被裁剪。

背景层不能进行常规的图层操作。如果需要，可以将背景层转换为普通图层，具体步骤如下。

① 双击"图层"调板的"背景图层"，弹出"建立图层"对话框。

② 输入新图层名称，单击"好"按钮，即可将背景层转换为新图层。

（8）调整图层排列顺序。调整图层排列顺序就是改变图层在图像中的叠放顺序，但是，背景层不可以调整顺序，永远在图像的最底层。调整图层排列顺序的步骤如下。

① 在"图层"调板中选择要改变排列顺序的图层。

② 按住鼠标左键不放，将其拖到其他层的上方或下方释放鼠标，层的关系即被改变。

（9）合并图层。合并图层就是将多个图层合并为一个图层，这样将使图像文件变小，从而节省磁盘空间。合并图层的具体步骤如下。

① 将所有图层设定为可见。因为合并图层将删除所有不可见的图层。

② 在"图层"菜单中选择"拼合图层"命令。如果图像中有隐藏图层,将弹出警告对话框,以免将有用图层删除。

③ 单击"好"按钮。

3. 文字操作

在图像上添加文字是制作课件中常见的操作。Photoshop 工具箱中有四个"文字"工具,利用它们可以在图像中添加文字或设置文字模板。

在默认情况下,以前景色作为添加文字的颜色。文字被添加到图像中后,就被当作图像的一部分,可以像处理图像一样处理文字。但是,对文字应用了层效果后,就不能再用文字处理的方法处理文字了。

(1) 添加文字。添加文字的具体步骤如下。

① 在工具箱中选择"文字"工具,将光标放在图像中要插入文字的位置,光标变成I形时,单击,弹出"文字工具"对话框。

② 根据需要设置文字的有关参数。字体:选择安装在 Windows 中的字体。大小:定义文字的大小。行距:相邻两行文字的间距。字距微调和字距调整:用于控制字间距,正值使字符远离,负值使字符紧排。基线:用于控制文本在当前行的垂直位置,用此选项可以创建上标或下标。消除锯齿:使文字的边缘光滑。旋转:只对垂直排列的文本工具才有效。选中此项,则文本以顺时针 90°的方向排列文本。颜色:设定文本的颜色。

③ 若单击"预览"按钮,可以在图像中看到插入文字的效果。若效果不好,可以继续修改。若对显示效果满意,单击"好"按钮,这时,文字就被插入图像中。

④ 在工具箱中选用移动工具,把光标移动到文字上,按住鼠标左键不放,拖动文字到合适的位置。

(2) 修改文字。如果输入的文本有错误,或者对文本格式不满意,可以对其进行修改编辑,具体步骤如下。

① 将光标放在"图层"调板的文本层的名称上双击,弹出"文字工具"对话框。

② 在文字框中选定文字,然后根据需要重新设置相应的格式参数。

③ 设置完毕,单击"好"按钮。

(3) 对文字使用层效果。对文字设置层效果也就是给文字加上各种阴影、发光、浮雕等效果,从而制作出满意的美术字,具体步骤如下。

① 将光标放在"图层"调板的"文字"图层的 上,右击,打开"图层"菜单,选择"效果"菜单下的命令,如"斜面与浮雕",弹出效果对话框。

② 选择并调整参数,并可以立即预览效果。

③ 设置完毕,单击"好"按钮。

(三) 图像的基本操作

1. 复制图像

复制图像是将整个图像或图像中的一部分复制到剪贴板,再用粘贴的办法将剪贴板中的图像粘贴到图像的其他部分或另一幅图像。

(1) 使用菜单命令。使用菜单命令复制图像的具体步骤如下。

① 选定要复制的图像,或用选取工具选取图像中的一部分。

② 在"编辑"菜单中选择"拷贝"命令,这时选定的图像就被复制到剪贴板上。

③ 选择"编辑"菜单中的"粘贴"命令,这时,Photoshop 自动建立一个新图层,并把剪贴板中的图像粘贴到新的图层中。

若要复制所有图层中的图像,应该选择"编辑"菜单中的"合并拷贝"命令。打开另一幅图像,使之处于活动状态,将复制的图像粘贴到另一幅图像上。

(2) 使用橡皮图章工具。使用橡皮图章工具,能够从图像中取出一个图样,然后以取来的图样为基础,复制到其他图像中,或复制到同一图像的其他位置,具体步骤如下。

① 在工具箱中选取一种橡皮图章,如 。

② 在其选项调板中设置必要的参数,也可以不加设置,使用默认值。

③ 在"画笔"调板中选择某一规格的画笔。将光标放置在图像中,移到某处,按住 Alt 键,单击,设置取样点。

④ 将光标移动到图像要复制的位置。按住鼠标左键,这时取样点有一个"+"字形的光标,新的位置有一个图章形的光标。在新的位置来回移动光标,结果在新的位置又出现了一个同样的图像。

(3) 使用图案图章工具。图案图章工具 ,可以定义图像中的一部分为图案,然后将这部分图案绘制到用选框工具选定的选区中,具体步骤如下。

① 选取工具箱中的矩形选框工具,选取图像中的图案。选取一棵树的顶端部分。

② 选择"编辑"菜单中的"定义图案"命令,将选区中的图像定义为一个图案。

③ 打开另一幅图像,再次使用矩形选框工具,在图像中画出一个方框。若不选择区域,则在整个图中复制图案。

④ 在"画笔"调板中选择一种规格的画笔。选取工具箱中的图案图章工具 。

⑤ 将光标放在图像的选定区域,即方框中,按住鼠标左键不放,在框内来回移动,被定义的图案就被复制到新图中。

2. 移动图像

(1) 使用工具箱中的移动工具。使用"移动"工具移动图像的具体步骤如下。

① 用选框工具选取需要移动的图像。

② 在工具箱中选取"移动"工具。

③ 将光标移动到选取的图像上。

④ 按住鼠标左键不放,拖动鼠标,被选取的图像也随之移动。

⑤ 将其拖到合适的位置后松开鼠标即可。

(2) 使用菜单命令。使用菜单命令移动图像的具体步骤如下。

① 用选取工具选取图像中需要移动的部分。

② 选择"编辑"菜单中的"剪切"命令,将选取的部分放到剪贴板中。

③ 选择"编辑"菜单中的"粘贴"命令,Photoshop 将剪切的选区作为一个新图层粘贴到图像的另一部分,在"图层"调板中可以看到增加了一个图层。

④ 用"移动"工具拖着图层运动,将刚粘贴的内容移动到合适的位置。

3. 变换图像

对于粘贴过来的图像,若位置或大小不合适,则需要进一步进行调整,Photoshop 提供了丰富的调整工具完成这些操作。具体步骤如下。

(1) 选择要调整的图像,如果是粘贴过来的图像,只要设置为当前层即可。

(2) 打开"编辑"菜单,选择"自由变换"命令,选区边框出现带 8 个控制点的控制框。

(3) 进行下列有关操作。

① 缩放图像:将光标放在控制点上并拖动光标。如果按住 Shift 键的同时将光标放在 4 个控制点上拖动,将等比例地改变图像的大小。

② 旋转图像:将光标放在选区的外侧,按住光标移动,选区中的图像即可随之旋转。

③ 拉伸图像:先按住 Ctrl 键,将光标放在控制点上,然后按住鼠标左键不放,将其拖到适当的位置即可。

④ 对称变形图像:先按住 Alt 键,将光标放在控制点上,然后按住鼠标左键不放,将其拖到适当位置即可。

⑤ 倾斜变形图像:先按住 Ctrl+Shift 组合键,将光标放在中间控制点上,然后按住鼠标左键不放,将其拖动至适当位置即可。

⑥ 透视变形图像:先按住 Ctrl+Alt+Shift 组合键,将光标放在 4 个角的控制点上,然后按住鼠标左键不放,将其拖动到适当位置即可。

(4) 调整完毕,双击控制框,确认调整结果;否则在控制框外单击,在弹出的对话框中单击"否"按钮,取消调整结果。

4. 裁切图像

裁切图像就是将图像选区以外的部分裁掉,裁切的图像选区必须为矩形。使用裁切工具裁切图像比较灵活,用户可以事先确定图像的大小,可以将图像进行旋转后再进行裁切,具体步骤如下。

(1) 在工具箱中双击"裁切"工具 (位于选取工具中),调出"裁切选项"调板。

(2) 选中"固定目标大小"选项后,设置裁切以后图像的宽度、高度和分辨率。

(3) 将光标移到图像上,按住鼠标拖动,画出裁切图像的大小。

(4) 在选区的周围分布 8 个控制点,用户可以利用这 8 个控制点,对图像进行缩放、移动和旋转操作。

(5) 确定选区的范围后右击,弹出快捷菜单,选择"裁切"命令。这时选区以外的部分就被裁切掉了。

5. 调整图像文件大小

如果图像大小不合适,利用 Photoshop 可以对其进行精确调整。图像文件的大小是由图像的尺寸和图像的分辨率决定的。图像的尺寸越大、分辨率越高,图像文件就越大。分辨率较高的图像每单位区域使用较多的像素。

改变图像文件的大小有两种途径:一种是改变图像的尺寸;另一种是改变图像的分辨率。改变图像尺寸的具体步骤如下。

(1) 在"图像"菜单中选择"图像大小"命令,打开"图像大小"对话框。

(2) 在"打印尺寸"栏中输入图像的"宽度"和"高度"值,也可以在"像素大小"栏中输入"宽度"和"高度"的像素值。

(3) 选中"约束比例"复选框后,长宽比将保持不变。

(4) 设置完毕,单击"好"按钮,图像尺寸即变为设置后的大小。

6. 调整图像的色彩和色调

如果图像在色彩和饱和度上有偏差,可以在 Photoshop 中进行调整。

使用"亮度/对比度"命令调整图像色彩和色调的具体步骤如下。

(1) 选择一个需要调整的区域,若不选择,则对整个图像进行调整。

(2) 打开"图像"菜单,选择"调整"子菜单中的"亮度/对比度"命令,弹出"亮度/对比度"对话框。

(3) 拖动"亮度"和"对比度"中的滑块,调节亮度和对比度。

(4) 设置完毕,单击"好"按钮。

(四)用 Photoshop 扫描和处理图像

1. 扫描图像

大多数图像处理软件都支持扫描仪,下面再以 Photoshop 为例介绍扫描仪的使用方法,使用的扫描仪是 SNAPSCAN e50。

(1) 安装扫描仪。在扫描仪产品中有详细的说明书和驱动软件,只要按其中的提示即可完成安装。

(2) 启动 Photoshop 软件。

(3) 选择"文件"菜单中的"输入"命令,单击其子命令 ScanWise 1.4...。

(4) 弹出扫描设置界面,将要扫描的图像正面朝下放入扫描仪中,合上盖子。然后单击"预览"(PreScan)按钮进行预扫描,目的是能够选取合适的扫描范围。

(5) 预览后,设置合适的色彩和分辨率,选定扫描范围,单击"扫描"(Scan)按钮开始扫描。

(6) 扫描完成后,关闭扫描窗口,返回到 Photoshop,这时图片就传送到了 Photoshop,可以对它进行修改或保存备用。

2. 处理扫描照片中的透射阴影

如果被扫描的图像的纸张太薄,图像反面的内容可能会映射到扫描的图像上,影响照片的清晰度。这时需要进行适当的处理,具体步骤如下。

(1) 打开需要处理的图像。

(2) 选取"魔术棒"工具,在"选项"调板中设置一个合适的容差,如 40。

(3) 在图上含有映射区域的地方单击,使其被选中。

(4) 将前景色设置为白色,按 Delete 键,选中区域被清除。

3. 提高扫描图像的清晰度

如果扫描的图像不够清晰,可以做进一步处理,具体步骤如下。

(1) 打开需要处理的图像。

(2) 打开"滤镜"菜单,选择"锐化"子菜单中的"锐化"命令,图像清晰度立即提高,如果还不够,可再次选择"锐化"命令,直到满意为止。

4. 去除图像中的杂色和划痕

如果扫描得到的图像上有杂色和划痕,可以进行修整,具体步骤如下。

(1) 打开需要处理的图像。

(2) 将"图层"调板中"背景层"拖到调板下面"新图层"图标上,复制一个名为"背景副本"的背景图层。

(3) 单击"背景副本"图层,然后打开"滤镜"菜单,选择"杂色"子菜单下的"蒙尘与划痕"命令,打开"蒙尘与划痕"对话框。

(4) 调节"半径"和"阈值"参数,直至预览窗口中图像杂色不明显或划痕消失。

(5) 设置完毕,单击"好"按钮。

第三节　数字音频的获取与利用

一、数字音频基础知识

(一) 采样频率

采样频率(sampling rate)是指每秒钟将模拟信号的声波转变为数字信号的次数,单位为赫兹(Hz)。采样频率越高,声音还原得就越细腻,音质也就越好,但需要的储存空间也就越大。采样频率为44.1kHz的声卡每秒钟能对输入的声波进行44 100次校验,并将其转变成数字信号,自然采样频率越高,对声音的保真度越高,复制的声音效果也就越好,同时要求的存储空间也就越大。人耳所能听到的声音频率范围为20Hz~20kHz,根据研究,数字音响系统所能恢复的音像频率只能达到采样频率的一半。在多媒体声音技术中,对声音进行采样的三个标准分别是11.025kHz(语音效果)、25.05kHz(音乐效果)、44.1kHz(高保真效果)。常见的CD激光唱盘所采用的采样频率为44.1kHz。

(二) 声道

声道是指声音在录制或播放时在不同空间位置采集或回放的相互独立的音频信号。多声道的立体声比单声道的音质要好很多。比较常见的有双声道、四声道、5.1声道等。双声道声音在录制过程中被分配到两个独立的声道,从而达到很好的声音定位效果。四声道环绕设置了四个发音点:前左、前右、后左、后右。5.1声道其实有六个声道,它是在四声道的基础上增加了一个中置声道和一个超低音声道,因为没有包含全音域,所以用".1"表示超低音声道。

(三) 采样位数

采样位数(sampling date)表示存储、记录声音振幅所使用的二进制位数,它决定了声音的动态范围。不同的采样位数决定了不同的音质,采样后的数据位数越多,数字化精度就越高,音质就越好,所需存储的数据量也就越大。

（四）常见音频格式

1. WAV（波形文件）格式

Windows 所使用的标准数字声音文件称为波形文件,其文件扩展名为.wav。它是对实际声音的采样,可以重现各种类型的声音,能用于记录语音、音乐。由于数据不经过压缩,所以音质好,所占磁盘空间也最大。波形文件可以被其他 Windows 应用程序调用,其缺点是产生的文件太大,不适合保存时间长的声音,故在实际应用时要对其进行压缩处理。

2. MP3 格式

MP3 的全称是 MPEG-1 Audio Layer 3,是世界上第一个有损压缩的编码方案,也是现在最流行和最通用的声音文件格式。采用 MPEG Layer 3 压缩标准对波形文件进行压缩而成,削减音乐中人耳听不到的成分,在音质损失很小的情况下,把文件高度压缩。其具有占用空间小、传输速度快的特点。由于采用了高比率的数字压缩技术,只有波形文件 1/10 的容量,在网上音乐、网络可视电话等方面应用十分广泛,文件的扩展名为.mp3。

3. MIDI 格式

MIDI 是英文 Musical Instrument Digital Interface（乐器的数字化接口）的缩写,与波形文件不同,MIDI 文件记录的不是数字化的声音,而是乐曲演奏过程中的指令,它将每个音符记录为一个数字,用于代表音符的声调、力度、长短等信息。播放 MIDI 文件时,指令信息传递给具有 MIDI 接口的乐器,指挥乐器再现音乐。在计算机上,MIDI 文件经过声卡上的合成器模拟乐器播放出音乐。与 WAV 文件相比,MIDI 文件要小得多,其缺点是表达能力有限,对自然界中真实的声音无法表现,该文件的扩展名为.mid。

4. CDA 格式

CDA 格式是音乐 CD 唱片所采用的文件格式,记录的是声音的波形流,音质纯正,其缺点是无法编辑且文件太大,文件扩展名为.cda。

5. VOC 格式

VOC 声音文件是由著名的声卡制造企业 Adlib 公司首先开发使用的声音文件格式,目前,Creative Labs 声卡也使用这种声音文件格式。在许多游戏软件中有 VOC 文件,VOC 文件需要专门的播放软件才能播放。

二、声音素材的获取

（一）利用专门的声音素材库

目前,市场上有出售现成的声音素材库,提供了大量的音乐和效果声,这是最直接、最方便获取声音素材的方法。

（二）自行录音

使用计算机录音是制作 CAI 课件时获取声音素材最常用的方法,只需用户准备话筒和音频线。自行录音的具体步骤如下。

1. 设备连接

如果录制 CD 唱机、电视机、MP3 等播放的声音,可以将音频线或者 MIDI 线的一端插入声卡的 Line In 插孔中；如果使用的是话筒，将话筒插头插入计算机声卡中标有 MIC 的接口上。

2. 设置录音属性

双击"控制面板"中"多媒体"图标，打开"多媒体属性"对话框中的"音频"选项卡，在"录音"一栏中选择相应的录音设备。

3. 选定录音的通道

声卡提供了多路声音输入通道，录音前必须正确选择。双击桌面右下角状态栏中的喇叭图标，打开"音量控制"窗口，设置录音参数。选择"选项"菜单中的"属性"命令，打开对话框。在"属性"对话框中的"调节音量"区中选择"录音"命令，然后在"显示下列音量控制"中选择"线路输入(Line In)"用于外部声音音频电流的输入；如果使用话筒录音，则必须选择"话筒"。单击"确定"按钮后，"音量"窗口就出现各种录音方式的音量控制栏。根据需要，选择要使用的某种录音方式，然后可以根据自己的输入设备调节录音音量。

4. 录音

使用 Windows 操作系统中的"录音机"录制声音。选择"开始"→"程序"→"附件"→"娱乐"→"录音机"命令，运行录音机程序，打开"录音机"控制面板。选择"文件"→"另存为"对话框，单击"更改…"按钮，出现选择声音格式的对话框，通过"格式"下拉菜单选择不同的编码方法，通过"属性"下拉菜单选择合适的声音品质，设置完毕，单击"确定"按钮，回到"录音机"控制面板，单击红色的录音键，开始录音。

录制声音的技巧及注意事项如下。

（1）选择一块合适的声卡是工作顺利进行的保证，首先要检查声卡工作是否正常。

（2）录音之前要设置好声音的属性，即采样频率、采样位数、声道。在计算机性能较好的前提下选择参数稍高一些的设置，可以得到较好的音质。录制编辑结束后再酌情压缩。

（3）录音前首先要注意调整好音源的质量。音量过小，会使录制的音频信息显得干瘪，不够饱满，而且会使信噪比降低，音质变差；音量过大，如果声卡的功率有限，就会在录制所有声音中的音强较大部分出现截波，听到"呲呲"的杂音，影响效果。

（4）在录音的具体操作上，建议先单击"录音"按钮，再播放音源，录音结束时，先结束音源的播放，再停止录音。这样可以保证录制声音文件的完整，有利于编辑加工。

（5）录音时应选择在较安静的环境下进行，尽量减小背景噪声。

5. 保存

录音完成后，单击"停止"按钮，依次选择"文件""保存"或者"另存为"命令，将声音数据保存为 WAV 格式的声音文件。Windows 中的录音机只能录制 60 秒内的声音（录制完 60 秒后，必须将录制的声音保存，然后才能继续录制），如果需要录制长时间的声音，可分别录制，然后用"录音机"的编辑功能将所录制的声音文件按录制顺序连接起来，重新存盘即可使用。此外，还可以选择其他录音软件或者声卡自带录音软件录音。

（三）网上下载

随着互联网技术的飞速发展，网上的信息也日益丰富，音乐文件和一些效果声音都可以下载。由于不同网站上的下载方式各不相同,从网络上下载需要的数字音频资源时通常面临以下两种情形。

1. 提供了下载链接

提供了下载链接的情况下,可以直接单击音频下载链接下载所需的音频资源。

2. 未提供下载链接

未提供下载链接的情况下,通常使用专门的下载工具下载所需的音频资源。

(四)现有音频格式转化

可以采用软件将各种声音文件进行格式的转换,音频格式转化的具体步骤如下。

1. 选择音频文件

将要转换的音频文件放置到一个单独的文件夹中。运行格式转换工具中的 MP3 格式转换器,打开界面,在弹出的对话框中单击"添加目录"或"添加文件"按钮,打开"浏览文件夹"对话框,选择想要的声音文件,单击"确定"按钮,被选中的曲目或文件会出现在"各种音频输入"窗口中。

2. 设置输出方式

在"默认输出"窗口中根据需要选择要转换的类型,单击"设置"按钮,打开设置对话框,对压缩层次、频率、位率、声道、输出路径等进行设置。

3. 进行转化

设置完毕后,选取一个或多个文件,单击"开始压缩"按钮,被选的曲目或文件根据设置进行格式转化。

三、声音文件的简单编辑

获取声音素材后,应该根据需要进行必要的编辑。声音编辑软件很多,Windows 操作系统提供的"录音机"程序基本可以满足声音文件的简单编辑的需要。

(一)删除声音文件的部分内容

(1)进入"录音机"程序窗口。

(2)依次选择"文件"→"打开"命令,打开要编辑的声音文件。

(3)将鼠标放在滑块上,将滑块移到要删除的位置。

(4)打开"编辑"菜单,选择"删除当前位置之前的内容"或"删除当前位置之后的内容"选项。

说明:如果要恢复被删除的部分,依次选择"文件"→"还原"命令。

(二)多个声音文件合并成一个声音文件(插入声音)

(1)进入"录音机"程序窗口,打开要进行插入操作的第一个声音文件。

(2)将滑块移到要插入另外一个声音的位置。

(3)依次选择"编辑"→"插入文件"命令,打开"插入文件"对话框。

(4)选择要插入的声音文件,单击"打开"按钮,完成后保存文件。

（三）给解说加背景音乐

（1）进入"录音机"程序窗口，打开背景音乐的声音文件。
（2）将"滑动"按钮移到要混入解说声音文件的位置。
（3）依次选择"编辑"→"与文件混合"命令，选定解说声音文件。
（4）单击"打开"按钮，完成后保存文件。

（四）声音文件格式转换

（1）进入"录音机"程序窗口。
（2）依次选择"文件"→"打开"命令。
（3）在出现的对话框中选择要进行格式转换的声音文件。
（4）依次选择"文件"→"属性"命令，出现对话框。
（5）在"选择位置"列表框中选择转换后的文件类型，单击"立即转换"按钮，出现"选择声音"对话框。
（6）在"名称"下拉列表框中选定转换后的声音格式，单击"确定"按钮后进行转换，转换完后单击"确定"按钮，回到"录音机"程序窗口。
（7）依次选择"文件"→"另存为"命令，输入文件名，将其保存下来。

（五）增强声音效果

在"录音机"程序窗口的"效果"菜单中提供了许多选项，可以根据需要在菜单中选择相应的命令来增强声音效果。

（1）更改声音音量。在"效果"菜单中选择"提高音量"或"降低音量"选项，可以改变声音的播放音量。
（2）更改放音速度。在"效果"菜单中选择"加速"或"减速"选项，可以改变声音的播放速度。
（3）添加回音。在"效果"菜单中选择"添加回音"选项，可以增加回音。
（4）反向。在"效果"菜单中选择"反向"选项，可以颠倒播放顺序。

此外，还可以选用专业的音频编辑软件，如 Gold Wave、Wave Edit 等，对声音文件进行编辑。

四、Cool Edit Pro 专业音频编辑软件

Cool Edit Pro 是一个功能强大的音频编辑软件，可高质量地完成录音、编辑、合成等多种任务。只要拥有它和一台配备了声卡的计算机，也就等于同时拥有了一台多轨数码录音机、一台音乐编辑机和一台专业合成器。Cool Edit Pro 能记录的音源包括 CD、话筒、卡座等，并可以对它们进行降噪、扩音、剪接等处理，还可以给它们添加淡入/淡出、立体环绕、3D 回响等音效。制成的音频文件可以保存为常见的 .wav、.mp3 和 .voc 等格式。

Cool Edit Pro 专业音频编辑软件可扫描二维码学习。

Cool Edit Pro 专业音频编辑软件.docx

（一）Cool Edit Pro 的基本界面

Cool Edit Pro 的基本界面如下。

(1) 菜单栏(A)：共包含 7 个菜单，每个菜单下带有一组相应的命令。
(2) 工具栏(B)：包含 Cool Edit Pro 中的常用工具。
(3) 组织窗口(C)：用于进行文件控制和效果的预设。
(4) 音轨控制栏(D)：用于控制各音轨状态。
(5) 音轨区(E)：显示音频波形并进行编辑处理的区域。
(6) 播放控制区(F)：用于控制播放状态。
(7) 缩放控制区(G)：用于控制音轨中波形文件显示的比例。
(8) 时间状态栏(H)：用于显示当前音轨的播放时间。
(9) 状态栏(I)：用于控制播放状态及速度、节拍等。

（二）使用 Cool Edit Pro 录制声音

1. 录音试听

打开 Cool Edit Pro，选择要录音的音轨。在音轨对应的"音轨控制栏"中按下按钮，使该音轨进入录音等待状态。准备好麦克风，在"播放控制区"单击"录音"按钮，即可开始录音。录音完毕后，可在"播放控制区"单击左下方的"播音"按钮进行试听。

2. 降噪设置

单击工具栏中的"切换为编辑界面"按钮，切换至波形编辑面板。选择菜单栏中的"效果"→"噪声消除"→"降噪器"命令，打开"降噪器"面板，准备进行噪声采样。

3. 降噪采样

降噪器中的参数保持默认数值，单击"噪声采样"按钮进行噪声的采样。采样完成后，适当调整"降噪级别"。单击"确定"按钮，在对录制好的音频进行降噪前可先单击"预览"按钮，试听降噪后的效果。如失真太大，说明降噪采样或降噪级别不合适，需重新采样或调整参数。有一点需要说明的是，无论何种方式的降噪都会对原声有一定的损害。

（三）使用 Cool Edit Pro 剪辑、拼合音频素材

1. 打开音频素材

在要插入音频素材的音轨上右击，在弹出的菜单中依次选择"插入"→"音频文件"命令，在弹出的对话框中选择需要插入的音频素材并将其打开。

2. 调整音频的波形显示

单击工具栏中的"切换为编辑界面"按钮，切换至波形编辑面板。可使用"缩放控制区"中的"放大"或"缩小"按钮对音频的波形显示大小进行调整，并可拖动音轨区上方的滑动条更改音频波形显示区域，以方便剪辑。

3. 删除音频

在音轨上使用鼠标左键拖动，选中要删除的部分，按 Delete 键即可清除。

4. 插入音频

剪辑好后，单击工具栏中的"切换多轨界面"按钮，切换至多轨面板。在其他空白音

轨上右击,在弹出的菜单中依次选择"插入"→"音频文件"命令,在弹出的对话框中选择需要插入的音频素材并打开,按住鼠标左键将其拖放至想要插入的位置。

5. 设置"淡出/淡入"效果

选择音轨 1,单击工具栏中的"显示音量包络"按钮和"编辑包络"按钮,并使用鼠标左键拉动音轨上的音量控制线对音轨音量进行调整。可将音轨 2 也做出同样调整,达到"淡出/淡入"效果。

6. 分割音频

在音轨 2 上使用鼠标左键选择其中一段。在工具栏中单击"分割音频块"按钮,将选中的音频文件分割为两段。在分割好的音频块上右击,在打开的菜单中选择"音频块选项"菜单,打开编辑面板。

7. 设置音频块参数

在打开的"声音素材属性"面板中设置音频块的声相(左右声道)、音量、音调、偏移位置等。

8. 编辑音频块的声相

在工具栏中按下"显示声相包络"按钮和"编辑包络"按钮,对音频块上的声相进行编辑。

9. 试听保存文件

调整完成后可在"播放控制区"单击左下方的"播音"按钮进行试听,并对不合适的地方再进行调整。全部调整完成后,选择菜单栏中的"文件"→"混缩另存为"命令。在打开的"保存"面板中设置保存路径、文件名、保存格式,进行混缩保存即可。

第四节 数字视频的获取与利用

一、数字视频基础知识

视频(video)的含义是与电视特别是电视图像相联系的信号。视频是由一系列单独的图像组成的(一幅单独的图像称为一帧),每秒钟在屏幕上播放若干图像,就会在视觉上产生动态画面的感觉;若达到 24～30 帧/秒(fps),就会产生平滑和连续的画面效果。传统的视频设备如摄像机、录像机、电视机、VCD、DVD 所涉及的视频信号叫作模拟视频信号,现代视频设备如多媒体计算机、数字摄像机、数字电视机等涉及的视频信号是数字视频信号,它是用数字形式保存的视频信号。

(一) 电视制式

电视制式有三种:PAL 制、NTSC 制和 SECAM 制,不同制式间互不兼容。

(二) 信号格式

常见的视频信号有复合视频和分量视频两种格式。复合视频是一种标准视频格式,分量视频是一种高分辨率的视频格式,现在好的录像机后面都有这两种端口。

（三）视频捕获

通常的视频信号都是模拟信号，计算机以数字方式处理信息，因此在计算机使用之前必须对信号进行数字化采样，即把录像带等模拟视频信号转换成计算机可识别的数字信号，此过程为视频捕获。

（四）视频压缩

由于视频信号包括图像的色彩、亮度、大小等因素，当把模拟视频信号转换成数字视频信号时，计算机的数据处理量相当大，这对计算机 CPU 的处理速度和硬盘的容量来说都是一个问题，因此必须对数据进行一定的压缩，即视频压缩。压缩前后数据量的比率就是压缩比。对同一种压缩方式来讲，压缩比也是衡量视频质量的一种标准。压缩比越大，视频质量越差。

（五）视频采集卡

视频采集卡是具备视频捕获和视频压缩功能的计算机板卡，用于将视频信号转变为视频文件。

（六）SMPTE 时间代码

SMPTE 时间代码是为电影和视频应用设计的标准时间编码格式，它表示为"h:m:s:f"，也就是"小时:分:秒:帧"的形式。一个长度为 00:03:30:02 的视频片段，将播放 3 分 30 秒 2 帧。

（七）DV 视频

DV 视频是一种数码视频压缩格式，目前广为流行的 DV 数字摄像机就是以这种格式记录视频数据的。它的优势在于记录的图像质量高，可以直接在计算机中进行处理。

二、常见的数字视频文件格式及其特点

（一）AVI 文件

AVI 是微软公司制定的一种视频文件标准，是目前应用最为广泛的视频标准，具有多种压缩格式，数据压缩率相对较低，文件容量较大，可编辑性较好，因此支持 AVI 格式的视频编辑软件很多。AVI 文件中是音频和视频数据的混合，音频数据和视频数据交错存放在同一个文件中。它是视频编辑中经常用到的文件格式，文件后缀名为 .avi。

（二）MOV 文件

MOV 是 MOVIE 的简写。MOV 原来是苹果计算机中的视频文件格式，自从有了 QuickTime 驱动程序后，我们也能在 PC 上播放 MOV 文件了，MOV 和 AVI 的文件格式差不多，因此文件大小也相近。

（三）MPG 文件

MPG 也叫 MPEG，它是活动图像专家组（moving picture group）的缩写。MPEG 实质是电影文件的一种压缩格式，它具有极高的压缩率、最快的帧速率和较好的图像声音质量，因而近年来得以广泛应用和发展。MPEG 分为 MPEG-1 和 MPEG-2 两种数据压

缩标准。目前的 VCD 与 DVD 就是分别采用 MPEG-1 和 MPEG-2 标准。MPG 的压缩率比 AVI 高，画面质量却比它好。

（四）流视频 Real Video（.rm）文件

流视频是指采用流式传输的方式在互联网上播放的一种视频媒体格式。所谓"流式传输"，是指把整个音频、视频等多媒体文件经过特定的压缩方式解析成一个个数据压缩包，再由视频服务器向用户计算机顺序或实时传送，实现用户一边下载一边观看、收听。

（五）VCD 的数据格式

VCD 视频特别常用，视频采样速率为 1.15MB/s，音频采样速率为 224kB/s。

（六）flv 格式

flv(flash video)是最新网络流行视频格式，其文件压缩率高，采用流式传送，非常适合网络传输，因此大多数视频网站都采用这种格式。

（七）手机视频格式

手机视频格式常用的有 wmv、3gp、mp4 等。

三、数字视频的获取方法

随着数字视频技术的发展，数字视频文件的来源渠道也非常广泛，常用的获取方法如下。

（一）拍摄法

通过数字摄像机(DV)、数字摄像头、数码相机(DC)和手机的摄像功能等可直接将自然影像拍摄成数字视频文件，并通过转接线输入计算机中。

（二）转换法

通过视频采集卡或电视卡等可以把传统模拟视频信号转换成数字视频信号并输入计算机中。

利用视频采集卡可以将录像带、VCD 影碟机上的视频信号转换成 AVI 视频文件或 MPG 格式传送给计算机。

安装好视频采集卡，连接好相关的连接线。

（1）启动视频采集卡附带的软件，设置好相关参数，单击录像机或 VCD 影碟机的"播放"按钮。

（2）当用户从窗口中发现要记录的画面时，单击"记录"按钮即可。

（3）记录完毕后，单击"停止"按钮，将采集到的视频信息保存至一个 AVI 或 MPG 文件中。

（三）采集法

VCD、DVD 光盘或多媒体光盘中的视频文件可以采集或复制到计算机中。

（四）网络下载法

网络下载法包括数字视频文件直接下载和流媒体文件流式下载。

（五）用"超级解霸"软件抓取视频文件

对于VCD或一些现有的视频素材，可以用"超级解霸"软件抓取。

(1) 运行"豪杰超级解霸"组件中的"超级解霸3000"，进入工作界面。

(2) 把VCD光碟放入光驱，在"文件"菜单中选择"播放各种影碟"命令，或选择"打开一个文件""播放多个文件上"命令，单击"播放"按钮，开始播放影碟或视频文件。

(3) 单击"循环/选择录取区域"按钮，"循环/选择录取区域"按钮变为显示。

(4) 用鼠标移动"游标"到达录制视频文件起点处，单击"选择开始点"按钮选择录制起始点，再移动"游标"到达录制终点处，单击"选择结束点"按钮选择录制终点，中间黑带部分为要录制视频的MPG文件。

(5) 单击"录像指定区域为MPG文件"按钮，打开"保存数据流"对话框。

(6) 输入要保存的视频文件的路径和文件名，单击"保存"按钮即开始数据压缩。

四、视频素材的制作与编辑

（一）Ulead VideoStudio的工作界面

依次选择"开始"→"程序"→Ulead VideoStudio→"会声会影"命令，进入Ulead VideoStudio工作窗口；单击"会声会影编辑器"按钮，打开如图4-1所示的工作界面。

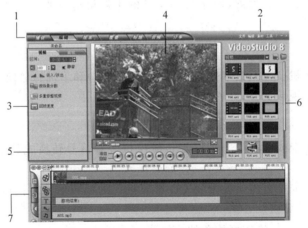

图4-1　Ulead VideoStudio工作界面

1. 工作界面中各部分的名称及其功能

1—步骤面板：包含视频编辑中7个不同步骤所对应的按钮。单击不同的菜单栏目，将进入相应的操作步骤。

2—菜单栏：包含4个不同命令集的菜单。

3—选项面板：包含用于对所选素材定义设置的控件、按钮和其他信息。此面板的内容会根据你所在的步骤而有所变化。

4—预览窗口：显示当前的素材、视频滤镜、效果或标题。

5—导览面板：可用于预览和编辑项目中使用的素材，用导览控件可以浏览所选的素材或项目，用修整栏和飞梭栏可以编辑素材。

6—素材库：保存和管理所有的媒体素材。
7—时间轴：显示项目中包含的所有素材、标题和效果。

2. 导览面板各按钮的作用

导览面板如图4-2所示。

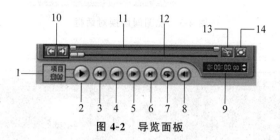

图4-2　导览面板

各按钮说明如下。

1—播放模式：选择预览整个项目还是仅预览所选的素材。
2—播放：播放、暂停或继续当前的项目或所选的素材。
3—起始：返回到起始帧。
4—上一帧：将所选素材前移一帧。
5—下一帧：将所选素材后移一帧。
6—终止：移到终止帧。
7—重复：循环回放。
8—系统音量：单击并拖动此滑动条，可以调整计算机扬声器的音量。
9—时间轴：允许用户通过指定确切的时间码，直接跳到项目或选定素材的特定位置。
10—开始标记/结束标记：用这些按钮可以在项目中设置预览范围，或标记要修整素材的起始点和终止点。
11—修整栏：允许用户在项目中设置预览范围或修整素材。
12—飞梭栏：允许用户在项目或素材上拖曳。
13—分割视频：将所选的素材修剪成两半。将飞梭栏放到前一半的终止和后一半的起始处，然后单击此按钮即可。
14—扩大预览窗口：单击，可以放大预览窗口。在放大预览窗口后，用户仅可以预览素材，不能编辑。

3. 项目时间轴

位于"会声会影编辑器"窗口下半部分的项目时间轴是编辑影片项目的地方。有三种类型的视图可用于显示项目时间轴：故事板、时间轴和音频视图。单击项目时间轴左边的相应按钮，可以在不同的视图间切换，如图4-3所示。

（1）故事板视图是将视频添加到影片的最快捷方法。故事板中的每个略图代表影片中的一个事件，事件可以是素材或转场。略图可以按时间顺序显示事件的一些画面。每个素材的区间显示在每个略图的底部，如图4-4所示。

（2）时间轴视图可以最清楚地显示影片项目中的元素。它根据视频、覆叠、标题、声

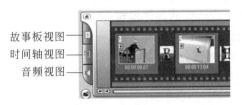

图 4-3　视图间切换对话框

图 4-4　故事板视图

音和音乐将项目分割成不同的轨。时间轴视图允许用户对素材执行精确到帧的编辑。时间轴视图如图 4-5 所示。

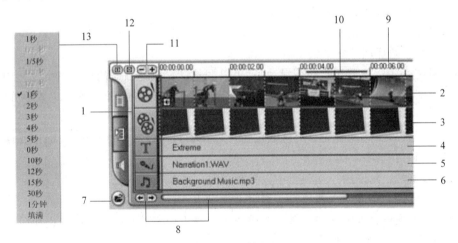

图 4-5　时间轴视图

各按钮说明如下。

1—轨按钮：单击相应的按钮，可以在不同的轨之间进行切换。

2—视频轨：包含视频/图像/色彩素材和转场。

3—覆叠轨：包含覆叠素材，它们可以是视频、图像或色彩素材。

4—标题轨：包含标题素材。

5—声音轨：包含声音素材。

6—音乐轨：包含从音频 CD 录制或"自动音乐"素材库中获取的音乐素材。

7—插入媒体文件：显示一个菜单，允许用户直接将视频、音频或图像素材放到项目中。

8—项目滚动控件：用左右按钮或拖动滚动条，可以在项目中左右移动。

9—时间轴标尺：以"时：分：秒：帧"的形式显示项目时间码的增量，可以帮助用户决定素材和项目的长度。

10—所选范围：此色彩栏代表素材或项目被修整或选中的部分。

11—缩放控件：增加或减少显示在时间轴中的帧数量。

12—将项目调到时间轴窗口大小：将整个项目调整到时间轴窗口的大小。

13—缩放到：允许用户修改时间轴标尺中时间码的增量。

（3）音频视图允许用户可视化地调整视频、声音和音乐素材的音量，如图4-6所示。

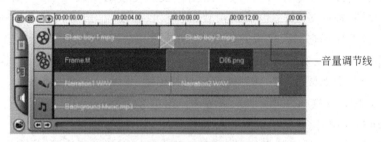

图4-6 音频视图

（二）Ulead VideoStudio 的视频编辑工作流程

Ulead VideoStudio 的视频编辑工作流程分为以下7个步骤。

（1）捕获：可以直接将视频录制到计算机的硬盘上。

（2）编辑：在此可以整理、编辑和修整视频素材，还可以将视频滤镜应用到视频素材上。

（3）效果：可以在项目的视频素材之间添加转场。

（4）覆叠：在一个素材上叠加另一个素材，创建画中画效果。

（5）标题：可以创建动态的文字标题或从素材库的各种预设值中选择。

（6）音频：可以从一个或多个连接在计算机上的CD-ROM驱动器中选择和录制音乐文件。在此步骤中，你还可以为视频配音。

（7）分享：创建用于在网络上分享的视频文件或将影片输出到磁带、DVD或CD上。

（三）新建或打开项目

1. 新建项目

（1）启动Ulead VideoStudio后，系统自动新建一个项目文件。

（2）为项目文件选择一个合适的模板。在视频素材采集和编辑中必须先设定好模板，这样在采集和编辑视频文件时，系统才会按照用户的设定进行编辑。否则，将按照系统默认的方式进行操作，这样会影响视频文件的采集，使输出的格式无法采集、编辑和输出。选择菜单栏中的"文件"→"项目属性"命令，在打开的窗口中单击"编辑"按钮，进入项目选项窗口，在"压缩"选项中的媒体类型中设定一种模式，则其他的选项均按这个模式进行设定。

（3）单击"确定"按钮即可。

2. 打开项目

（1）选择菜单栏中的"文件"→"打开项目"命令，会弹出"打开"对话框。

（2）在对话框中，选择一个已有的 VSP 格式文件，单击"打开"按钮，即可将其调入。

（四）添加和编辑素材

添加和编辑素材主要是指向项目添加各种视频、图像和色彩素材及滤镜效果，调整素材播放顺序，修整视频素材等。

前文介绍了三种视图模式，其中"故事板视图模式"和"时间轴视图模式"在编辑素材过程中的作用各不相同。"故事板视图模式"是添加影片的最快和最简单的方式，其中包含许多略图，它们按时间顺序排列，每个略图代表影片中的一段视频、一幅图像、一个转场效果等。"时间轴视图模式"包括视频轨、覆叠轨、标题轨、声音轨和音乐轨，单击相应的轨按钮，即可切换到它们所代表的轨道，以便选择和编辑相应的素材。

通常，用户先在"故事板视图模式"中排好场景，再切换到"时间轴视图模式"进行效果微调，并针对个别素材进行精确到帧的修整和编辑。

1. 添加素材和滤镜

（1）切换到"故事板视图模式"后，视频素材库处于打开状态。

（2）添加素材库中的视频素材，先单击视频素材库中的视频略图，使其显示在预览窗口中，并单击"播放"按钮，预览视频内容。

（3）若对所预览的视频素材满意，则在该视频素材缩略图上按住鼠标左键，将其拖放到故事板中，释放鼠标后，该视频素材被自动插入第 1 个略图位置，并显示第一帧画面，如图 4-7 所示。

图 4-7　插入视频素材

（4）如果需要添加素材库的图像素材，先单击素材库右上角处的"文件夹"按钮，在弹出的下拉菜单中选择"图像"选项，切换到图像素材库中。然后，从中选择图像素材拖放到故事板中，如图 4-8 所示。

（5）如果需要添加素材库的色彩素材，先单击素材库右上角处的"文件夹"按钮，在

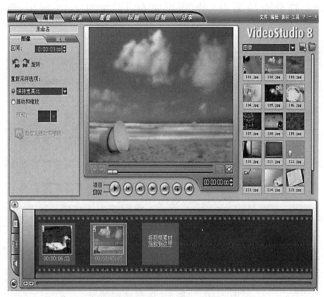

图 4-8　插入图像素材

弹出的下拉菜单中选择"色彩"选项,切换到色彩素材库中。然后,从中选择色彩素材拖放到故事板中,如图 4-9 所示。

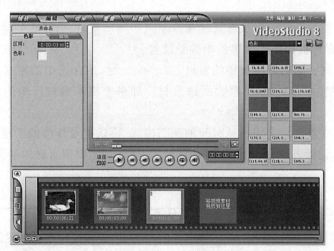

图 4-9　插入色彩素材

（6）如果需要把添加素材库外的素材加入素材库,先单击素材库右上角处的"加载视频"或"加载图像"或"加载色彩"按钮,在弹出的窗口中选择需要打开的文件即可;如果需要把素材库外的素材直接加载到时间线上,而不加入素材库中,则单击"故事板"左下角的"将媒体文件插入时间轴"按钮,从弹出的菜单中选择"插入视频"或"插入图像"选项,然后在弹出的对话框中选择所需要的素材导入即可。

（7）如果需要给故事板中的素材添加滤镜效果,则单击素材库右上角处的"文件夹"按钮,在弹出的下拉菜单中选择"视频滤镜"选项,切换到视频滤镜效果库中。然后,从中选择一种滤镜效果拖放到故事板中的指定素材上，如图 4-10 所示，则滤镜效果被应用到指定素材上。

图 4-10 "气泡"视频滤镜效果

（8）使用同样的方法可以向故事板中多次添加其他素材。在每次插入素材时，视频轨中将有一条竖线表示当前素材的插入位置。

2．编辑素材

（1）改变素材的顺序。用鼠标直接在故事板中拖动素材，当竖线到达指定位置时，释放鼠标左键，则素材被调整到故事板中的新位置。

（2）删除素材。单击故事板中的素材，按 Delete 键，或在选中的素材上右击，在弹出的菜单中选择"删除"选项，即可删除所选素材。如果要删除素材库中的素材，也使用同样的方法。

（3）快速修改素材。先切换到时间轴视图模式，再选中要修改的素材，用鼠标拖动素材两端的黄色标记即可改变素材长度，如图 4-11 所示。但视频素材的最大长度不能超过源文件的长度。

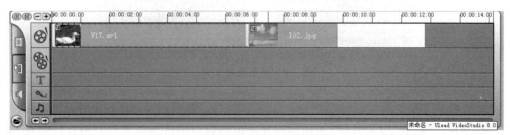

图 4-11 在时间轴模式下修改素材

（4）精确修改素材片段的播放时间。在故事板中选中所要修改的素材，用选项面板中的视频、图像和色彩区间 修改素材。在时间格上直接输入数值即可。

(5) 利用修整栏修整视频素材。在故事板中选中所要修改的素材,然后用鼠标向右拖动修整栏左侧滑块▢,调整素材片段的开始位置,再用鼠标向左拖动修整栏右侧滑块▢,调整素材片段的结束位置。在拖动过程中可以在预览窗口预览当前位置的视频效果,因此可以精确确定素材片段的起始位置和结束位置。

(6) 利用预览栏修整视频素材。在故事板中选中所要修改的素材,单击预览栏下方的"播放"按钮▢播放素材,当到达需要设定的起始位置时,单击"停止"按钮▢。也可以根据需要适当单击"上一帧"按钮▢、"下一帧"按钮▢精确调整素材片段的开始位置,然后单击预览栏左侧的"开始标记"按钮▢,则当前位置被定为开始标记点。再单击"播放"按钮继续播放,到需要设置结束位置时,单击"停止"按钮,然后单击预览栏左侧的"结束标记"按钮▢。

(7) 将视频素材分割成多个文件。在故事板中选中所要修改的素材,拖动飞梭栏内的"飞梭"▢到需要分割的位置,单击修整栏右侧的"分割视频"按钮▢,则所选素材在"飞梭"停止的位置被分为两段。如果要场景分割,可直接单击选项面板中的"按场景分割"按钮▢,则系统自动按场景分割选定的素材。

(8) 设置视频素材的音量和音效。选中视频素材,单击选项面板上的"音量控制"下拉列表框▢右侧的三角按钮,从中选取一个百分比值,可以设置调整后的音量。单击"淡入"按钮▢、"淡出"按钮▢可以设置声音的淡入/淡出效果。

(五) 设置和应用转场效果

转场效果就是在影片素材添加完成后,在各素材之间添加转换效果,使场景在切换时显得不是很生硬。Ulead VideoStudio 提供了 13 类共 110 多种转场效果。下面以"擦拭分类中的方块过渡效果"为例说明设置和应用转场效果的步骤。

(1) 单击效果步骤后,单击效果库右上角处的"文件夹"按钮▢,在弹出的下拉菜单中选取"擦拭"类效果,效果库中将演示不同的动态效果,如图 4-12 所示。

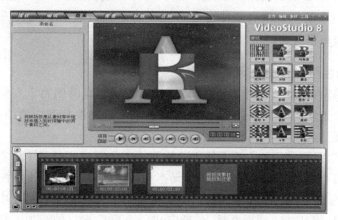

图 4-12 "方块转场效果"工作界面

(2) 单击效果库中的"方块"转场效果,单击预览栏下方的"播放"按钮▢可预览选择的转场效果。确定所要选择的转场效果用鼠标拖动到故事板中两个素材中间位置释放鼠标，单击"播放"按钮可预览选择的转场效果，如图 4-13 所示。

图 4-13 "方块转场效果"预览转场效果

（3）每一个转场效果都可以在左侧选项面板中设置一些选项，使其效果更加形象、生动。"方块转场效果"选项面板如图 4-14 所示。

① 区间 [0:00:01:00]：转场效果所持续的时间，默认持续时间为 1 秒钟。可以直接输入时间或用右侧按钮进行微调选择持续时间。

② 边框 [0]：转场边缘的线宽，默认为 0，可以直接输入线宽值或用右侧按钮进行微调选择线宽。

图 4-14 "方块转场效果"选项面板

③ 色彩：转场边缘线的颜色。单击色彩按钮从打开的色彩选择器中选择一种色彩。

④ 柔化边缘：可选择转场边缘的柔化程度，有四种柔化程度，可通过单击柔化程度按钮改变转场边缘的柔化程度。

⑤ 方向：这个转场效果有两种变化方式，一种是由内向外展开；另一种是由外向内收缩。直接单击按钮即可。

（六）叠加视频和图像素材

在视频的编辑过程中，有时需要两个素材透明组合，有时则要求在同一个窗口中显示一大一小两个不同的画面内容，即"画中画"效果。通过视频和图像的叠加，可以轻松地实现这些功能。

所谓"覆叠"，是指将添加在覆叠轨上的视频或图像素材与项目中已有的其他素材进行叠加组合。覆叠轨上的素材可以设置为动态和透明效果，也可以使用视频滤镜。

（1）单击"覆叠"步骤，工作界面右侧的素材库再次打开。从素材库中选择要添加的视频或图像素材，将其拖动到覆叠轨上，即完成一个覆叠素材的添加。具体的操作和编辑方法与在故事板中的方法相同，这里不再赘述。

（2）添加素材并编辑结束后，在选项面板中选择"动画和滤镜"选项，如图 4-15 所示。在选项面板中，可以在"方向/样式"选项中选择覆叠素材运动方向；在"透明度"选项中设置覆叠素材的透明度值,数值越大透明度越高;在"边框"选项中可以为覆叠素材设置一个色彩边框,在此可以设置框的线宽和色彩;滤镜的添加和设置与在故事板中使用滤镜的方法相同;覆叠素材的窗口大小可在预览窗口中直接调节,如图 4-16 所示。

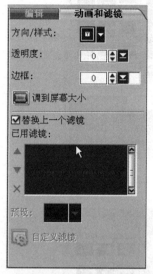

图 4-15　覆叠面板中"动画和滤镜"选项　　图 4-16　调整覆叠素材的窗口大小

(3) 单击"播放"按钮,可以预览效果。使用同样的方法,可以在覆叠轨上添加其他的视频和图像素材。

(七) 添加标题和字幕

"标题"主要用于为视频编辑添加标题文字和字幕,也可以设置文字的运动效果。用户可以用 Ulead VideoStudio 提供的若干种预设标题和自行创建新标题两种方法来建立标题或字幕。

1. 创建和添加标题

(1) 修改预设标题。

① 在素材库中选中一个标题模板,其效果既显示在预览窗口中,也将在选项面板上显示其相关的参数设置,如图 4-17 所示。

② 单击预览窗口下方的"播放"按钮,观看效果。如果合适,可以把选中的标题直接拖动到标题轨上,效果如图 4-18 所示。

③ 如需对预设标题进行修改,可以在预览窗口内单击预设标题文字,进入编辑状态,分别修改标题的内容,设置字体、字号、样式、行距、标题长度等,满意后,效果自动应用,如图 4-19 所示。

(2) 创建新标题。

① 单击"标题"步骤后,在预览窗口中双击,在预览窗口中将显示一个文本输入框,在光标闪烁的位置输入标题文字,如果输入多行文字,可以按 Enter 键换行,这时在选项面板中所使用的是"单个标题"选项,如图 4-20 所示。

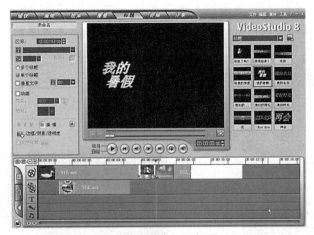

图 4-17 选中预设标题

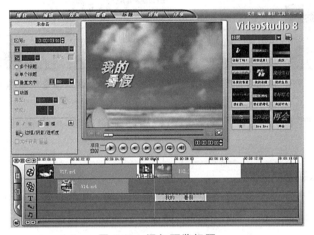

图 4-18 添加预览标题

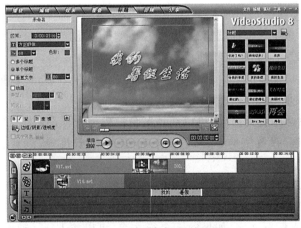

图 4-19 编辑修改后的标题

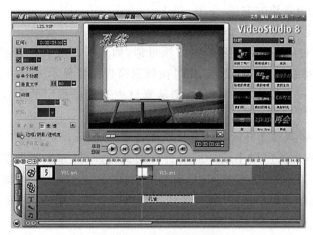

图 4-20　创建单个新标题

② 拖动鼠标选中文字,在选项面板中设置字体为华文行楷、字号为 100、样式为加粗和倾斜、颜色为蓝色,单击"边框/阴影/透明度"按钮,从对话框中设置白色边框,宽度为 3,设置完成后,新标题就自动添加在标题轨上了。

③ 在选项面板中的"动画"前单击鼠标,则在"动画"前出现一个"√",表示要对选中的标题设置动画。设置动画的类型,单击 按钮,从弹出的菜单中选择"飞行"选项,单击自定义动画属性按钮 ,打开"飞行动画"对话框,设置进入位置为 ,表示从左侧飞入,离开位置为 ,表示终止位置在窗口中间,其他为默认,则标题文字从屏幕左边水平飞入,到屏幕上原静止时设定的位置后停止。

④ 适当拖动标题两端的黄色标记,设置其播放长度。

⑤ 设置完成后,单击"播放"按钮,可以观看标题动画应用到影片中的实际效果。

⑥ 如果在选项面板中选择了"多个标题"选项,则添加标题的方法略有不同,在预览窗口中的任意位置双击,在此位置上就建立一个文本框,用户可以用上面介绍的方法对该文本框内的标题进行各种设置;在预览窗口中另一个位置双击会建立另一个文本框,用户同样可以输入文字,但其设置可以与上一个文本的设置相同或不同,两个文本的设置相对独立。这样就可以建立多个文本同时运动但运动方式不同的字幕效果。

2. 调整标题的长度和位置

(1) 标题播放时间的调整。在标题轨上单击需要调整的标题,然后调整选项面板中的"标题区间" 的数值,即可修改所选标题的播放时间,或适当拖动标题两端的黄色标记,设置其播放长度。

(2) 调整标题的位置。在标题轨上拖动鼠标左右移动标题位置,可调整标题播放时刻。

(八) 添加声音和音乐

Ulead VideoStudio 提供了添加旁白、在声音轨上可以添加即时录制的声音文件、将声音素材从素材库中拖动到声音轨上的功能。声音的录制和编辑方法均可在声音编辑软件中进行,只要将其编辑结果添加到 Ulead VideoStudio 声音轨上即可。下面只介绍把声音文件添加到声音轨的方法。

（1）单击"音频"步骤后,工作界面右侧的音频素材库将自动打开。

（2）与前面讲过的添加视频素材的方法近似,如果需要从素材库添加声音和音乐素材,先单击素材库要添加的音频略图,此时在预览窗口中将显示一个声音图标。单击"播放"按钮,可以试听声音效果,如果满意,则从素材库中拖动选定的声音素材到声音轨或音乐轨上即可。

（3）如果需要将素材库外的声音素材添加进素材库,先单击素材库右上角处的"加载音频"按钮，在弹出的窗口中选择需要打开的文件即可；如果要把素材库外的素材直接加载到时间线上,而不加入素材库中,则单击"故事板"左下角的"将媒体文件插入时间轴"按钮，从弹出的菜单中选择"插入音频"到"声音轨或音乐轨"选项,然后在弹出的对话框中选择所需要的素材导入即可。

（4）调整音频素材的播放时间。单击选中音频素材,适当拖动其两端的黄色标记,设置其播放长度；在选项面板中直接更改"音频区间"时间格上的数值,从而改变素材的长度；利用修整栏调整,与前面编辑视频素材的方法相同,单击"播放"按钮,在起始位置设置开始标记,在终止位置设置结束标记,即可完成声音素材长度的修整。

（九）渲染和输出影片

将用户的项目渲染为视频文件格式,可满足用户的其他用途。然后,将渲染好的文件导出为网页、多媒体贺卡或通过电子邮件发送给亲朋好友。所有此类操作均可在"会声会影"的"分享"步骤中完成。下面只介绍将项目文件渲染成视频文件的方法。

图 4-21 分享步骤选项面板

（1）单击"分享"步骤后,打开分享步骤选项面板,如图 4-21 所示。

① 创建视频文件。用项目创建视频文件。

② 创建光盘。打开 DVD 制作向导,让用户可以将项目刻录成 DVD、SVCD 或 VCD 格式。

③ 项目回放。清除屏幕内容并在黑色的背景上显示整个项目或所选取的片段。如果你的系统连接了 VGA 到电视的转换器或录像机,还可以将项目输出到磁带上。用户还可以在录制时手动控制输出设备。

④ 导出。为用户提供了多种导出和分享视频文件的方法。视频文件可以导出到网页、转换为可运行的贺卡,以及通过电子邮件发送。项目还可以导出到 Ulead DVD-VR 向导,刻录成 DVD-RAM。用户还可以直接将项目文件导出到 DV 摄像机,将它录制到 DV 磁带上。用户只有在创建了视频文件之后,才可以导出项目。

⑤ 创建声音文件。允许用户将项目中的音频片段保存为声音文件。

（2）单击"创建视频文件"选项,打开影片模板的选择菜单,如图 4-22 所示。

图 4-22 影片模板的选择菜单

(3) 用户可以根据自己的需要选择模板,如果在项目文件建立时已经设置了项目的属性,则直接选择"与项目设置相同"选项,也可以在下面八个选项中选择一个或选择自定义模板。此时打开一个"创建视频文件"对话框,如图 4-23 所示。

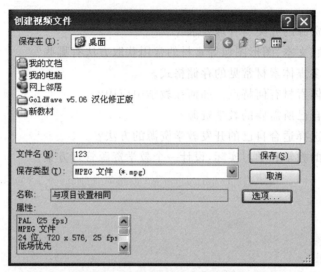

图 4-23 "创建视频文件"对话框(1)

(4) 如果选择的是自定义模板,则此时打开一个"创建视频文件"对话框,如图 4-24 所示。从中选择一种文件格式,输入一个文件名,单击"保存"按钮即可。

图 4-24 "创建视频文件"对话框(2)

(5) 渲染后的影片将在预览窗口内自动播放。

复习思考题

1. 简述教学资源的分类与管理要求。
2. 音频、视频、文本、图形图像等素材的常用获取方法有哪些?
3. 列举各种多媒体素材常见的存储格式。
4. 各种多媒体素材有何特点?如何在教学中应用?
5. 怎么积累自己所需要的教学资源?
6. 应该怎么选择适合自己的开发教学资源的方法?
7. 针对自己的教学和学习实际,设计一个教学资源管理方案。

第五章 多媒体课件的开发

 学习目标

通过本章的学习,你应能够:
(1) 了解计算机辅助教学的基本概念及其特点。
(2) 掌握多媒体课件的概念、种类及结构。
(3) 掌握多媒体课件的制作步骤及开发方法。
(4) 了解多媒体创作工具的分类及特点。
(5) 熟练使用 PowerPoint 软件制作多媒体课件。
(6) 了解微课的概念、特点、作用,制作微课。

计算机在教学中的应用首先是计算机辅助教育(computer based education,CBE),它是教育学与计算机科学相结合的产物,属教育技术学范畴,是建立在众多近现代科学及计算机基础上的一种新的现代化教育手段。计算机辅助教育主要由计算机辅助教学(computer assisted instruction,CAI)和计算机管理教学(computer management instruction,CMI)构成,它既可应用于优化教育与教学过程,又可应用于改进教育与教学管理。CAI 在 CBE 中占有较大比例,本章侧重介绍 CAI 教学中的课件的开发。

第一节 多媒体课件概述

一、计算机辅助教学系统

(一) 计算机辅助教学系统的构成

CAI 系统由教师、计算机、学生构成,如图 5-1 所示。

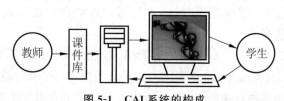

图 5-1 CAI 系统的构成

（1）教师。教师应根据教学目标选择教学程序或教学模式，规定计算机呈现的教学内容，提出问题并确定反馈内容。

（2）计算机。计算机应自动显示教学内容，向学生提出有关问题，接收学生的反应信息并对其作出评价、判断与决策，以给出相应的反馈信息。

（3）学生。学生随着计算机程序的运行逐步地学习。学生对计算机提出的问题要积极应答并接收反馈信息，以获取新的知识。

（二）计算机辅助教学的计算机系统

CAI的计算机系统分为硬件、软件和课件，如图5-2所示。下面详细介绍硬件和软件。

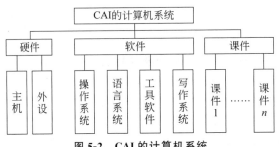

图 5-2　CAI 的计算机系统

1. 硬件

CAI的计算机系统的硬件由主机和外设构成。如一台计算机和一套外设连成一体供单个学生使用，属于个别化教学配置；如一台计算机与若干套外设相连，构成较大的系统，则属于CAI网络系统。

（1）系统的硬件配置。计算机辅助教学系统的硬件配置应能满足课堂教学的基本要求。

① 主机。主机是计算机的核心部分，包括CPU、内存、主板、显示卡、音频卡、硬盘、软驱、光驱等。

② 输入设备。输入设备主要有键盘、鼠标器、触摸屏等。考虑课件制作的需求，还应有传声器进行音频输入，彩色扫描仪进行图形和图像输入，图像的采集输入可使用数码相机，视频输入则采用视频采集压缩卡加上摄像机、录像机或影碟机等。

③ 输出设备。常用的输出设备有显示器、扬声器或立体声耳机等。考虑课件制作的需求，还需要彩色喷墨打印机及CD-R或CD-RW光盘刻录机，后者更佳。

（2）多媒体。所谓媒体（medium），通常有两重含义：一重是指存储信息的实体，如纸张、磁带、磁盘、光盘等，也称媒质；另一重是指信息的存在及其表现形式，如文字、图形、图像、声音等，也称媒介。

这里所说的"多媒体"（multimedia）是指信息媒体形式组合的形态及与之相关的一整套技术。也就是说，多媒体是文字（text）、图形（graphics）、图像（image）、动画（animation）、音频（audio）、视频（video）等多种媒体形式的组合及以计算机为中心的处理多种媒体信息的综合技术。

由于多媒体是由计算机技术、网络通信技术、信息处理技术、电视电声技术、光盘制造技术等融合与集成的综合技术，因而多媒体计算机兼备了以往计算机的综合交互能力、视听产品的视音频传播能力及出版机构的印刷出版能力。在信息处理方面，多媒体计算机主要有以下性能。

① 图形图像处理能力。多媒体计算机具有较强的图形图像处理能力。在多媒体计算机上，既可以创建和编辑形象直观的图形，也可以对色彩绚丽、生动逼真的各种格式的图像文件进行处理。如果配置图像采集卡，还可以采集并处理来自摄像机等视频设备的图像信号（视频静帧画面）。由于图像的信息量较大，一般都采用压缩技术。

② 音频信号处理能力。多媒体计算机具有较强的波形声音、语音、音乐等音频信号处理能力。借助多媒体计算机中的音频卡（声卡），既可以录制、处理和重放声波信号，也可以用 MIDI 技术合成音乐，甚至还能进行语音识别。音频信号的信息量也很大，一般也要进行压缩处理。

③ 视频信号处理能力。多媒体计算机具有较强的视频信号处理能力。视频信号的信息非常大，为解决大量存储和实时传输视频信号的问题，通常需要对其进行压缩和解压缩处理。视频压缩目前需通过压缩卡来完成，而视频解压缩采用解压缩软件即可完成。

多媒体的关键特征主要有信息载体的多样性、交互性、实时性和数字化。

2. 软件

CAI 的计算机系统的软件分为系统软件和应用软件两大类。系统软件主要有操作系统和语言处理系统，而常用的应用软件有各种工具软件和课件写作系统等。

CAI 的计算机系统的软件按照其使用功能可以分成不同层次和类别。一个 CAI 系统中涉及的软件大体可分为驱动软件、操作系统软件、语言处理软件、多媒体工具软件和多媒体写作软件等。

(1) 驱动软件。多媒体软件中直接和硬件打交道的软件称为驱动软件。这类软件用于完成设备的初始化及各种设备的功能操作等，一般由硬件厂商提供。

(2) 操作系统软件。操作系统软件属多媒体软件的核心部分。操作系统负责多媒体环境下的多任务调度，提供多媒体信息的各种基本操作和管理。目前，在 MPC 上配置的操作系统有 Microsoft 公司的 Windows 系列或 Turbo 公司的 Linux 等。

(3) 语言处理软件。一般来说，多媒体应用系统的最终实现要用计算机程序设计语言，如 Microsoft 公司的 Visual Basic 或 Borland 等公司的 Visual C++ 来完成。采用程序语言设计方法一般需要有较高的程序设计水平，其优点是具有较大的灵活性，其缺点是难度大、速度慢、效率低。

(4) 多媒体工具软件。多媒体工具软件用于多种媒体数据的采集和处理，如声音采集与编辑软件、图形制作软件、图像扫描及处理软件、视频采集与编辑软件、动画生成编辑软件等。从软件层次上看，这一类软件也可以看作多媒体写作软件中的工具类部分。

(5) 多媒体写作软件。多媒体写作软件是创作多媒体课件的至关重要的软件。创作人员使用这类软件可以组织编排多媒体数据，并把它们连接成完整的多媒体课件等。这类软件按组织媒体信息的方式不同，主要可分为三种类型：基于脚本（Script-Based）的创作软件、基于流程(Flow-Based)的创作软件和基于时序(Time Line-Based)的创作软件。

二、多媒体课件

（一）多媒体课件的基本概念

多媒体课件是一种在一定的理论指导下，根据教学目标设计的，表现特定教学内容、反映一定教学策略的计算机教学软件。它可以用于帮助教师存储、传递和处理多媒体教学信息，提高教学的质量和效率，也可以用于帮助学生进行交互操作、开展自主学习和评价，提升学习者的参与度和学习能力。

在多媒体教学中，通常将用于执行教学任务的多媒体软件称为多媒体课件(multimedia courseware)，简称课件。

超文本(hypertext)和超媒体(hypermedia)是多媒体课件中两个十分重要的概念。

所谓超文本，就是一种用计算机来实现连接课件中相关页面的结构。这里的文本指的是文字信息，在一个课件页面中，把某些文本通过链接引向其他页面，该文本则以醒目的形式显示，读者在浏览页面时可以通过该链接交叉引用其他的相应页面。此外，在被链接的页面中又可以通过这种方式链接别的页面。

在超文本结构中，除文字链接外，还可以对图像、视频、声音等多媒体信息进行链接，从而出现了超媒体的概念。换言之，超文本＋多媒体＝超媒体。

随着网络应用的普及，人们在网上使用视频点播(VOD)方式播放多媒体课件或电影时，会涉及流媒体的概念。一般来说，流媒体是指一类采用流式传输方式在网络上播放的媒体格式，如音频、视频或其他多媒体文件。流媒体在播放前并不下载整个文件，只将开始部分的数据存入用户计算机，在内存中对数据进行缓存并输出。流媒体的数据流随时传送随时播放，只是在开始时有些延迟。

实现流媒体的关键技术是流式传输，它将整个音频、视频等多媒体文件经过特定方式压缩成一个个压缩包，由后台的视频服务器向用户计算机顺序传送。与传统的下载方式相比，这种边下载边播放的流式传输方式可以极大地减少用户的等待时间。

（二）多媒体课件的特点

概括来说，多媒体课件一般应具备下述三个特点。

1. 教学性

多媒体课件区别于一般计算机软件的特殊之处在于它的教学性，即具有特定的教学内容、教学目标和教学对象。在编制过程中，要针对不同的教学内容、教学目标和教学对象进行设计，同时必须符合特定的学科教学规律和学生认知规律。

2. 多媒体性

相对于文字教材，多媒体课件的主要优势是能将文本、图形、图像、动画、声音、视频等多种媒体信息集成在一起，增强了教学信息的表达力和感染力，使学生能更积极主动地投入学习中，取得更好的学习效果。

3. 交互性

多媒体课件与一般的电视、电影等单向信息传播手段的主要区别在于其交互性，使用者可以与课件进行信息的交互。在编制过程中,要注意人机交互界面的友好性和易学易用性。友好性是要求课件让人看起来很舒服,有整体上的一致感。对于有同样功能的操作对象,在形象和格式上要力求一致。易学易用性是指课件的各种操作要直观、简单,使学习者很容易学会使用它。无论你采用的技术多先进,设计的功能多复杂,如果用户对它望而生畏,这个课件就没有生命力。

(三) 多媒体课件的种类

多媒体课件的种类主要有以下几种。

1. 授课辅导型

授课辅导型课件根据教学大纲的要求,按照教材的顺序编制。课件采用多种表现手法,帮助学生提出重点、剖析难点、建构新概念、掌握新知识,解决学习中可能遇到的问题。

2. 自学复习型

自学复习型课件总结、剖析和展示知识的层次结构与主要内容,分析典型习题,帮助学生进一步掌握所学内容,巩固知识,提高能力。如学生遇到某个未掌握的问题,可通过交互方式进行有针对性的个别指导。

3. 知识测验型

知识测验型课件的关键是建立满足考试信度、效度等指标的试题库并具有智能题库试卷生成功能。这样,计算机便可充当考核官,完成出题、评判、评分、统计等工作。

4. 模拟实验型

模拟实验型课件利用多媒体计算机系统来模拟一些物理、化学现象等,模拟构建实验环境,用于代替或加强传统实验手段(即"干实验"),让学生进行观察、分析、研究、判断及模拟操作,从而达到实验目的。

5. 趣味游戏型

趣味游戏型课件用于教学,能产生一种强烈的竞争性的学习环境,融科学性、趣味性、教育性为一体,大幅激发学生的学习兴趣,达到"寓教于乐"的效果。此类型课件可用于锻炼学生的反应速度、决策能力等,比较适合于中小学教育,如猜数游戏、填字游戏、算术游戏、知识竞赛等。

(四) 多媒体课件的结构形式

1. 帧型

帧是指一个个教学单元,包括文字、图形、图像、声音等教学信息、学生回答信息及诊断处理信息等。

帧型课件把一系列由提问、回答、诊断处理信息所构成的帧组织起来,由程序加以控制。帧型课件的设计理念主要由斯金纳的程序教学思想发展而来,各教学单元之间的控制转移按教学设计预先安排,学习内容及顺序基本上不因学生的情况不同而变化。帧型课件结构的特点是结构清晰,分支、转移等控制易于实现,但内容要事先输入,不但占用较大的内存,而且帧的顺序要预先安排,使用时缺乏灵活性。此类结构适合于循序渐进地讲授教学内容。

2. 生成型

生成型课件不需要把教学信息都制作成帧,教学单元之间的转移可由算法形成,因此比帧型课件节省设计和制作时间,也节省内存,并且具有一定的灵活性。这类课件的程序设计难度较大,而且适用的学科较少,一般只适用于具有良好知识结构的抽象学科。

3. 数据型

数据型课件的特点是容易做到数据与控制分离,咨询类课件通常属于这种类型。一般来说,咨询类课件的核心是一个数据库系统,所有的教学资源都存储在数据库中。当学生使用咨询类课件学习时,实际上就是查询检索数据库从而获取需要的学习资料的过程。数据库的容量应该足够大,其中的教学内容应该足够丰富,以满足学生的查询需求。

4. 智能型

智能型课件是一种基于知识的教育专家系统,它利用人工智能技术实现 CAI 的功能,如图 5-3 所示。

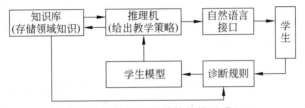

图 5-3 智能型课件的结构形式

智能型课件除具备一般 CAI 的特点外,还应具备自然语言理解能力,能识别不同的学生模型,提供相应的教学环境,具有对学生错误的表征性和机理性的诊断功能,并能给出诊断后相应的教学策略。它应能理解教材,合理组织教材,组织方式便于进行推理,系统应由知识库(存储领域知识)、推理机(给出教学策略)、学生模型、教学模块及具有自然语言理解能力的交互界面构成。

第二节 多媒体课件的设计与制作步骤

一、多媒体课件设计的基本原则

多媒体课件是一种教学系统,与其他教学系统一样,课件的基本功能是使学习者实现有效的学习。设计得好的课件,可以激发学习者的学习兴趣,在最短的时间内获得最好的学习效果。设计得不好的课件会直接影响学习效果。因此,课件的设计与开发应遵循以下基本的原则。

(一)教育性原则

设计制作多媒体辅助教学课件必须以教学标准为依据,并根据教学目的与要求,发挥多媒体图文并茂、形声并举的优势来表达教学内容,最后用多媒体计算机实现交互性的运行来实施教学。多媒体课件应能对学生获取知识、发展能力、培养品德和促进健康起到良好的教育作用,益于学生的个性发展。为体现教学规律,应注意以下几个方面的问题。

(1) 教学目的要明确。既然多媒体课件是依照教学标准编制的,就应该首先明确教学目的,针对性要强;需根据一定的教学目的和特定的教学对象设置合理的教学目标,选择适合的教学内容。

(2) 重点、难点要突出。必须根据教学标准的要求,围绕教学中的重点、难点或关键性的问题来设题立意,发挥多媒体课件交互性强、有利于个性化教学、能提供丰富的教学方式、启发学生的思维、科学性强的优势,将复杂的问题或难点问题以尽量直观的方式表现出来,增加学习者的感性认知。

(3) 教学形式要灵活。多媒体辅助教学具有传统教学方式所无法比拟的优势,其课件设计要灵活多样,要用图、文、声、像交替地表现教学内容,突出教学内容的主体。

(4) 教学对象要有针对性。多媒体课件是为特定的教学对象设计制作的,其内容的选择、难易度的确定要有明确的针对性;应符合教学原则和学生的认知规律;应在学生现有的知识水平上确定信息内容和信息容量。

(二) 科学性原则

教学过程既是向学生传授科学知识,更应注重培养学生的科学方法。而传授科学知识的每一个过程,也无时不体现出科学方法的重要性。在多媒体课件的设计中,应根据不同学科的具体情况,准确地阐述科学知识,并将科学方法渗透始终。

(1) 知识的科学性。知识的科学性要求课件设计要做到体系严谨,把教学内容的概念、原理及应用等按其逻辑顺序进行合理编排;内容规范,概念、原理、定律要表达准确,阐释、引申正确无误;形式新颖,不落俗套;通俗简明,语言、文字应通俗易懂,内容寓意要简明扼要。

(2) 方法的科学性。在多媒体课件的设计中,要充分运用比较与分类的方法、归纳与演绎的方法、分析与综合的方法、演示与实验的方法及模拟与仿真的方法。

(3) 选取的材料、资料具有典型性和代表性,且要真实、具体。

(4) 图形、图像、动画、特技的设计要符合客观实际、规范化、标准化,符合科学原理。

(5) 各种技巧、技能的演示必须准确无误、真实、自然。

(6) 色彩、视觉效果和造型能如实、客观地反映科学知识和自然规律。

(三) 系统性原则

课件成功与否的决定因素是它的设计思想和质量。设计思想不仅要考虑学习者的心理特征、教学的组织形式和方式,还要考虑开发课件软件的工程思想和手段管理等方面。这些方面不是孤立存在的,而是一个不可分割的整体和系统。

系统性原则要求课件的设计、开发、使用、管理和评价是一个整体,能从整体上把握和平衡课件的各个方面,使其思想和质量能很好地交融在一起。

(四) 启发性原则

多媒体课件的设计要注意以启发式的教学原则为指导,提高课件的应用价值,使其能从各个方面、各个角度启发学生的智慧和想象力,打开思维空间。为此,应注意以下几种启发方式。

(1) 兴趣启发。从学习者的学习特征出发,采取不同的内容表现形式,激发学习者的学习兴趣和求知欲,使他们的注意力能长久地进入教学过程中。

(2) 比喻启发。在课件中尽可能运用视听、视觉等教学手段表现教学内容的直观形象性,使学生能从中获得较多的感性认知,从而使学生能更好地理解和分析学习内容,促进学习者有效地学习。

(3) 设题启发。针对某个难点、重点,适当地设计一些巩固性练习或启发性练习,能充分调动学习者的学习积极性,启发他们积极思考,及时进行强化。

(五) 技术性原则

多媒体课件设计水平的高低与技术上的因素关系密切。要在课件的视觉表现、听觉表现、运行环境、操作界面等方面充分考虑其技术性要求。

(1) 课件的技术性是通过程序中各种数据结构、程序结构、控制技巧及运行的可靠性来衡定的。课件的技术性原则要求制作的课件在使用中达到运行快捷、操作界面友好、交互应答明确、容错性强等目的。

(2) 课件的运行环境要求也是一个不可忽视的重要环节。课件在制作完成后,应该能在一般的计算机上运行,并且要求能脱离制作平台,做到可移植性或可兼容性,使课件的开发环境与运行环境无关。

(3) 通常在制作课件时,还要配上安装程序和卸载程序,必要时还应该配上使用说明书。

(六) 艺术性原则

艺术性原则是指实现教学目标时,要求呈现的信息刺激能吸引学习者,使他们接受并做出反应。多媒体课件要具有丰富的表现力和感染力,应能激发学生的情感,引发学习动机,提高学生的审美情趣。这就要求课件设计在科学性的前提下,采用完美的艺术形式表现教学内容,应以形象美、声音美等表现形式贯穿始终,这样才能引起学习者的学习兴趣并主动参与。

(1) 形象美。形象美包括图形美和色彩美。在多媒体课件设计中,按照审美心理规律和教学原则,把抽象的科学概念、原理等知识,运用艺术手段转化为图文并茂、妙趣横生的教学内容,这便是形象美。

(2) 声音美。声音美包括音乐美和语言美。在多媒体课件设计中,应充分发挥音乐的艺术魅力,用美妙的音乐陶冶学生的情操,让学生在美的旋律中探求知识的奥秘;恰当地使用音响,又能增强画面形象的表现力和真实感,利于学生认知客观事物的内在规律;生动形象、准确精练的解说不仅能让学生正确地理解教学内容,也会启发他们的想象力。

二、多媒体课件的制作步骤

多媒体课件是教育、科学、技术、艺术相结合的产物,一份完美的、成功的多媒体课件应由包含专业教师、教育技术工作者、程序设计人员、音乐、美术教师等组成的一支具有相当规模的队伍协同完成。多媒体课件的制作步骤如图 5-4 所示。

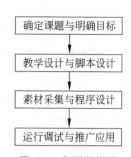

图 5-4　多媒体课件的制作步骤

（一）确定课题与明确目标

多媒体课件制作首先要确定教学课题，并进一步明确该课件的教学目标。

1. 确定课题

在教育领域中，无论哪门学科，一般都可以实施多媒体计算机辅助教学，但不是所有的教学内容都适合用多媒体计算机进行辅助教学。对于某些学科来说，其课程内容比较抽象，难以理解，教师用语言不易描述，某些规律难以捕捉，需要学习者反复练习的内容等，在条件允许的情况下，就有必要实施多媒体计算机辅助教学。

2. 明确目标

确定课题的同时，还必须分析和明确该课题的实施应符合教学目标的要求。明确教学目标，特别要注意的是发挥多媒体的特长，根据教学内容的特点，精心设计、制作多媒体素材，集图、文、声、像于一体的综合表现功能，有效地调动和发挥学生学习的积极性和创造性，以提高学习效率。

确定课题，明确目标，突出教学重点，攻破教学难点，合理设计教学过程，安排例题和练习，从而制作出有助于突破教学重点和教学难点并达到预期教学目标的多媒体 CAI 课件来。

（二）教学设计与脚本设计

确定课题，明确目标之后，就要进行教学设计与脚本设计。

1. 教学设计

教学设计是 20 世纪 70 年代发展起来的研究教学系统、教学过程、制订教学计划的系统理论。作为教育技术学的一个研究范畴，教学设计是教学理论和教学实践的中间环节，其目的是通过选择合适的教学策略及教学媒体，规划教学活动序列，为学生提供最佳的学习环境。

2. 脚本设计

将选定的教学内容编写成思路清晰、内容精练、重点难点突出、易于计算机表达的脚本是多媒体课件制作的重要环节。

脚本是教学设计的具体实现，是教学目标的详细注解，是制作课件的最终依据。从多媒体课件开发的过程看，脚本设计分为两个步骤：第一步是文字脚本的设计与创作；第二步是制作脚本的设计与创作。文字脚本和制作脚本的格式分别如表 5-1 和表 5-2 所示。

表 5-1　多媒体文字脚本的基本格式

序　号	画面内容	声音内容	备　注

表 5-2　多媒体制作脚本的参考格式

单元号	时间	画面			声音			编辑技巧	备注
		内容	类型	文件名	内容	类型	文件名		

文字脚本的最常见格式是声画式。声画式文字脚本将视觉素材与听觉素材分别对应地列出，即在左边一栏列出视觉素材的内容，如文字、图形、图像、动画和视频等，而在右边一栏列出对应的听觉素材，如解说、音响、配乐等。

制作脚本一般也采用表格形式，在制作脚本中要把视觉素材与听觉素材一一对应地详细列出。另外，制作脚本还要把制作中要用到的技巧，如画面的出现及播放方式，消隐、滚动、闪烁特技等，人机交互方式、菜单设计技巧等，一一表达清楚。

对于较大的课件，其内容和素材较多，为方便制作，避免编辑制作中出现混乱和差错，有必要绘制逻辑结构框图。逻辑结构框图可以将教学内容的层次结构、局部与整体的关系、各教学单元之间的关联、编辑程序的节点等清楚地反映出来，如图 5-5 所示。

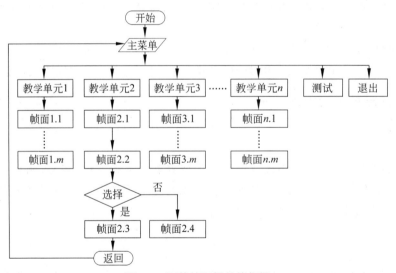

图 5-5　课件的逻辑结构框图

（三）素材采集与程序设计

在制作脚本形成以后，接下来就应该根据课件的需要和脚本的规划进行多媒体素材的采集与相关的程序设计。

1. 素材采集

素材采集包括文字、图形、图像、音频、视频等素材的采集。前几章分别做了介绍，这里就不再详述了，大体内容如表 5-3 所示。

表 5-3 常用媒体的文件扩展名

媒体类型	扩展名	说明	媒体类型	扩展名	说明
文字	TXT	纯文本文件	动画	GIF	图形交换格式
	RTF	Rich Text Format 格式		FLC	AutoDesk 的 Animator 文件
	WRI	写字板文件		AVI	Windows 视频文件
	DOC	Word 文件		MOV	QuickTime 动画文件
	WPS	WPS 文件		SWF	Flash 文件
声音	WAV	标准的 Windows 声音文件	视频	AVI	Windows 视频文件
	MID	乐器数字接口的音乐文件		MOV	QuickTime 动画文件
	MP3	MPEG Laver 3 声音文件		MPG	MPEG 视频文件
	CDA	CD Audio 文件		DAT	VCD 中的视频文件
	VQF	最新的 NTT 开发的声音文件，比 MP3 的压缩比还高		RAM	Real Audio 和 Real Video 的流媒体文件
图形图像	BMP	Windows 位图文件	其他	EXE	可执行文件
	JPG	JPEG 压缩的位图格式			
	GIF	图形交换格式			
	TIF	标记图像格式		RA(RM)	Real Audio 和 Real Video 的流媒体文件
	EPS	Post Script 图像文件			

2．程序设计

多媒体课件制作最核心的环节是程序设计。程序设计的主要任务是根据脚本的要求和意图，设计教学过程，将各种多媒体素材编辑起来，制作成交互性强、操作灵活、视听效果好的多媒体课件。

程序设计的主要步骤如下。

（1）目标分析。确定课件的教学目标及功能要求。

（2）课程调度设计。课程调度有菜单式、程序式和混合式三种：①菜单式，由计算机提供教学单元目录，让学生进行选择，系统调用相应过程；②程序式，将各教学目标依一定顺序连接，系统控制运行；③混合式，菜单式与程序式结合，如各章以菜单方式由学生选择，各节则按预定顺序依次进行。

（3）教学单元控制设计。教学单元控制设计也就是帧面程序设计，如前所述，常用的控制策略有帧型、生成型和智能型。

（4）界面设计。根据课件的总体结构，合理创建用户界面，设计出课件每一级的图形人机界面。

（5）交互设计。为完成教学活动中的人机交流，应设计课件的交互功能。交互方式有以下几种：①直线式。直线式程序由斯金纳首创。该模式把教学内容分解成连续的小单元，学生依序进行学习。当学生的反应正确时，课件继续向前运行；如果学生的反应出现错误，系统可给出正确答案，或让学生对该内容进行重复学习。②分支式。分支式程序由克劳德(N.Crowder)提出。该模式也是用一系列教学单元把教学信息呈现给学生，但每个单元的信息量比直线式大。系统设置分支等待条件，要求学生进行多重选择反应，根据学生的反应信息进行判断和决策，决定学生下一步学习的单元。③循环式。当课件运行到给定的约束条件时，在条件满足的情况下，将反复执行一段程序。④混合式。以上几种模式相结合的模式。

（6）导航设计。由于某些多媒体课件结构庞大、内容丰富，且素材以非线性的网状结构加以组织，初次使用这样的课件，往往会出现"迷航"的现象。为此，应向用户提供必要的导航，以方便教学中的使用。

① 提供帮助。通过帮助菜单提供全程的在线帮助，如系统帮助、功能帮助、警告帮助等操作信息。

② 软件地图。用形象直观的软件地图给初学者操作提供帮助。

③ 按钮提示。直观地介绍操作按钮的功能，方便初学者使用。

④ 光标导航。用光标导航方式给初学者提供帮助。

⑤ 弹出式介绍框。弹出式介绍框平时隐藏，在需要时可方便地使用，以利于操作。

（四）运行调试与推广应用

1. 运行调试

多媒体课件制作完成后，要经过多次调试、试用、修改、完善才能趋于成熟。运行调试也是很重要的一个环节，是确保课件质量的最后一关。如果存在某些问题，应继续修改，直到满意为止。

2. 推广应用

多媒体课件制作完成后，要进行一系列评价后才能进入多媒体课件教学实用、推广应用阶段。

（1）课件评价。课件评价包括由参与课件制作的全体人员进行的自我评价；在权威评审组织的领导下，设计制作人员、专家、用户代表共同参加的评价，以及由用户使用并做出的用户评价。

（2）教学应用。多媒体课件制作完成后，最终要投入实际的教学过程中。要向使用课件的专业教师全面介绍课件的特点、使用方法等，使多媒体课件的作用得以充分发挥。

学习理论在课件中的体现和多媒体课件设计应注意的问题可扫描二维码学习。

学习理论在课件中的体现和多媒体课件设计应注意的问题.docx

第三节　多媒体应用软件

一、多媒体应用软件简介

多媒体应用软件犹如进入多媒体教学领域的一把钥匙，它所提供的强大的功能，对多媒体计算机辅助教学课件的设计与开发帮助极大。

（一）图形图像加工软件

CorelDRAW 和 Photoshop 是当今计算机领域绘制与处理图形、图像最具功效的应用软件。

1. CorelDRAW

CorelDRAW 是 Corel 公司的产品，是 MPC 上一个非常成功的综合性绘图软件，在适用范围与功能等方面均超过同类软件。使用 CorelDRAW，任何一个操作者均可画出你所能想象的图形：从建筑工程的技术图纸（精细作画），到漫画、广告（创意作画）等计算机图形创作。

CorelDRAW 是基于向量的图形设计软件，能制作出各种非凡的画面。从 Corel 公司推出该软件至今，它已广泛地应用于桌面出版、广告设计、图形设计等方面，并受到计算机图形用户的极大关注。

2. Photoshop

Photoshop 是美国 Adobe 公司的一个集图像扫描、编辑修改、图像制作、图像创作、图像合成和图像输出于一体的图像软件。特别是 Photoshop CS 及其以后的版本，其图像处理更加完善，界面更加清晰，步骤更加简化。

Photoshop CS 比 Photoshop 的早期版本增加了许多新功能：新增多层次的恢复（Ctrl＋Z 组合键）功能；新增 13 种工具；增强 Action（批处理）功能等。实际上，该软件的最大功能是"层"的操作，即在图像的最下端是背景层（background），从背景层向上依次为第一层、第二层……把这些层按照创意进行编排和有机的组合，最后叠加到一起形成图像，就是最终我们所要的一幅完整的图像。对每一层中素材的加工（包括输入文本、移动、变形、剪切、改变颜色等操作）都是由软件提供的工具来完成的。

（二）动画制作软件

在多媒体课件制作过程中，经常会遇到一些用语言或文字难以表述清楚，而又无法通过演示实验或实地考察了解掌握的教学内容，如果采用计算机动画的形式来展现，则学生一看就明白，其生动、形象、直观的效果是任何其他形式都难以达到的。

能够制作动画的软件有很多，如制作三维动画的软件 3D Studio Max 和制作二维动画的软件 Flash。

1. 3D Studio Max

3D Studio Max 是美国 Autodesk 公司的多媒体子公司 Kinetix 的产品，是目前运行在 MPC 上的最受欢迎的动画和模型制作软件之一。3D Studio Max 的较新版本比 Autodesk 公司先前开发的曾经风靡一时的运行于 DOS 环境下的软件 3D Studio R4.0 启动更方便、界面更友好、功能更强大。3D Studio Max 的新版本与早期 DOS 版本的最大区别：早期版本的五个操作模块的界面是彼此分开的，在操作时需要在五个模块之间不停地来回切换，而且所得到的物体都是网格结构的，让人难以观察到所创建模型的实际效果；而 3D Studio Max 新版本将所需的模块全部集成到一个界面上，操作起来更方便、更快捷，它的建模与动画方式是所见即所得的方式，也就是说在任何时候都可以见到你所创建的模型或动画的效果。另外，3D Studio Max R 还增加了 3D Studio 所不能比拟的强大功能,如粒子系统、反向动力学、渲染和视频后处理等。

2. Flash

Flash 是美国 Macromedia 公司出品的一个优秀的网络动画制作工具,有人称其为"网上的 Director"。它的优点是体积小,可边下载边播放,这样就避免了用户长时间的等待。Flash 可以用于生成动画,还可在网页中加入声音。这样,用户就能生成多媒体的图形和界面,文件的体积却很小。Flash 虽然不可以像一门语言一样进行编程,但用其内置的语句并结合 JavaScript 也可做出互动性很强的主页来。Flash 的另外一个特点是必须安装插件 Plug-in 才能被浏览器所接受。Flash 具有良好的交互性,用于制作多媒体课件时,其效果是非常理想的。

(三) 多媒体写作软件

多媒体写作软件能给设计者提供自动生成程序代码的综合环境,使设计者可以将文字、图形、图像、声音、动画、视频等多种媒体组合在一起,形成一套完整的节目。

20 世纪 80 年代以来,国内外许多大型软件公司及一些专门的多媒体写作系统制作公司相继推出了一系列多媒体写作软件,大幅简化了多媒体产品的开发制作过程。借助这些软件,我们可以简单直观地编制程序、调度各种媒体信息、设计用户界面等,从而摆脱了烦琐的底层设计工作,将注意力集中于课件的创意和设计方面。下面就介绍几种适用于课件制作的多媒体写作软件。

1. Authorware

Authorware 是一种基于流程的可视化多媒体写作软件,它和 Multimedia ToolBook 一起,成为多媒体写作软件事实上的国际标准。Authorware 中最基本的概念是图标(icon),其编辑制作过程:用系统提供的图标先建立应用程序的流程图,然后通过选中图标,打开相应的对话框、提示窗口及系统提供的文字、图形、动画等编辑器,逐个编辑图标,添加教学内容。整个制作过程以流程图为基本依据,非常直观,且具有较强的整体感,用户通过流程图可以直接掌握和控制系统的整体结构。Authorware 共提供了 13 种系统图标和 13 种不同的交互方式,被认为是目前交互功能最强的多媒体编辑创作软件之一。Authorware 的较新版本支持的媒体更加丰富,开发效率大幅提高,还针对互联网的低带宽现状进行了改进。

2. Director

Director 是面向场景的多媒体写作软件。它以电影制作为组织线索,其制作过程很直观,给人一种导演电影的感觉。每部电影都有一个演员阵容(cast members),它由富于活力的文字、图像、声音、动画、视频、调色板、按钮及 Lingo 等多种媒体信息组成。创作一个多媒体课件时,首先把各多媒体素材暂存在角色库中,然后利用编排窗口(score)通过基于帧的记数控制它们,在舞台(stage)上一定的位置显示、入场、出场、延时、变换、运动和排列,从而使它们在需要的场次登场,按要求表演。

在演员的配置上,对于屏幕上定义的一个场景——舞台,Director 可以输入静态图像作它的背景;对于角色,Director 可以通过第三方软件、工具制作后引入合成,又可利用功能齐全的文字、图形、动画等自备的工具构造,而且角色可以包含文字、图像、动画、视频、声音、调色板、按钮、Lingo 脚本等多种媒体信息形式。

3. Multimedia ToolBook

Multimedia ToolBook 是一种面向对象的优秀的多媒体写作软件,对数据库和互联网的支持很强大。Multimedia ToolBook 既适合于无编程能力的一般用户,也能面向有编程能力的高级用户,向其提供 OpenScript 语言编程环境。同该软件名称一样,用 Multimedia ToolBook 制作多媒体课件的过程就像写一本书:首先,建立一本书的整体框架;其次,把页加入书中;再次,把文字、图像、按钮等对象放入页中;最后,使用系统提供的程序设计语言 OpenScript 编写脚本,确定各种对象在课件中的作用。在播放过程中,当以某种方式触发对象时,则按该对象的脚本执行相应的操作。这种"电子书"尽管制作稍显复杂,但表现力强、交互性好,制作的节目具有很大的弹性和灵活性,适用于创作功能丰富的多媒体课件和多媒体读物。另外,该公司还特别推出了在互联网环境下进行分布式教学的解决方案。

Multimedia ToolBook 具有独一无二的课程管理系统,其新版本还有专为课件开发者设计的强大的工具集,它的模板(templates)、附件(widgets)和著书专家(book specialists)等功能使创作课件十分快捷,且无须或只需少量编程。Multimedia ToolBook 的新版本有 200 多个预先编好的拖放(drag and drop)交互式附件(widget)可供选择。附件包括问题类型、运动按钮、书签、三维板式元素、数据有效性、媒体片段、导航、响应检查、特殊字段、工具和例子等。

4. PowerPoint

PowerPoint 是一种专门用于制作演示用多媒体幻灯片、投影片的工具(国外称为多媒体简报制作软件)。它以页为单位制作演示文稿,然后将制作好的页集成起来,形成一份完整的课件。利用 PowerPoint 可以非常方便地制作各种文字、绘制图形、加入图像、声音、动画、视频等各种媒体信息,并根据需要设计各种演示效果。上课时,教师只需轻点鼠标,就可播放出制作好的一幅幅精美的文字和画面(也可按事先安排好的时间自动连续播放)。

5. 洪图

洪图是我国最早的一种多媒体写作软件,由北京汉声电脑公司研制开发。该软件自问世以来,便以其中文环境、培训容易、DOS 版和 Windows 版兼备及适合开发教学软件等特点受到教育工作者的青睐。洪图的基本结构是卡片式结构,用户首先定义一些卡片,并在每张卡片上制作文字、图形、声音、视频等媒体对象;其次通过指定对象或页的交互控制,实现对象的动态变化和卡片与卡片之间的跳转。该工具的主要特点:具有强大的图、文、声、像的集成能力,丰富多样的交互手段,完整的评测功能和反馈功能,易学易用的超媒体编辑方式等;有适应性很广的"三层次"编辑功能,既适合没有编程能力的非计算机专业人员,也适合高级程序员使用,是一种普及性和专业性相结合的多媒体写作系统。

6. 方正奥思

早期多媒体写作软件多为国外产品,随后国内一些公司也推出了一些全中文界面的多媒体写作软件,如方正奥思。方正奥思是北大方正技术研究院开发的集成化、可视化、交互式多媒体写作软件。方正奥思具有直观、简便、友好的全中文用户界面和很强的文字、图形编辑功能，支持丰富的媒体播放方式和动态效果，能实现灵活的交互操作和多媒体同步。方正奥思的基本制作单位是页，用户在页中可以加入文本、图形、图像、声音及影像等多媒体对象，对象之间可以实现交互控制。方正奥思通过层次结构管理器来设计和管理页，制作出不同的页之后，可以很容易地实现页与页之间的超文本链接。方正奥思的最大特点是面向普通用户，无须编程就可以按自己的创意制作出高质量的多媒体应用产品。此外，用方正奥思制作的软件可以很容易地制成.exe 文件或 html 网页格式，脱离方正奥思环境安装、运行。

7. WPS Office

WPS Office 有个人版、专业版、移动版、移动专业版等，这里只介绍个人版和移动版。

（1）WPS Office 个人版对个人用户永久免费，包含 WPS 文字、WPS 表格、WPS 演示三大功能模块，与 MS Word、MS Excel、MS PowerPoint 一一对应，应用 XML 数据交换技术，无障碍兼容.doc、.xls、.ppt 等文件格式，用户可以直接保存和打开 Microsoft Word、Excel 和 PowerPoint 文件，也可以用 Microsoft Office 轻松编辑 WPS 系列文档。

① 新建 PPT 幻灯片功能。
② 支持.ppt、.pptx、.pot、.potx、.pps、.dps、.dpt 文件格式的打开和播放，包括加密文档。
③ 全面支持 PPT 各种动画效果，并支持声音和视频的播放。
④ 编辑模式下支持文档编辑，文字、段落、对象属性设置，插入图片等功能。
⑤ 阅读模式下支持文档页面放大、缩小，调节屏幕亮度，增减字号等功能。
⑥ 共享播放，与其他 iOS 设备链接，可同步播放当前幻灯片。
⑦ 支持 Airplay、DLNA 播放 PPT。

（2）WPS Office 移动版是运行于 Android、iOS 平台上的办公软件，个人版永久免费，其特点是体积小、速度快，完美支持微软 Office、PDF 等 47 种文档格式。特有的文档漫游功能让用户离开计算机照样可以办公。

① WPS 演示。会议演讲的明星，支持 PPT/PPTX 文档的查看、编辑和加解密，支持复杂的 SmartArt 对象和多种对象动画/翻页动画模式。会议室开会不再需要计算机，使用支持 Miracast、DLNA 和米联的手机或平板电脑即可使用无线投影功能将文档投影在电视和投影仪上。特有互联网共享播放功能，一部手机轻松实现电话会议与 PPT 播放同步进行。

② PDF 阅读。全新手机阅读模式.PDF 组件在查看 PDF 文档时提供了双重引擎，独有的手机阅读引擎智能优化在手机上字体过小阅读不便的 PDF 文档，手机阅读模式更加符合用户的阅读习惯，让工作、学习不再受书桌的禁锢，随时随地自在由心。

二、PowerPoint 在课件制作中的应用

PowerPoint 是 Office 系列软件中的一个重要组件，是目前最常见的演示型课件开发工具，其界面友好、直观，各种操作简单易学，图、文、音、动画、视频都可编辑，教师使用它能够制作出集文字、图形、图像、表格、声音、动画及视频剪辑等多媒体元素于一体的多媒体课件，逐渐成为当前最广泛应用的课件制作工具。下面以 PowerPoint 2010 为例介绍

PowerPoint 2010 的新功能、利用 PowerPoint 2010 制作演示型课件的基础知识和操作方法、PPT 高级动画的制作,以及演示型课件制作的案例。

(一)认识 PowerPoint 2010

PowerPoint 2010 是 Microsoft Office 2010 软件包中的一款多媒体演示文稿制作软件,在辅助教学、学术报告、论文答辩、个人演讲、工作汇报等领域得到广泛应用。在 PowerPoint 中,演示文稿和幻灯片两个概念有一定的区别,PowerPoint 生成的文件称为演示文稿,通常由一张或多张幻灯片组成;而演示文稿中的每一页称为幻灯片,每张幻灯片都是演示文稿中既相互独立又相互联系的内容。为便于读者初步了解 PowerPoint 2010,本节主要介绍 PowerPoint 2010 的新增功能、工作界面和工作环境及相关的一些基本概念。

PowerPoint 2010 拥有比以往更多的方式创建动态演示文稿并与观众共享。新增的视频和图片编辑功能及增强功能是 PowerPoint 2010 的新亮点。PowerPoint 2010 的新增功能如下。

1. 删除背景功能

相比之前的版本,PowerPoint 2010 新增的删除背景功能让抠图更加容易,它比以前的版本里简单的"去掉背景色"功能更加完备,能去掉复杂的背景色。单击图片出现"格式"选项卡,选择"删除背景"选项。图片背景自动识别为紫色,调节图片中的背景范围框使背景消除更准确。

选择"删除背景"选项时还出现"背景消除"选项卡,如果图片还有一点杂的背景色,用"标记要保留的区域"和"标记要删除的区域"进行调节,最终使背景全部消除。

2. 增强的图像效果

PowerPoint 2010 的图像处理整合了 Photoshop 的很多功能,但使用起来非常简单,还可以自行调节图像处效果的强弱。在"格式"选项卡中主要是颜色和艺术效果功能,尤其是艺术效果功能类似于 Photoshop 的滤镜功能。综合使用这些功能可以得到满意的图片处理效果。

3. 屏幕截图功能

平时截图会用到 HyperSnap 或者 QQ 软件等,PowerPoint 2010 内置的屏幕截图功能用起来很方便,不用再调用其他软件。选择"插入"选项卡中的"屏幕截图"选项会出现"可用视窗"和"屏幕剪辑"。"可用视窗"可插入任何未最小化到任务栏程序的图片。单击"屏幕剪辑"按钮可插入用户自己的屏幕截图。

4. 用动画刷复制动画

制作 PPT 时,添加动画是比较烦琐的事情,尤其还要逐个调节时间及速度。PowerPoint 2010 新增了"动画刷"功能,可以像用"格式刷"那样,轻轻一"刷"就可以把原有对象上的动画复制到新的目标对象上。

5. 新的 SmartArt 模板

大量新增的可自定义主题和 SmartArt 图形布局提供了用于使创意形象生动的更多方法。除可以运用增强的 SmartArt 绘图功能,或是连到微软的 Office.com 套用最新的模块外,还可以将图片套用滤镜特效,如笔触效果、水波效果,或是直接帮文字加上边框、阴影、光晕等效果。在 PowerPoint 2010 中增加了一种新的 SmartArt 图形图片布局，用户可以在这种布局中使用图片来阐述案例，如图 5-6 所示。

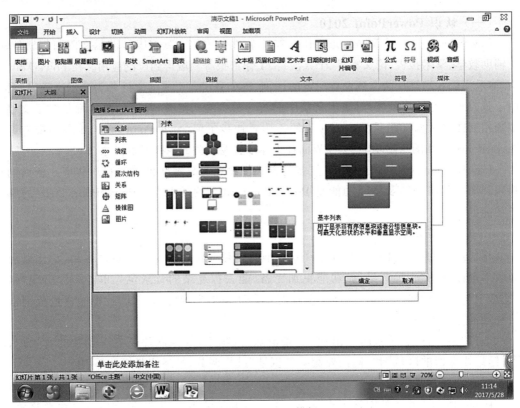

图 5-6 SmartArt 模板

（二）PowerPoint 的工作界面

在 Windows 桌面的任务栏上单击"开始"按钮，选择"所有程序"→Microsoft Office→Microsoft PowerPoint 2010 命令，启动 PowerPoint 2010 软件，其界面如图 5-7 所示。

1. 标题栏

标题栏位于窗口的顶端，显示出软件的名称（Microsoft PowerPoint）和当前正在编辑文档的名称（新建 Microsoft PowerPoint 演示文稿，后缀名为.pptx），标题栏最左端显示当前程序图标，接着是快速访问工具栏，在其右端显示的是常见的"最小化""最大化/还原""关闭"控制按钮。

2. 快速访问工具栏

快速访问工具栏是一个可自定义的工具栏，包含一组独立于当前显示的功能区上选项卡的命令。在默认情况下，快速访问工具栏中包含"保存""撤销""恢复"命令，如果需要，可以向快速访问工具栏中添加代表命令的按钮，并且可以灵活设置它的位置，在软件图标旁边，或者在功能区的下方，如图 5-8 所示进行操作。单击快速访问工具栏左侧的"自定义快速访问工具栏"按钮，弹出"自定义快速访问工具栏"列表，在列表中单击选择

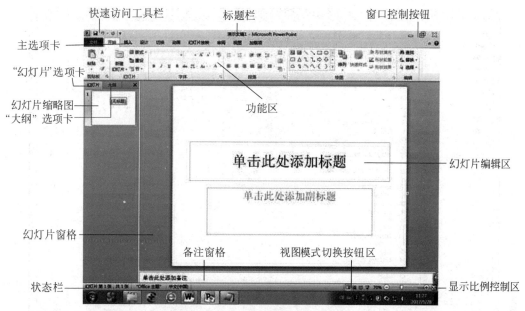

图 5-7　PowerPoint 2010 工作界面

所需要的命令即可。如果列表中没有所需要的命令,可以选择"其他命令"选项,弹出如图 5-9 所示的"PowerPoint 选项"对话框,在左侧的列表框中选择要添加的命令,单击"添加"按钮即可将其添加到右侧的列表框中,最后单击"确定"按钮即可。

3. 功能区

功能区位于标题栏的下方。功能区由主选项卡、"功能区显示/隐藏"按钮和"帮助"按钮组成。单击主选项卡中的某个选项名称,可以展开该选项卡中的组和组内命令;单击快速访问工具栏中的"功能区显示/隐藏"按钮,可以显示/隐藏该选项卡中的组和组内命令;单击功能区中的"帮助"按钮,可以打开系统帮助,查看 PowerPoint 帮助信息。

4. 主选项卡

主选项卡位于功能区的首行,由"文件""开始""插入""设计""切换""动画""幻灯片放映""审阅""视图""加载项"共 10 个选项卡组成。每个选项卡中包含多个组,每组中又包含相关的操作命令。当鼠标指针指向某个选项卡名称时,该选项卡就会凸起,单击展开选项卡,显示各个组和组内的相关命令图标。

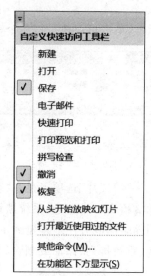

图 5-8　快速访问工具栏

5. "开始"选项卡

PowerPoint 软件启动后,系统默认显示"开始"选项卡,如图 5-10 所示,其中包括的组有"剪贴板""幻灯片""字体""段落""绘图""编辑",每个组中都包含相关的命令。当鼠标指针指向某个命令图标时,该图标会呈现黄色高亮显示,稍后下方会出现命令说明提

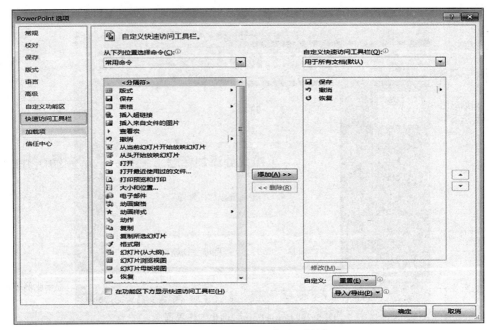

图 5-9 "PowerPoint 选项"对话框

示框,单击可以执行该命令,完成相应的操作。

图 5-10 "开始"选项卡

6. "幻灯片"选项卡

"幻灯片"选项卡是在"普通"视图模式下显示的一个窗格,其位于功能区的下方,演示文稿窗口的左边,系统默认是打开状态,幻灯片在其中是以缩略图的方式呈现的。使用缩略图能方便地遍览演示文稿,并观看所有设计更改的效果。在这里还可以轻松地切换、重新排列、添加或删除幻灯片。

7. "大纲"选项卡

"大纲"选项卡也是在"普通"视图模式下显示的一个窗格,它位于功能区的下方,"幻灯片"选项卡的右边,在其中可以给幻灯片添加文本内容,对幻灯片进行新建、复制、移动和删除等操作。单击"关闭"按钮可以隐藏"幻灯片"选项卡和"大纲"选项卡;若是展开选项卡,可单击"视图"主选项卡,单击"普通视图"按钮即可。

8. 幻灯片窗格

幻灯片窗格是演示文稿窗口中最大的工作区域,在幻灯片编辑区中可以添加文本、图形、图片、表格、声音、视频等媒体信息,可以定义幻灯片的动画效果,创建超链接等。此区域的显示大小可以通过显示比例控制按钮进行设置。

9. 备注窗格

备注窗格位于幻灯片编辑区的下方,用于编辑幻灯片的一些备注的文字内容,这些文字内容只供制作者参考,幻灯片在放映时不会将其显示出来。

10. 状态栏

状态栏位于窗口的底部,状态栏中显示有关执行过程中的选定命令或操作信息,包括共有几张幻灯片、当前正在编辑的是第几张幻灯片、套用的模板类型是什么等信息。

11. 视图模式切换按钮区

在状态栏的右部有三个视图切换按钮和"幻灯片放映"按钮,单击这些按钮可以快速地切换视图模式和放映演示文稿。

12. 显示比例控制区

在状态栏的最右端是显示比例控制区,可以通过单击按钮或者拖动滑块来调节幻灯片在窗格中的显示比例。单击"适应窗口"按钮,可使幻灯片适应当前窗口大小。单击"缩放级别"按钮,可打开"显示比例"对话框,在其中可以选择或者设置幻灯片的显示比例,如图 5-11 所示。

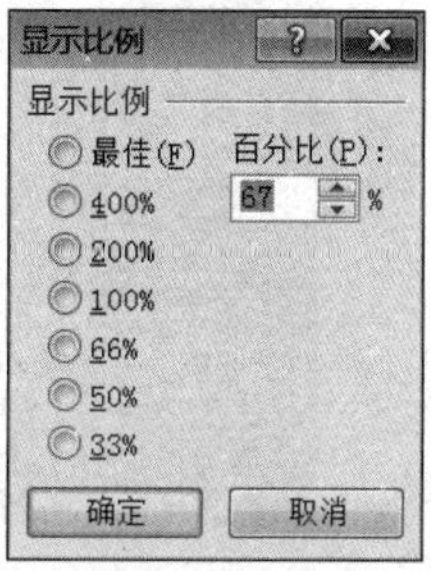

图 5-11 "显示比例"对话框

(三) PowerPoint 的工作环境

PowerPoint 提供了不同的工作环境,称为视图。一般来说,演示型课件是由多张幻灯片和多种媒体组成的。设计制作和管理幻灯片的方式不同,其工作的界面也不相同。每一种工作界面就是一种视图,在 PowerPoint 中给出了五种演示文稿视图模式:普通视图、幻灯片浏览视图、备注页视图、阅读视图和幻灯片放映视图。可选择不同的视图来更加方便地浏览或编辑文档。单击窗口右下角的视图按钮能在不同视图中来回切换。

1. 普通视图

普通视图如图 5-12 所示,这是制作课件最常用的视图方式,也是演示文稿的主要编辑界面,可用于编辑和设计演示文稿。"普通视图"有四个工作区域:"幻灯片"选项卡、"大纲"选项卡、幻灯片窗格和备注窗格。普通视图实际上又分为两种形式,PowerPoint 左边窗格中可以用"幻灯片"选项卡或"大纲"选项卡来显示,如图 5-13 所示,可以通过单击相应的图标标签来切换。

2. 幻灯片浏览视图

幻灯片浏览视图可用于显示所有演示文稿中的幻灯片缩略图。在此视图模式下,不能改变幻灯片的内容,但可以轻松地对课件幻灯片的顺序进行排列组合;可对幻灯片进行剪切、复制、删除、添加新幻灯片(空白的)等操作处理;幻灯片具有动画切换效果的,还可以预览动画切换效果,如图 5-14 所示。

3. 备注页视图

在"视图"选项卡上的"演示文稿视图"组中单击"备注页"按钮即可获得整页格式的备注页。在此视图下,可以编辑和修改要应用于当前幻灯片的备注内容;可以调整幻灯片缩略图的位置和大小,但不能改变该视图中的幻灯片内容。

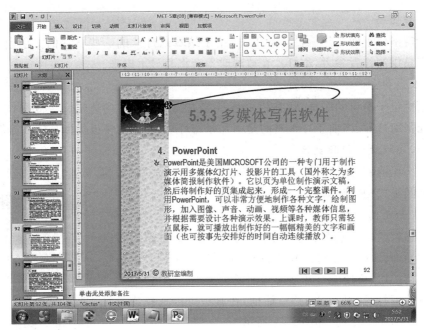

图 5-12　普通视图

图 5-13　演示文稿视图模式栏

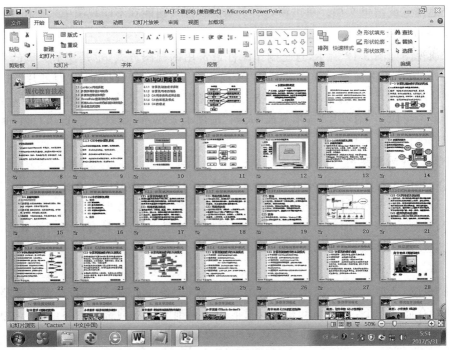

图 5-14　幻灯片浏览视图

4. 阅读视图

单击视图切换按钮区的"阅读视图"按钮,可以切换到"阅读视图"模式。此视图主要用来阅读幻灯片中的内容,不能编辑幻灯片的内容。如果要更改课件内容,可以随时从阅读视图右下角的视图切换按钮区中切换到其他视图,或者按 Esc 键退出"阅读视图"。

5. 幻灯片放映视图

幻灯片放映视图主要用于向学生(或者观众)放映课件,可以看到幻灯片的最终效果。右击屏幕,可以通过快捷键菜单控制放映;按 Esc 键,退出幻灯片放映视图。

(四) PowerPoint 课件制作与使用的常用技巧

多媒体课件是课堂信息化教学的主要工具,目前我国的各级各类学校的课堂教学环境已经建设成为多媒体教室,每天使用多媒体课件授课已是必然要求,课件设计是否得当、质量是否上乘都会对课堂教学效果产生较大影响。因此,作为教师,不但要掌握多媒体设计的理论基础,还要熟练使用多媒体课件开发工具,掌握一定的技巧,制作出符合教学需求的课件。而 PowerPoint 是最常用的课件制作工具,其基本功能是幻灯片的多媒体演示,但不能将其制作成简单的"文字搬家"或"教材搬家",应该在教学设计基础上充分利用各种多媒体素材呈现和传递教学信息。基本的一些操作和功能在此不一一详述,这里主要介绍五种在 PowerPoint 课件制作与使用中容易出现问题的小技巧。

1. 在课件中插入数学公式

理科多媒体课件经常需要在幻灯片中输入各种数学公式,而这些公式在普通的文本框中是很难输入和编辑的。在 PowerPoint 2010 中有两种方式对数学公式进行输入与编辑操作。一是选择"插入"选项卡,选择"对象"命令,打开"插入对象"对话框,在"对象类型"下面选中"Microsoft 公式 3.0"选项,单击"确定"按钮即可进入公式编辑器。在其中编辑完所需公式,直接关闭窗口,便可在幻灯片上看到刚刚输入的公式。如果对插入的公式不满意,双击公式再次进入编辑状态即可进行修改,如图 5-15 所示。二是直接通过"插入"选项卡面板上的"公式"选项插入常见公式并进行编辑处理。

2. 在课件中插入视频

视频因其动态形象性在教学信息的呈现上有着独到的优势,而随着网络技术的发展,网络上各种视频教学资源也成为教师上课时重要的资源类型。根据教学需求,视频可以单独播放呈现教学内容,也可以插入课件中作为多媒体的一部分对教学内容进行形象化展示。目前,PowerPoint 中可以直接插入的视频格式主要有 AVI、MPEG 和 WMV 等,不支持 RMVB、FLV 等格式文件。这就需要用格式转换通等软件将不能插入的视频格式转换成可直接插入的视频格式。另外,一般来说视频媒体占用空间都比较大,也可以直接通过设置超链接的方式将视频作为外部文件超链接到 PowerPoint 文件中,这样可以减少 PowerPoint 文件本身的大小,只要播放 PowerPoint 文件的计算机安装相应的视频播放软件即可正常使用。

3. 在课件中插入声音或直接为课件配音

学科不同,对声音元素的要求也不同,一些语言类学科如英语、音乐等教学课件会大量应用到声音素材,可直接将录制、编辑、下载好的声音通过"插入"→"声音"→"文件中的声

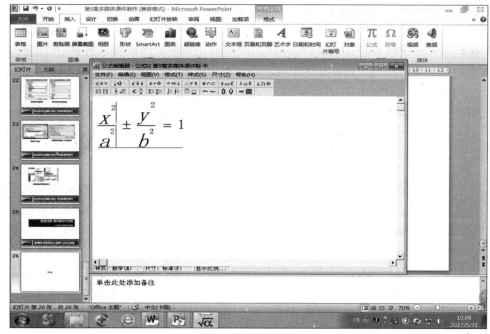

图 5-15 公式编辑器

音"方式插入幻灯片中,这样插入的声音文件一般播放单击换页就停止播放,如果想实现跨幻灯片播放声音,如声音从第 1 页持续到第 5 页再结束,则可以在"动画窗格"下选择声音,单击旁边的下拉小箭头,选择"效果选项"选项,弹出"播放音频"对话框,如图 5-16 所示,在"开始播放"选项卡下选中"从头开始"单选按钮,在"停止播放"选项卡下选中"在 张幻灯片后"单选按钮输入"5",则音乐会从第 1 页开始播放到第 5 页结束时停止。

图 5-16 设置声音播放

课件内容需要教师自己进行配音讲解时,可直接在 PowerPoint 界面进行操作,方法如下。

(1)计算机主机后面有许多插口,其中声卡有一个插口是"Line In",将麦克风插头插进去(一般笔记本电脑自带麦克风,可以直接录音)。

(2)选择菜单栏中的"插入"→"声音"→"录制声音"命令,出现新的对话框,准备好后单击红色录音键,开始录音,录完后单击蓝色停止键,预放确认无误后取一个文件名,单击"确定"按钮。此时在页面中出现黄色喇叭,这就是刚才录制的声音,修改编辑的方法和从外面插入的声音是一样的。

(3)找到需要配音的幻灯片和具体的画面动作,将上面的声音复制到该页面。利用自定义动画功能设置该声音与画面或者视频同步。每当 PowerPoint 文件播放到该动画的时候,就会同时播放出配音。

4. 在课件中插入 Flash 动画

动画能把抽象概念和科学原理用简洁概括的手法形象化地呈现出来,因此,在多媒体课件中可以插入一些教学动画,辅助教师讲授一些不易表达、需要过程展示却又不能直接拍摄的教学情境或过程。动画可以是从网络上下载的,也可以是教师自己利用动画软件制作的。Flash 动画的扩展名是.swf。在 PowerPoint 2010 中,Flash 动画是不能直接利用菜单的插入功能插入幻灯片中的,需要按照以下步骤操作。

(1)单击 PowerPoint 2010 主界面左上角的"文件"功能。

(2)选择"选项",出现"PowerPoint 选项"面板,选择"自定义功能区",在右侧的"主选项卡"列表框中选中"开发工具"选择框,单击"确定"按钮后,在 PowerPoint 2010 主菜单界面中就会增加一个"开发工具"选项卡。

(3)选择"开发工具"选项卡,在其中的"控件"组中,单击有锤子形状的"其他控件"按钮,进入"其他控件"对话框,在控件列表中选择 Shockwave Flash Object 对象,单击"确定"按钮。

(4)在幻灯片中,按住鼠标左键拉出一大小合适的矩形区域,插入该控件。

(5)右击刚插入的 Flash 控件,在菜单中选择"属性表"选项,出现了新的"属性"对话框,显示有关该控键的各种参数。

(6)选择 Movie 旁的空白文本栏,输入 Flash 动画完整路径(如输入 D:\lishi\1.swf,意思是把存放在 D 盘 lish 文件夹中的 1.swf 文件插入幻灯片页)。正确填写后,关闭"属性"对话框,播放演示文稿,检查 Flash 是否正常播放。如果不能播放,可能有两个原因:一个是 1.swf 文件不是 Flash 文件;另一个是填写的路径可能不正确。

说明:在 PowerPoint 文件中插入视频、声音及 Flash 动画后,如果要复制 PowerPoint 文件到其他位置,需要连同视频、声音、Flash 文件一同复制,且这些媒体文件与 PowerPoint 文件的相对路径关系要保持不变。因此,为了不出错,最好先把媒体文件和 PowerPoint 课件保存在同一个文件夹中,然后再执行插入动作。另外,Flash 动画也可以通过设置超链接方式打开。

5. 在播放幻灯片的过程中进行书写或绘制

在课堂授课时,教师有时需要在课件上进行批注或画图等操作。在幻灯片放映状态下,右击选择"指针选项"选项,选择"荧光笔"或其他笔形,就可以在当前演示的页面上进行书写或绘制了。右击还可以选择不同的画笔颜色。如果需要擦掉刚画的图形,按下 E(擦除)键即可。右击选择"箭头"功能就可以退出书写状态,恢复到正常播放状态。

(五)PowerPoint 课件制作实例——热区交互课件

(1)新建 PowerPoint 文件,在幻灯片第 1 页插入视频展示台的图片。

(2)选择"插入"选项卡中的"形状"功能,在视频展示台的摄像头图片上绘制矩形,双击矩形,打开"格式"面板,将该矩形的"形状填充"和"形状轮廓"都设置为无填充颜色。这样就在摄像头上设置一透明热区,如图 5-17 所示。

(3)复制该页幻灯片,在第 2 页幻灯片上插入文本框,输入"摄像头",放置于摄像头图片上,如图 5-18 所示。

图 5-17 摄像头的透明热区

图 5-18 为摄像头标示文字

(4)回到第 1 页,单击摄像头图片上的矩形,右击超链接,选择在本文档中的位置,选择第 2 页幻灯片做超链接页,如图 5-19 所示。

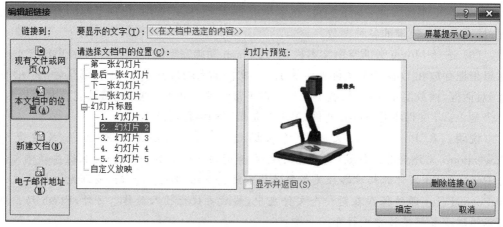
图 5-19 设置超链接

（5）放映第1页幻灯片，将鼠标放置于摄像头图片上，鼠标变为手形，单击后页面跳转到第2页，摄像头图片上出现摄像头的名称，完成热区交互的设计。

（6）其他视频展示台的部件也按照这个方法制作。这样单击每个视频展示台所在的区域都可以查看它们的名字。

注意：有多少部件就应该由部件数加1张幻灯片组成，每张幻灯片的部件都做成热区和相应的幻灯片链接。

触发动画课件和组合动画课件.docx

触发动画课件和组合动画课件可扫描二维码学习。

第四节 微课与虚拟现实技术概述

一、微课的发展

微课的概念最早于2008年由新墨西哥州圣胡安学院高级教学设计师、学院在线服务经理——戴维·彭罗斯（David Penrose）提出，"微课是一个知识挖掘的框架，我们将告诉学习者在哪里挖，需要挖些什么。我们将对这一过程进行监督"。微课这一术语并不是指为微型教学而开发的微内容，而是运用建构主义方法制成的、以在线学习或移动学习为目的的实际教学内容。在国外的研究中，与微课有关的名词有 minicourse、microlecture、micr-lesson 等，但其对微课的研究取向不完全相同。通过对相关研究进行分析发现，国外越来越重视"微课""微视频"的研究，但其核心资源并不统一，有的是教案式，有的是视频式；微课结构也较为松散，主要用于学习和培训等方面；课程资源的自我生长和扩充性不够。在国内，随着微课热潮的涌现，微课被应用于教育的方方面面，不同的学者也对其提出了不同的概念。

有的学者基于对微课的内涵及实践分析对其定义：基于学校资源、教师能力与学生兴趣，以主题模块组织起来的相对独立与完整的小规模课程，具有"短""小""精""活"的特点，适用于学校教育的各个阶段及各种课程类型。也有学者将微课的内涵作出如下描述：微课是一种自动播放的5分钟小视频，只呈现文字、音乐、画面，没有解说，是一种新的学习方式；微课以小现象、小故事、小策略为主，主题突出，一课一事。我国微课的概念最早是由胡铁生老师提出来的。他认为，微课是按照新课程标准及教学实践要求，以教学视频为主要载体，反映教师在课堂教学过程中针对某个知识点或教学环节而开展教与学活动的各种教学资源的有机组合。微课具有主题突出、类型多样、情境真实、交互性强、生成性强、使用方便等诸多优点。微课最初是"微型教学视频课例"的简称，它以微型教学视频为核心，是由微教案、微课件、微练习、微反思等组成的资源应用生态环境。它强调的是资源的有机组成和可扩充性、开放性、生成性、发展性。现在，微课是"微型网络课程"的简称，除相关的资源外，还包括相应的教学活动，是某门学科知识点的教学内容及实施的教学活动的总和。在众多微课的概念中，最为广大一线教师所普遍接受的认识：微课是一线教师自行开发、时间在5分钟左右的微小课程，课程的主题源于教师的教育教学实际，为教师所需，为教师所用，解决教师工作中的棘手问题；微课不仅是一种工具,更是一种教师成长的新范式。这一理解体现了一线教师在实践性方面对这一概念的理解,这也是微课得到关注和广泛应用的重要原因。

从上述定义中不难发现,这些定义本质上并无太大差异,只是在不同的语境下有不同的内涵。微课的核心要素是以视频为主要表现形式,围绕某一个知识点进行,时间控制在5分钟左右,最长不能超过15分钟。

二、微课的特点

相对于传统课程全面地完成教学内容而言,微课教学目标相对简单,教学内容更加精简,教学目的更加明确,力图在短时间内传递教学活动中的某个知识点。微课把传统课堂中先教后学的教学模式变成了先学后教的教学模式,对知识的学习放在课前,把知识的内化放在课上,改变了课堂教学结构,形成了翻转课堂,从而提高学生的自主学习能力和高阶思维能力。在传统课堂中,教学都是围绕某一节课或某一个知识点展开的,时长为40~45分钟,精彩的环节都是短暂的,甚至是瞬间的。而学生的注意力也往往只能保持10~15分钟,如果长时间注意力得不到缓解和放松,学生就很难保持较高的学习兴趣,从而严重影响学习效果。

微课的意义就在于将一节课的教学重点、难点、疑点等用5~10分钟以视频的方式呈现给学生。而5~10分钟的视频也很容易在网络中传输、在线观看和下载。最主要的是微课具有重复利用、重复播放、随时暂停等特点,极大地方便和满足了教师和学生个性化教学与个性化学习的需求。具体来说,微课具有以下几个特点。

(1)教学时间较短。教学视频是微课的核心组成内容。根据中小学生的认知特点和学习规律,微课的时长一般为5~8分钟,最长不宜超过10分钟。因此,相对于传统的40分钟或45分钟的一节课的教学课例来说,微课可以称为"课例片段"或"微课例"。

(2)教学内容较少。相对于较宽泛的传统课堂,微课的问题聚集、主题突出,更适合教师的需要。微课主要是为突出课堂教学中某个学科知识点(如教学中重点、难点、疑点内容)的教学,或是反映课堂中某个教学环节、教学主题的教与学活动,相对于传统一节课要完成的复杂众多的教学内容,微课的内容更加精简,因此又可以称为"微课堂"。

(3)资源容量较小。从大小上来说,微课视频及配套辅助资源的总容量一般在几十兆左右,视频格式须是支持网络在线播放的流媒体格式(如.rm、.wmv、.flv等),师生可流畅地在线观摩课例,查看教案、课件等辅助资源;也可灵活方便地将其下载保存到终端设备(如笔记本电脑、手机、MP4等)上实现移动学习、"泛在学习",非常适合于教师的观摩、评课、反思和研究。

(4)资源组成/结构/构成"情境化",资源使用方便。微课选取的教学内容一般要求主题突出,指向明确,相对完整。它以教学视频片段为主线"统整"教学设计(包括教案或学案)、课堂教学时使用到的多媒体素材和课件、教师课后的教学反思、学生的反馈意见及学科专家的文字点评等相关教学资源,构成了一个主题鲜明、类型多样、结构紧凑的"主题单元资源包",营造了真实的"微教学资源环境"。这使微课资源具有视频教学案例的特征。广大教师和学生在这种真实的、具体的、典型案例化的教与学情境中易于实现

"隐性知识""默会知识"等高阶思维能力的学习并实现教学观念、技能、风格模仿、迁移和提升,从而迅速提升教师的课堂教学水平,促进教师的专业成长,提高学生的学业水平。就学校教育而言,微课不仅成为教师和学生的重要教育资源,而且也构成了学校教育教学模式改革的基础。

(5) 主题突出、内容具体。一个课程就是一个主题,或者说一个课程就是一件事;研究的问题来源于教育教学具体实践中的具体问题,或是生活思考,或是教学反思,或是难点突破,或是重点强调,或是学习策略、教学方法、教育教学观点等具体的、真实的、自己或与同伴可以解决的问题。

(6) 草根研究、趣味创作。因为课程内容的微小,所以人人都可以成为课程的研发者;因为课程的使用对象是教师和学生,所以课程研发的目的是将教学内容、教学目标、教学手段紧密地联系起来,是"为了教学、在教学中、通过教学",而不是去验证理论、推演理论,所以,决定了研发内容一定是教师自己熟悉的、感兴趣的、有能力解决的问题。

(7) 成果简化、多样传播。因为内容具体、主题突出,所以研究内容容易表达、研究成果容易转化;因为课程容量微小、用时简短,所以传播形式多样(网上视频、手机传播、微博讨论)。

(8) 反馈及时、针对性强。由于在较短的时间内集中开展"无生上课"活动,参加者能及时听到他人对自己教学行为的评价,获得反馈信息。较之常态的听课、评课活动,微课具有即时性。由于是课前的组内"预演",人人参与,互相学习,互相帮助,共同提高,在一定程度上减轻了教师的心理压力,不会担心教学的"失败",不会顾虑评价的"得罪人",较之常态的评课就会更加客观。

三、微课的特征

微课只讲授一两个知识点,没有复杂的课程体系,也没有众多的教学目标与教学对象,看似没有系统性和全面性,许多人称为"碎片化"。但是微课针对特定的目标人群、传递特定的知识内容,一个微课自身仍然需要注意系统性,一组微课所表达的知识仍然需要注重全面性。微课的特征如下。

(1) 主持人讲授性。主持人可以出镜,也可以画外音。
(2) 流媒体播放性。可以将视频、动画等基于网络流媒体播放。
(3) 教学时间较短。5~10分钟为宜,最少1~2分钟,最长不宜超过20分钟。
(4) 教学内容较少。突出某个学科的知识点或技能点。
(5) 资源容量较小。适合基于移动设备的移动学习。
(6) 精致教学设计。完全的、精心的信息化教学设计。
(7) 经典示范案例。真实的、具体的、典型案例化的教与学情境。
(8) 自主学习为主。供学习者自主学习的课程,实现一对一的学习。
(9) 制作简便实用。多种途径和设备制作,以实用为宗旨。
(10) 配套相关材料。微课需要配套相关的练习、资源及评价方法。

四、微课的分类

(1) 按课堂教学方法分类。根据李秉德教授对我国中小学教学活动中常用的教学方法的分类总结，同时也为便于一线教师对微课分类的理解和实践开发的可操作性，一般将微课划分为十一类，分别为讲授类、问答类、启发类、讨论类、演示类、练习类、实验类、表演类、自主学习类、合作学习类、探究学习类，如表 5-4 所示。

表 5-4 微课的分类及适用范围

分类依据	常用教学方法	微课类型	适用范围
以语言传递信息为主的方法	讲授法	讲授类	适用于教师运用口头语言向学生传授知识（如描绘情境、叙述事实、解释概念、论证原理和阐明规律）。这是中小学最常见、最主要的一种微课类型
	谈话法（问答法）	问答类	适用于教师按一定的教学要求向学生提出问题，要求学生回答，并通过问答的方式来引导学生获取或巩固检查知识
	启发法	启发类	适用于教师在教学过程中根据教学任务和学习的客观规律，从学生的实际出发，采用多种方式，以启发学生的思维为核心，调动学生的学习主动性和积极性，促使他们生动活泼地学习
	讨论法	讨论类	适用于教师在教学过程中根据教学任务和学习的客观规律，从学生的实际出发，采用多种方式，以启发学生的思维为核心，调动学生的学习主动性和积极性，促使他们生动活泼地学习
以直接感知为主的方法	演示法	演示类	适用于教师在课堂教学时，把实物或直观教具展示给学生看，或者做示范性的实验，或通过现代教学手段，通过实际观察获得感性知识以说明和印证所传授的知识
以实际训练为主的方法	练习法	练习类	适用于学生在教师的指导下，依靠自觉的控制和校正，反复地完成一定动作或活动方式，借以形成技能、技巧或行为习惯。尤其适合工具性学科（如语文、外语、数学等）和技能性学科（如体育、音乐、美术等）
	实验法	实验类	适用于学生在教师的指导下，使用一定的设备和材料，通过控制条件的操作过程，引起实验对象的某些变化，从观察这些现象的变化中获取新知识或验证知识。在物理、化学、生物、地理和自然常识等学科的教学中，实验类微课较为常见
以欣赏活动为主的方法	表演法	表演类	适用于在教师的引导下，组织学生对教学内容进行戏剧化的模仿表演和再现，以达到学习交流和娱乐的目的，促进审美感受和提高学习兴趣。一般分为教师的示范表演和学生的自我表演两种
以引导探究为主的方法	自主学习法	自主学习类	适用于以学生作为学习的主体，通过学生独立的分析、探索、实践、质疑、创造等方法来实现学习目标
	合作学习法	合作学习类	合作学习（collaborative learning）是一种通过小组或团队的形式组织学生进行学习的一种策略
	探究学习法	探究学习类	适用于学生在主动参与的前提下，根据自己的猜想或假设，运用科学的方法对问题进行研究，在研究过程中获得创新实践能力、获得思维发展，自主构建知识体系的一种学习方式

值得注意的是，一节微课作品一般只对应某一种微课类型，但也可以同时属于两种或两种以上的微课类型的组合（如提问讲授类、合作探究类等），其分类不是唯一的，应该保留一定的开放性。同时，由于现代教育教学理论的不断发展，教学方法和手段的不断创新，微课类型也不是一成不变的，需要教师在教学实践中不断发展和完善。

（2）按课堂教学主要环节（进程）分类。微课可分为课前复习类、新课导入类、知识理解类、练习巩固类、小结拓展类。

（3）按制作方式分类。微课可分为课堂实录式、计算机录屏式、可汗学院式、手机＋白纸式。

（4）按知识点内容分类。微课可分为讲授型、学习型、实验实践型。

（5）按与教育教学相关的微课分类。微课可分为说课类、班会课类、实践课类、活动类等。

五、微课的作用

在网络时代，随着信息与通信技术的快速发展，微课将具有十分广阔的教育应用前景。

（一）促进学生有效自主学习

(1) 向学生提供自主学习的环境。
(2) 能更好地满足学生对不同学科知识点的个性化学习。
(3) 教师不再是讲台上的圣人，而是身边的导师。
(4) 按需选择学习，既能查缺补漏，又能强化巩固知识。
(5) 学生课外延伸的个性化阅读材料和学习的最好载体。
(6) 传统课堂学习的一种重要补充和拓展。
(7) 内容被永久保存，可供查阅和修正。

（二）促进教师提高专业水平

(1) 选取课题。教学目标清楚，教学内容明晰，或针对难点突破，或针对课前导入，或针对拓展延伸，择其一点设计教学，加深了教师对教材知识内容的进一步理解。

(2) 设计内容。备课时，教师要更充分地研究学情，做到课堂无学生，心中有学生；要准确地把握教学节奏，快慢适当，吃透教材；要熟练地掌握现代信息技术，因为微课的核心组成内容是教学视频，通过视频组成一个融教学设计、多媒体素材、课件为一体的主题资源包。

(3) 提高教师知识讲解与总结的能力。教师的教学语言要简明扼要，逻辑性强，易于理解；讲解过程要流畅紧凑。教师在备课的过程中就要考虑实际进行的状况，这样才能上一节吸引人的课。

(4) 开拓教师的视野。为拓展知识点，教师必须查阅资料去充实内容，才不会显得空泛和空洞，在拓展学生的视野的同时，也丰富了教师的教学资源。教师和学生在这种真实的、具体的、典型案例化的教与学情境中可以学习"隐性知识"，并实现教学观念、技能的迁移和提升，从而迅速提升教师的课堂教学水平，促进教师的专业成长。

(5) 反思提高教师能力。教师在教学中经历着"研究→实践→反思→再研究→再实践→再反思"的循序渐进、螺旋式上升的过程，教师的教学和研究的水平与能力也在不断提升。

(6) 促进教师掌握现代信息技术，跟上时代发展的步伐。做微课需要了解并掌握许多相关的软件,如录屏、截屏等。微课最终让教师从习惯的细节中追问、思考、发现、变革,由学习者变为开发者和创造者,在简单、有趣、好玩中享受成长。

(三)促进教育自身的发展

现在的"微课热",是对过去"课堂实录"式的视频教学资源建设的反思和修正。过去录制了大量"课堂实录"式的视频教学资源,但是这些资源大而全、冗长,难以直接加以使用。微课平台是区域性微课资源建设、共享和应用的基础。平台要在满足微课资源、日常"建设、管理"的基础上增加便于用户"应用、研究"的功能模块,形成微课建设、管理、应用和研究的"一站式"服务环境,供学校和教师有针对性地选择开发。交流与应用是微课平台建设的最终目的。通过集中展播、专家点评和共享交流等方式,向广大师生推荐、展示优秀获奖微课作品;定期组织"微课库"的观摩、学习、评课、反思、研讨等活动,推进基于微课的校本研修和区域网上教研新模式形成,达到资源共享。

无论是对学生还是对教师而言,微课无疑是一次观念转变。它促成一种自主学习模式,还提供教师自我提升的机会,最终达到高效课堂和教学相长的目标。

微课的制作方式可扫描二维码学习。

微课的制作方式.docx

六、微课的意义和价值

(1)微课以学生为中心,重视学习情境、资源、活动的设计。微课是以某一学习主题为核心组织起来的相关活动,所以它不仅仅是简单地将技术整合到课程中,更重要的是将已经脱离社会的学习活动回归到真实的生活中,将人为孤立起来的知识回归到真实的生活源泉中,将单一的被动接受学习方式还原为丰富多彩的学习方式群落。微课课时一般比较短,教学材料少,具有很大的灵活性,所设计的活动一般和现实相关,不只让学生汲取知识,还鼓励学生进行深层次的思考,在具体的活动过程中,学生既学习了本门课程的知识,也丰富了其他相关学科知识。教学的教育性是客观存在的,在微课中,教师总是尽量设置一些与现实问题相联系的情境来感染学生,对于学生的情感具有积极的影响,并吸引学生的注意力,激励学生完成指定的任务并培养学生解决实际问题的能力。

(2)微课可以为学生提供有效的学习支架。微课强调以学生为中心,学生在学习过程中具有更多的主动权,但这并不意味着学生可以完全离开教师的指导进行探究。事实上,在整合的过程中,教师要扮演内容呈现者、学习帮助者和课程设计者等多重角色,教师在对学生的学习控制和学生的自主活动之间要达到一种平衡状态。教师为学生创建"有源"的学习环境,根据学习过程的需要为学生提供不同形式的支架,不断引导学生的思维,帮助学生顺利穿越"最近发展区",获得进一步的发展,同时它对学生日后的探究性学习也起到潜移默化的引导作用,使学生根据实际需要寻找或构建支架支持其学习。

(3)微课具有很强的实用性、可操作性和实践性。移动学习的发展将使学生在远程学习上更加自由,下一代的远程学习将是移动学习。移动学习为学习者提供了新的学习环境和学习方式,有着非常广阔的前景。学习者才是移动学习的主体,对移动学习发挥着重要的作用。课件是 E-Learning 系统中课程学习的主要形式,学生可以在线浏览服务器上的网络课件,从而完成课程内容的学习。微课以知识点为核心,课程资源中可以使用文字、图片、声音、视频等多种媒体信息,是最有利于学生学习的一种资源形式。

（4）微课可以因材施教,形成自主学习的资源库。研究表明,随着现代人生活节奏的加快、工作压力的增大,很多知识是通过非正式学习获得的,如上下班坐地铁看报纸、跟同事聊天、寻求网络帮助等,都能对工作起到很大的帮助,类似这种非正式的学习方式,E-Learning 平台也可以实现。将现有的课程拆分成视频碎片,形成一个具有大量视频信息的数据库,学员需要学习相应知识,可以像中国知网、万方数据库等搜索引擎一样输入关键词就会出现一系列索引文件,学员可根据自己的需求筛选需要的知识,这个知识点可以是理论解析、实战案例、Flash 演示、情景模拟等各种素材,可以满足学员的自我需求,真正实现因材施教,教师的讲解只是学员知识中的一个工具,形成以学员为主导的学习活动。学生通过阅读或查找大量的资料来进行学习,在学习中,学生不仅要研究问题本身,还要查找确定回答问题所需要的信息,这是以问题为中心的学习和以案例为中心的学习中的一个环节。

（5）对学生而言,微课能更好地满足学生对不同学科知识点的个性化学习、按需选择学习需求,既可查缺补漏又能强化巩固知识,是传统课堂学习的一种重要补充和拓展资源。调查发现,如果是网络课堂,学生的注意力集中最佳的时间是 10 分钟内。学生认为网络课堂通常都是 45 分钟左右,很难集中精力,通常是打开视频几分钟就关掉了。通过微课视频的播放,学生能清楚地明白某一知识点别人有着怎样的观点和思考,可以拓展学生的视野,提高学生的学业水平。

（6）对教师而言,微课革新传统的教学与教研方式,突破教师传统的听评课模式,教师的电子备课、课堂教学和课后反思的资源应用将更具有针对性和实效性。微课研究的优点很明显,即课例简单,学习内容与目标单一,学习和研究时间节约,教师从微课中可以受到启发,有些甚至可以照搬或者迁移到自己的教育教学中。广大教师在这种真实的、具体的、典型案例化的教与学情境中可易于实现对"隐性知识""默会知识"等高阶思维能力的学习,并实现教学观念、技能、风格的模仿、迁移和提升,从而迅速提升教师的课堂教学水平,促进教师的专业成长。

七、虚拟现实技术的教学应用

虚拟现实技术(virtual reality technology,VR 技术)已经成为 21 世纪人类社会最重要的发明之一,直接影响人们生活的方方面面。虚拟现实技术起源于 20 世纪 60 年代末,80 年代开始应用于教育领域,2000 年后得到迅猛发展。为教学的改革和创新提供了可靠的技术支撑,其作用不容忽视。当前虚拟现实技术在教育领域中的应用,无论是国内还是国外,均取得了良好的效果,虚拟现实技术的发展潜力和发展空间极大。虽然虚拟现实技术的发展时间不长,但是在教育行业中的应用效果不俗,因此深入探讨虚拟现实技术在教育领域中的应用具有重要的意义和价值。

（一）虚拟现实技术的内涵

虚拟现实技术是将计算机技术基础上,用传感器技术、图像技术及多媒体技术、人机接口、仿真技术建立的多种科学技术融合在一起的新兴计算机交叉领域技术。这项技术是一种可以创建和体验虚拟世界的计算机仿真系统。它利用计算机生成一种模拟环境,是一种多元信息融合的、交互的三维动态视景和实体行为的系统仿真,能使用户脱离现实,沉浸到模拟环境中。它既可以基于真实的情境进行设计,也可以构建完全虚拟的世界,操作者自身处于云计算技术构建的三维空间中,通过眼睛、双手、耳朵等多个身体部位的灵活运用在三维空间中不断地环游,创造出身临其境的感受。虚拟现实技术是一种计算机技术,能生成模拟真实世界的虚拟环境(或者直接生成虚构的环境),用户对象能在这个具有沉浸感的环境中进行各种交互式的体验。

(二)虚拟现实技术的基本特征

虚拟现实技术是一种综合性技术,在虚拟环境中,人占据主导地位,因而,虚拟现实技术具有如下几种典型特征。

(1)多感知性,即一种理想化的人所具有的一切感知功能,如视觉、听觉、力觉、味觉、触觉、嗅觉等。

(2)交互性,即用户可以对虚拟环境中的物体进行逼真生动的操作,如用户可以在虚拟环境中抓取物体,并且会相应地产生抓取和握住物体的感觉,感受到物体的重量。交互性具有从环境得到实时反馈的自然程度。

(3)沉浸感,又称临场感,是指虚拟环境能够使用户全身心地投入该环境中,并且能给用户带来生动逼真的体验与感觉。

(4)构想性,主要是指用户在使用虚拟现实系统中,可以通过对各类信息进行综合,利用自身的动作行为来联想、想象或者推理、判断各种客观不存在或不可能的环境,从而获得更多的信息与知识。

(三)虚拟现实技术的分类

1. 桌面虚拟现实技术

桌面虚拟现实技术主要是指用户通过计算机或者一些低级的工作站就可以进行真实的仿真,使用计算机屏幕可以对虚拟环境进行观察,并且通过输入不同的设备代码来与虚拟环境实现交互。这种输入的设备包括鼠标、追踪球等。桌面虚拟现实系统使参与者在合理地运用设备后能够进入虚拟环境中,对虚拟环境中的物品进行操纵,并且通过计算机屏幕来对虚拟环境进行实时的观测。为进一步增强对虚拟现实环境的感受,一些技术专家已经开展了三维眼镜的使用,通过三维眼镜与屏幕结合,使参与者可以更好地感知三维空间的幻觉。

2. 沉浸式虚拟现实技术

这种虚拟现实技术常常可以给用户完全的虚拟现实体验,能够使参与者真实地融入环境之中,有一种身临其境的感觉。这种虚拟现实技术常常通过使用特殊的设备来完成虚拟,如头戴头盔显示器。在虚拟的环境中,参与者的各项感受会被封闭,建立起一个完全虚拟的感受空间,在这一空间中,参与者可以进行空间定位,也可以进行各种各样的操作,这些操作可以使参与者全身心地投入虚拟环境中。一般而言,沉浸式的虚拟系统包含有头盔显示器、数据手套等设备,这样可以使用户的视觉、触觉、听觉完全融入封闭的虚拟环境中,使参与者与外部真实环境完全隔离,使其真正成为虚拟环境中的人员。

3. 摇现虚拟现实技术

摇现虚拟现实技术主要是将遥远地区的真实物理通过三维图像和计算机融合的模式进行结合产生虚拟物品,如可以将深海中的鲨鱼虚拟显示在人们眼前。这种虚拟现实技术可以模拟出真实的环境,可以给用户营造出更加真实的感受,因此这一技术又被称作增强现实虚拟现实技术。这一技术的典型代表就是空军战斗机飞行员的训练器,空军战斗机飞行员通过这一训练器可以完全模拟真实空战的感受,因此飞行员通过该技术可以完全融入空战,有助于提高飞行员的战斗效率。除运用于空军战斗员的培训外,摇现虚拟现实技术还可以运用于现实的教学中,帮助学生更好地进行学习。

(四)虚拟现实技术在教学中的应用

1. 虚拟现实技术在学科教学中的应用

(1)三维物体展示。在数学、化学、生物和物理等学科教学中,经常需要为学习者出具一些实物模型,来帮助他们理解较为抽象的概念。虚拟现实技术能够通过对应的建模软件,构建与课堂教学所需实物相同的模型,与传统模型相比,其交互性更强。例如,利用 Z-Space,学生可以随意拆解、移动、旋转细胞模型,从各个角度进行观察,从而加深对三维物体的了解,为后续学习打下基础。

(2)技能训练。技能训练需要学习者将学到的知识运用于动作实践,将知识通过操作得到内化。虚拟现实能够使学生在虚拟世界中进行许多在现实世界难以进行的技能训练,如体育技能、医学手术、物理化学实验等,利用虚拟现实技术可以克服成本高昂、场地、天气等不可控因素。虚拟现实技术的高度沉浸性能让学习者更加专注,不易受外界干扰,能规避某些技能训练所带来的危险性,习得技能的保持时间也较为持久。

(3)虚拟场景建构。学科教学中常常会通过营造教学情境进行教学,但教师的解释往往和学习者的理解大相径庭。若采用虚拟现实技术还原这些场景,学习者不仅能看、听,还能亲身体验。例如,运用虚拟现实技术能够让学习者亲身体验"海因茨偷药"的场景,设身处地地体会海因茨的为难与纠结,这样的体验更能带动学习者的情感参与,对学习者的同理心、社会性的发展有较大的帮助。

(4)重现历史事件与场景。历史是既成的事实,对于学科教学中很多学科涉及的历史事件,可利用虚拟现实技术进行重现,帮助学生重新参与历史事件。虚拟现实技术重现的历史场景具有很强的情境性,甚至可以与某些人物和事物进行交互,使学习者参与到历史事件中,亲身感受历史文明的厚重,提升学习效果。例如,利用虚拟现实技术模拟"阿波罗 11 号"登月的场景,只要带上相应的头盔,便能化身阿姆斯特朗,感受每一个登月的细节,并且所有过程都由学习者控制。

2. 虚拟现实技术在非学科教学中的应用

(1)虚拟仿真校园。虚拟仿真校园主要有两种形式,即实体校园"虚拟化"、虚拟校园"现实化"。前者指基于教育信息化的有关原则,把实体校园的一些功能和设施虚拟化,将其整合到虚拟校园中,以便学习者在虚拟校园中能够自由获取和学习。后者指仿真校园能够满足学习者一些在实体校园难以实现的需求,比如通过个人图书馆的使用习惯,为学习者智能推荐图书等。虚拟校园早在 2003 年的"第二人生"项目中就有高校进行实践，许多国外高校不仅在第二人生中建立了虚拟校园，而且尝试开设课程。

（2）特殊教育。特殊教育需要打破学习者的心理防线，创设有趣的学习场景。虚拟现实技术能够充分调动人的大部分感官，营造有针对性的学习情境，排除现实教学中的有关安全性和时效性的问题。目前，许多国家将虚拟现实技术应用于肢体残障儿童的肢体康复、视力障碍儿童的视觉康复、听障儿童的语言训练、多动症及自闭症儿童矫正等方面。

（3）数字教育出版。数字出版技术与虚拟现实技术的有机结合，把以受众需求为主的教育出版转变为更加注重用户体验和内容质量的教育出版。某职业教育机构已经将机械、汽车、电子等专业的教材利用三维动画、自动演示等虚拟现实技术进行升级改造，让学习者快速、熟练地掌握职业技能。

（4）虚拟现实与远程教育。与传统面授教育相比，远程教育仍然缺乏一定的灵活性，存在难以开展合作学习、某些课程的教学实验和实践难以远程完成、远程教学无法让学生与教师有效交互，以及无法为学习者提供及时反馈等问题。虚拟现实技术能够创建远程教学平台，为学习者营造生动、逼真的学习环境，让学习者成为虚拟环境的参与者，参与虚拟实验和技能训练，从而弥补远程教育实践环节的不足。

复习思考题

1. 简述计算机辅助教学系统的构成。
2. 计算机辅助教学的特点有哪些？
3. 阐述多媒体的定义。
4. 多媒体的关键特性及其用于辅助教学的优势是什么？
5. 多媒体课件设计的基本原则有哪些？
6. 多媒体课件制作有哪些主要步骤？
7. 列举几种课件制作能用到的多媒体应用软件。
8. 用 PowerPoint 创作一个短小的课件。
9. 画出微课的制作流程，并说出微课的几种制作方式。

第六章 教学设计

学习目标

通过本章的学习,你应能够:
(1) 说出教学设计、教学目标、教学策略、教学方法、教学组织形式和教学评价的概念。
(2) 简述对教学设计定义的理解。
(3) 掌握教学设计的模式。
(4) 至少应用两种方法分析学习内容。
(5) 用 ABCD 目标编写法编写教学目标。
(6) 能够对学习情境和环境进行创设。
(7) 说出教学设计评价的类型,举例说明其特点。
(8) 至少采用一种方法编写教学设计方案。

教学设计是教育技术学领域中的一个十分重要的分支,是 20 世纪 60 年代以来逐渐形成并发展起来的一门新的实践性很强的应用科学。教学设计理论为提高教学效率、实现教学效果最优化提供了有力的保证。

第一节　教学设计概述

一、教学设计的定义

教学设计是以优化教学效果为目的,依据现代教学理论、学习理论、传播理论及教师的经验,运用系统科学的观点和方法,对教学活动进行规划和安排的一种可操作的过程。具体来说,可以从以下几个方面认识和理解教学设计。

(一) 教学设计的目的和研究对象

(1) 目的。教学设计的最终目的是提高教学效率和教学质量,使学生获得良好的发展。

(2) 研究对象。教学设计把教学系统作为研究对象。对教师而言,整个教学过程是教学设计的对象,即运用教学设计的理论与方法是为更好地进行课前准备工作和更好地解决教学过程中遇到的问题。

（二）教学设计强调运用系统方法

教学设计也称为教学系统设计。教学设计是把教学的各个环节看作一个相互联系、相互作用的系统，因此需要用系统科学的观点和方法对教学中的各个要素及其相互关系进行分析和操作。这些要素包括教师、学生、教学内容、教学条件及教学目标、教学方法、教学媒体、教学组织形式、教学活动等。教学设计作为一个系统计划的过程，通过一套具体的操作程序来协调、配置，使各要素有机结合，完成教学系统的功能。教学设计的系统方法是指教学设计要从"为什么教"入手，确定学生的学习需要和教学目的；根据教学目的，进一步确定通过哪些具体的教学内容和教学目标才能达到教学目的，从而满足学生的学习需要，即确定"教什么"；要实现具体的教学目标，使学生掌握需要的教学内容，应采用什么策略，即"如何教"；最后，要对教学的效果进行全面的评价，根据评价的结果对以上各个环节进行修改，以确保促进学生的学习，获得教学的成功。

（三）教学设计必须以学生特征为出发点

在教学活动中，学生是学习的主体，学习不是被动地接受知识，而是一个依据原有的知识和能力，以自己的特点，对新知识进行积极主动建构的过程。无论何种教学形式，学习最终是通过学生自己完成的，学习的结果将最终体现在学生身上。因此，教学设计必须防止以假设的学生作为教学对象，重教轻学，而应真正地以学生的具体情况为出发点，重视对学生共有特征和个性的分析，重视激发、促进、辅助学生内部学习过程的发生和进行，从而使有效的学习发生在每个学生身上，保证不让一个学生处于教学的劣势。可以说，教学设计具有个别化教学的特征。

（四）教学设计必须以教与学的理论为依据

教学系统是否符合具体的教学实际，能否获得最佳的教学效果，教学目标是否正确地反映了学生的学习需求等问题，单凭系统方法是无法解决的。若想获得教学的成功，还需保证每个教学环节上决策的科学性。教学设计的主要工作对象是教和学的双边活动，教学设计是以人类学习的基本规律为依据，探索教学规律，从而建立合理的、科学的教学目标、教学内容及方法策略的体系。因此，必须以研究教和学基本规律的教学理论和学习理论作为设计的理论基础和决策的科学依据。按照信息论的观点，教学过程实质上是一个教育信息传递、接收和反应的传播过程，所以教学设计也应以传播理论作为理论基础。

（五）教学设计是问题解决的过程

教学设计以帮助学生的学习为目的，它常以学生学习所面临的问题为出发点，首先要寻找问题，确定问题的性质，再研究解决问题的办法，达到解决教学问题的目的。因此，教学设计是以问题找方法，而不是以方法找问题，使教学工作更具有目的性。

（六）教学设计重视对教学效果的评价

做出设计方案后，应对方案的效果进行评价。设计过程的各个环节也应不断地收集反馈信息，及时提出修改意见，这样就可以对教学设计过程和结果进行科学的评价，得出科学的结论,有利于不断提高教学设计的水平,更有利于改进教学、提高教学效果。

(七)教学设计也要依据教师的经验

教师的经验包括教师个体的经验、教师集体的经验和优秀教师的经验。在教学设计中,仅靠经验是有缺陷的,但不能排斥教师经验的作用。由于教学具有极为复杂的动态结构,科学理论和方法在实际应用时会有一定的局限性,这就需要教师的经验加以弥补。只有将科学理论和方法与优秀的经验结合起来,才能做好教学设计。

二、教学设计过程的模式

(一)教学设计过程的一般模式

教学设计过程的模式是以教学系统各要素及各要素之间的关系为基础的。它是在教学设计的实践中加以总结并逐步形成的;它是理论性的,代表着教学设计的理论内容,而不是教学设计的方法;它是对教学设计理论的简化形式。

教学设计首先应从学习需要分析开始,解决"为什么教"的问题。其次,需要进行学习内容分析和学生特征分析,一方面考虑课程、单元及一堂课的教学内容的选择和安排,解决"教什么"的问题;另一方面要考查学生在进行学习之前的初始能力及对所学内容的兴趣和态度。再次,需要确定教学策略,考虑如何实现教学目标或学习目标,解决"怎么教"的问题,其中包括考虑教学媒体的选择和应用。最后,对教和学的行为作出评价。在行为评价时,一方面要以目标为标准进行评价;另一方面要提供教学效果的反馈信息以审视教学方案如何,从而对教学设计过程的模式中的所有步骤作重新审查,特别应检验目标和策略方面的决定,如图 6-1 所示。

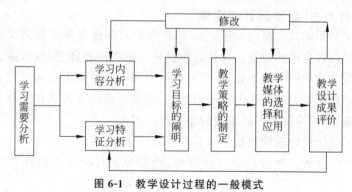

图 6-1 教学设计过程的一般模式

在教学设计过程的模式中,学生、目标、策略和评价构成教学设计的四大基本要素。

(1) 教学设计要以教学目标为核心。在教学设计中,师生的活动、媒体的选择、教学策略的确定及其应用,都要围绕实施教学目标来进行,均要受到教学目标的控制。教学设计的目的是优化实现预期的教学目标。

(2) 教学设计要以教学对象为导向。在教学设计中,学生处于主体地位。教学目标要通过学生的活动来实现,教学目标的达成情况要通过学生的学习效果及其行为和情感变化反映出来,所以教学设计必须从学生的实际出发,从学生学习的需要出发,以学生为导向。教学设计要特别重视对学生的分析,在分析学生学习一般规律的基础上,了解学生的需求、接受能力、个别差异等。对学生学习的外部环境和刺激,及其内部学习过程中发生和进行的智力与非智力因素加以统筹分析,使每个学生都能在有利的环境中进行学习。

(3) 教学设计要以教学策略为重点。教学策略是指在具体条件下,为达到预期目标所采用的途径和方法。教学组织形式、教学结构程序策划、教学媒体材料设计与开发等均属于教学策略的范畴。教学策略是保证教学目的实现的有效途径。只有合理地选择与设计教学策略,教学活动才能顺利进行,并有效地实现教学目标,从这个意义上说,必须把教学策略作为教学设计的重点。

(4) 教学设计要以反馈评价为调控。反馈评价是系统科学的重要方法。通过反馈信息的收集与分析,将学生的反应输出状态与预期目标相比较,从中获得对教学方案进行修改的信息。评价活动通过确立学习评价指标体系,收集大量真实的数据,利用科学方法进行量化处理,对设计方案的价值进行判断。这种调控可使教学设计方案更趋于完善。

对于教学设计过程模式的理解,应该注意以下两个问题。

(1) 整体性。在实际教学设计工作中,要从教学系统的整体功能出发,保证"学生、目标、策略、评价"四要素的一致性,使各要素相辅相成,产生整体效应。

(2) 灵活性。我们所设计的教学系统是开放的,教学过程是动态过程,涉及的各个因素也都处于变化中,因此教学设计工作具有灵活性的特点。在利用该模式进行教学设计时,应根据不同情形,针对不同的实际问题,决定设计步骤,确定从何入手,重点解决哪些环节的问题,创造性地进行教学设计工作。

(二)"以教为主"教学设计的实施

在建构主义开始流行之前(20 世纪 90 年代之前),各级各类学校的课堂教学中普遍采用"以教为主"的教学设计理论。这种教学设计主要关注教师的"教",而忽视学生自主的"学"。这种教学设计的理论基础,在学习理论方面主要是采用美国教育心理学家加涅的"联结—认知"折中学习理论作为其理论基础,在教学理论方面则比较复杂——综合采纳包含美国流派、德国流派和苏联流派的多种教学理论。

"以教为主"教学设计通常包括下列几个实施环节。

(1) 教学目标分析。通过教学目标分析,确定与该目标相关的教学内容及知识点顺序。

(2) 学习者特征分析。通过学习者特征分析,确定教学起点,以便因材施教。

(3) 在教学目标分析和学习者特征分析的基础上,确定教学方法、策略。

(4) 在教学目标分析和学习者特征分析的基础上,选择教学媒体。

(5) 进行施教,并在施教过程中开展形成性评价(在教学过程中的形成性评价可以有提问、测验、考试、察言观色等多种方式)。

(6) 根据形成性评价所得到的反馈对教学内容与教学方法、策略加以适当调整。

(三)"以学为主"教学设计的实施

如前所述,随着多媒体和网络技术从 20 世纪 90 年代初开始日益普及,建构主义被逐步引入教学领域（尤其是中小学的教学领域），并从原来纯粹的学习理论逐渐发展成为既包含学习理论又包含教学理论和教学设计理论、方法的一整套全新的教与学理论。建构主义的教学设计理论（"以学为主"的教学设计理论）的目的是促进学生的自主学习、自主探究与自主发现。这种教学设计的理论基础比较单一，主要是采用西方激进建构主义的教与学理论。"以学为主"的教学设计主要包括下列几个实施环节。

（1）情境创设。创设有利于学生自主建构知识意义的情境。

（2）信息资源提供。提供与当前学习主题相关的文献资料与信息化学习工具（学习资源），以促进学生的自主建构。

（3）自主学习策略设计。自主学习策略是诱导学生自觉、主动地学习，并自主建构知识意义的内在因素，其作用是充分调动学生学习的主动性、积极性，以便更好地达到自主建构知识意义的目标。

（4）组织合作学习。通过相互之间的合作交流、思想碰撞、取长补短，深化学生对知识意义的建构。

（5）组织与指导自主探究、自主发现。在初步达到意义建构目标（对当前所学知识已有一定理解、掌握）的基础上，再通过解决实际问题的发现式学习或探究性学习进一步培养学生的创新精神与实践能力。

（6）学习效果评价。学习效果评价包括学习者本人的自我评价和小组对学习者个人的评价，评价内容围绕三个方面：自主学习能力、对合作学习做的贡献及达到意义建构目标的深度。

（四）"学教并重"教学设计的实施

上述"以教为主"和"以学为主"的两种教学设计理论均有其各自的优势与不足。前者主要关注教师的"教"，便于发挥教师的主导作用，便于教师监控整个教学活动进程，便于因材施教，因而有利于对前人知识经验的讲授与传承，有利于学生对学科基础知识的系统学习与掌握，但是这种教学设计忽视学生的自主学习，不注意调动学生的主动性、积极性与创造性，容易造成学生对教师、对权威和对书本的迷信，所以不利于创新意识、创新思维与创新能力的培养。

后者则相反，主要关注学生的"学"，重视学生的自主学习与自主探究，注意充分调动学生的主动性、积极性与创造性，因而有利于学生创新意识、创新思维与创新能力的培养；但是这种理论忽视教师的"教"，忽视教师主导作用的发挥，因此不利于学生对学科基础知识的系统学习与掌握。

通过20世纪90年代以来信息技术与课程整合的实践，我国的教育技术学者逐渐认识到，要想在信息化教学环境下实现教与学方式的根本变革，达到较理想的教学效果，最好能将上述两种教学设计有机地结合起来，互相取长补短，形成优势互补的"学教并重"教学设计。这种新型教学设计的理论基础，在学习理论方面是采用新型建构主义的学习理论（而非西方激进建构主义的学习理论，新型建构主义是指经过中国学者改造与发展的建构主义），在教学理论方面主要是采用奥苏贝尔和加涅的教学理论，在设计的过程和方法上，则兼取"以教为主"和"以学为主"两种教学设计的优势，是原有教学设计的丰富与拓展，因而主要包括下列几个实施环节。

(1) 教学目标分析。通过教学目标分析,确定与该目标相关的教学内容及知识点顺序。

(2) 学习者特征分析。通过学习者特征分析,确定教学起点,以便因材施教。

(3) 教与学策略的选择与设计。既包括传统教学策略的选择与设计,也包括建构主义的自主学习、合作学习与自主探究等策略的选择与设计。

(4) 学习情境创设。情境创设既可在一节课的开始实施,也可在课中实施。

(5) 教学媒体和教学资源的选择与设计。

(6) 在教学过程中进行形成性评价,并根据形成性评价所得到的反馈对教学内容与教学策略作适当的调整。在这种拓展后的教学设计中,大体上沿用"以教为主"教学设计过程的模式,但其中的第(3)环节已涵盖建构主义的自主学习、合作学习与自主探究等策略的设计;在第(4)环节和第(5)环节中则包括情境创设和信息资源提供的要求,因而能够较好地体现优势互补的"学教并重"思想。

第二节　教学设计的前期分析

教学设计的前期分析包括学习需要分析、学生特征分析和学习内容分析三项内容。学习需要分析是整个教学设计过程的第一步,通过分析,确立总的教学目标,规定学生经过学习之后能达到的能力水平,即学生将要获得的终点能力;通过学生特征分析,可以了解学生的起始能力,并由此确定教学起点;学习内容分析则是根据学生的起始能力和将要获得的终点能力确定学习内容,保证学生能够从起始能力向终点能力转化,从而能够保证实现总的教学目标。

一、学习需要分析

学习需要分析的作用是鉴定教学问题,并在此基础上形成总的教学目标,为分析学习内容、阐明学习目标、制定教学策略、选择和运用教学媒体及进行教学评价等各项教学设计的工作提供真实的依据。

学习需要是指学习者在学习方面的目前状况与所期望达到的状况之间的差距,也就是学习者目前水平与期望学习者达到的水平之间的差距。分析学习需要的意义在于确定学习需要并进一步分析差距的真正原因、确定教学设计是不是解决问题的必要途径。通过对现有的资源及约束条件的分析,论证解决该问题的可能性。在此基础上,确定总的教学目标。由于在中小学课堂教学过程中,学习需要一般是教育行政部门组织专家精心制定的,是教师在教学过程中必须执行和达到的要求,所以教学过程设计可以从分析学习者特征开始。

(一) 学习需要分析的主要目的

(1) 发现教学过程中可能存在的问题。

(2) 分析产生问题的主要原因,进一步鉴别问题的性质和来源。

(3) 寻求解决问题的方法和途径,设计解决方案。

(4) 分析现有资源及约束条件,论证解决方案的可行性。

(二) 学习需要分析的基本步骤

(1) 针对教学中可能存在的问题,选择问卷、量表、面谈等信息收集方法。
(2) 分发、收集问卷,获取学习者的信息。
(3) 整理资料,处理数据。
(4) 撰写分析报告,设计解决方案。
(5) 验证方案的可行性。

(三) 学习需要分析的方法

学习需要分析是一项比较复杂的任务,可能涉及许多方面,有对学生认知、技能、态度方面的内部学习需求,也有社会对教育提出的外部需求,通常的做法是设计调查表,如表 6-1 所示。

表 6-1 学习需要分析调查表

调查维度	现状	目标	差距	原因分析

二、学生特征分析

完成"学习需要分析"后,应该进行学生特征分析和学习内容分析。这两项分析之所以并列起来,是因为它们之间存在相互联系、相互影响和相互作用的非线性关系。这具体表现在:进行学习内容分析时,要以学生特征分析中的"确定学生的初始能力"为基础;而确定学生的初始能力,又与学习内容分析中所选定的学习内容的广度、深度及各项先决知识和技能的关系图有关。

学生的学习必须通过自己的内部加工才能完成,同时又在很大程度上依赖于学生个体与环境的相互作用。所以,我们要分析学生的特征,并在此基础上组织学习内容、阐明学习目标、确定教学策略、选择教学媒体,为学生创造适合其内部条件的外部学习环境,使有效学习发生在每个学生身上。

学生特征包括初始能力、一般特征和学习风格。

学生在学习新知识时,其原有的知识水平和原有的生理、心理发展水平与特点对新学习的适应性就是学习准备。学习准备包括初始能力和一般特征两个方面。

(一) 初始能力

学生的初始能力是指学生在学习某一特定的课程内容时已经具备的有关知识与技能的基础,以及他们对这些学习内容的认知和态度。

确定学生的初始能力有一般性了解和预测两种方法。可以只采用前一种方法,也可以同时采用两种方法。

(1) 一般性了解。一般性了解学生的预备技能和目标技能，可以从教学大纲、课程计划及学生的测验成绩中得到；对学生学习态度进行一般性了解，可以找学生、班主任或其他任课教师谈话。

(2) 预测。预测是客观、准确地掌握学生初始能力的重要手段。预测实际上也是一种测验，但与平时所说的测验在测试时间和测试方法上均有所不同：预测总是在新课程开始之前进行，是一种课前测验；预测的具体做法是在一般性了解的基础上，通过编制专门的测试题测定学生的掌握情况。进行预测的过程：编写测试题→进行学前测试→分析测试结果。

（二）一般特征

学生的一般特征是指在学习过程中影响学生的心理和生理等的特点，包括年龄、性别、年级、认知成熟度、智力才能、学习动机、个人对学习的期望、生活经验、文化、社会、经济等背景因素。

学生的一般特征虽然与具体的课程内容没有直接联系，但是它们会影响学生接受新知识的效率。当教师所安排的学习内容、选择的教学策略与学生的一般特征相适应时，这些特征就会对学生学习新知识起促进作用；反之，会起妨碍作用。

中学生的基本特点：在整个中学阶段，他们的思维能力得到迅速发展，抽象逻辑思维逐渐占据优势地位。这样的思维特点构成了中学生智力与能力发展的一般特征，具体表现在以下五个方面。

(1) 思维可以通过假设进行。学生能按提出问题、明确问题、提出假设、检验假设的途径，经过抽象逻辑思维过程来解决问题。

(2) 思维有了预计性。在进行复杂活动之前，学生有能力制订计划、选择方案和策略。

(3) 思维的形式化倾向。逐步发展到形式运算思维占优势。

(4) 思维活动中自我意识或监控能力明显增强。从中学开始，学生反省的监控性思维的特点越来越明显。

(5) 思维能够跳出旧的模式。创造性思维获得迅速发展，并成为中学生思维的一个重要特点。在思维过程中，追求新颖独特的因素，追求个人色彩，具有系统性和结构性。

在实际教学过程中，教师往往更多地考虑学生的初始能力，而忽略一般特征对学生学习的影响，这种状况需要改变。

（三）学习风格

学生的学习风格与学习活动有着密切的关系。对学生感知不同事物、对不同事物做出反应这两方面产生影响的所有心理特征构成了学习风格。这些心理特征不仅影响学生对不同刺激的感知，而且影响学生对不同刺激的反应。学习风格包含很多内容，如某个学生发现并保持了一种更适合于他的学习方法；某些学生对某种学习环境有着特殊的偏爱，只在那种环境中学习效率才会大幅提高；还有的学生在认知方式方面的差异和生理类型的差异等也属于学习风格。

测定学习风格的方法主要有调查量表法和征答法。

(1) 调查量表法。按照学习风格的具体内容，设计一个学习风格调查量表，这样可以给平时还没有注意自己学习风格的学生提供一些线索,使他们能够从中选择答案。

请根据自己的实际情况,在适合自己的项目后面的括号内画"√"。
喜欢自己安排学习进度。(　　)
喜欢一边听音乐一边做作业。(　　)
喜欢在空气清新、环境优雅的室外学习。(　　)
记得最牢的事情总是我听来的。(　　)
复习时喜欢与同学们一起讨论。(　　)
投影胶片上的字比黑板上的字更能引起我的注意。(　　)
喜欢在上课时有动手操作的机会。(　　)
……

(2)征答法。让学生陈述意见,以表明自己的学习风格。

通常是将两种方法结合起来使用,即前半部分是调查量表,启发学生选择适合自己的答案,后半部分则采用征答的形式,让学生适当补充调查表中没有提及的问题。

测定学习风格,可以帮助我们了解学生在学习风格方面的某些特征,这对教学设计来说是很重要的。如果我们能够把教学内容的安排、教学方法的运用及教学媒体的选择与不同的学习风格之间建立起联系,那么教学就能够较好地实现个性化。

学习风格的具体类型可扫描二维码学习。

学习风格的具体类型.docx

三、学习内容分析

学习内容分析是根据总的教学目标,规定学习内容的范围和深度,并揭示出学习内容中各个组成部分之间的联系,以实现教学效果的最优化。从范围和深度这两个维度确定学习内容以后,就明确了学生必须掌握知识的广度和深度,从而解决"学什么"的问题;揭示学习内容中各组成部分之间的联系,可以把已经确定的学习内容按照学生能够理解和接受的顺序排列起来,这样也涉及"怎样学"的问题。学习内容分析的结果表明,学习完成之后学生必须知道什么、能做什么;学生为达到这样的目标,需要哪些先决知识、技能、态度,以及学科内容的结构及最佳教学顺序。

(一)学习内容分析过程与学习结果分类

1. 学习内容分析的过程

在学习起点,学生以其具备的知识、技能、态度及学习方法开始新的学习;当学完规定的内容时,他们就获得了终点能力,即学习结果。如果学习内容安排合理,学生的学习结果应与总的教学目标所描述的学习结果完全一致。

学习内容分析的过程刚好与学生的学习过程相反,学习内容分析以学生的学习结果为起点,并以学习起点为终点,所以是一个逆向分析过程。也就是说,学习内容分析从学习需要分析所确定的总的教学目标开始,通过反复提出"学生要掌握这一水平的技能,需要预先获得哪些更简单的技能"这样的问题,并一一回答,一直分析到学生已具有的初始能力为止。

2. 学习结果的分类

加涅把学习结果分为言语信息、智力技能、认知策略、动作技能和态度五类。

加涅的学习结果分类可扫描二维码学习。

加涅的学习结果分类.docx

（二）学习内容分析的步骤

学习内容具有一定的层次结构。在学校教育中，一般可以按照课程、单元及知识点等层次来划分。无论是哪一个层次的学习内容，一般都采用下面的步骤分析。

1. 确定学习类型

确定学习类型就是根据教学目标的表述，按照言语信息、智力技能、认知策略、动作技能和态度五大学习结果的分类区分学习任务。不同类型的学习任务对学生来说需要的智力水平不同，付出的努力程度也不同；而对教师来说，提供给学生的学习条件不同，所需要的教学策略不同，测试学生学习结果的方法也不同。因此，学习内容分析必须按照学习结果的分类确定这些具体目标的学习类型。

2. 进行信息加工分析

当具体的教学目标被划分学习类型以后，就应该为这个目标确定相应的学习内容。这时就需要借助信息加工分析的方法了。

心理学家把学生的学习过程看作一个信息加工的过程，也就是说，学生为完成教学目标必须经过一个心理操作的过程，而这个心理操作过程及其所涉及的能力就构成了学习的内容。因此，对教学目标进行信息加工分析，就是考虑学生为达到教学目标必须经过哪些心理操作的步骤。在分析时，应该按照学生完成学习任务的全部思维过程，分步骤记录下来，然后认真推敲每一个步骤，以便挖掘出更深层次的认知过程和策略。

在分析学生思维过程时，教师要以一个初学者的身份，把自己的全部思维过程按步骤详细记录下来，再从学生的角度重新审查一遍记录结果，使其符合学生的思维过程。

3. 先决技能分析

学生在进行每一个心理操作步骤时，都可能需要一些其他的知识或技能准备，这样的准备就叫作先决技能，它们是完成信息加工过程必不可少的因素。先决技能分析就是把信息加工分析的每一个步骤都作为一个终极目标，然后具体分析要达到这一目标学生必须知道或能够做什么，也就是要确定学生在完成终极目标之前需要掌握哪些从属的先决技能。如果学生还没有掌握这些先决技能，那么它们就成为使能目标，使能目标可能又需要从属的先决技能……这样依次分析下去，从属的先决技能越来越简单，直到它们是学生已经掌握的知识和技能为止，这样就找到了教学起点，而这些先决技能构成了学习内容的一部分。

先决技能又分为基本先决技能和辅助先决技能。基本先决技能是使学生达到学习目标的必要条件，学生必须事先掌握，而辅助先决技能只对学习产生辅助影响。

4. 安排学习内容

确定了学生需掌握的学习内容及其深度和广度后，接下来分析其内在联系，然后根据学生的特点来安排学习内容。

学习内容之间的联系一般有三种类型：①并列型，各学习内容之间相对独立，先后顺序可以随意安排；②顺序型，前一项内容构成了后一项内容的基础，它们的顺序不能颠倒；③综合型，包含并列型和顺序型。各学习内容之间的关系具体如图6-2所示。

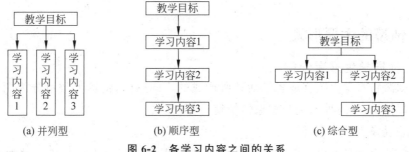

图 6-2　各学习内容之间的关系

在组织学习内容时，首先应该确定各项学习任务之间的关系，然后根据下面的原则作具体安排。

（1）从已知到未知，由具体到抽象。先安排比较简单的先决技能，再安排相对复杂的技能，使前面的知识成为后面学习的基础。在安排顺序型学习内容时尤其要注意遵从这条原则。

（2）由整体到部分，由一般到个别，不断分化，帮助学生从整体中分化出细节来。在安排以掌握科学概念为主的学习内容时，更应加以注意。

（3）按照事物发展的客观规律排列。这种排列方式与客观事物本身发展的顺序一致，符合事物向前发展的规律，有利于学生清晰、全面地了解事物发展的全过程。

（4）注意学习内容之间的横向联系。充分注意概念、原理、单元课题等之间的横向联系，注意将知识、技能和情感这几方面的内容衔接起来，有利于学生区别相似概念之间的差异，有利于完成迁移和记忆。特别是对于一些相对独立的学习内容，更应该注意分析它们与其他内容之间有无横向联系。

第三节　学习情境和环境的创设

学习情境是一种特殊的环境，是教学的具体情境的认知逻辑、情感、行为、社会和发展历程等方面背景的综合体，具有文化属性。学习情境是指知识在其中得以存在和应用的环境背景或活动背景，它能够引起学生某种积极的情感反应。学生自主学习、意义建构是在大量信息的基础上进行的，所以必须在学习情境中嵌入大量的信息。信息需要学习资源提供，丰富的学习资源是建构主义学习的一个必不可少的条件。学习情境加上丰富的学习资源和学习工具就构成了学习环境。

这里谈的情境又指教学情境或学习情境，是学生参与学习的具体的现实环境。知识具有情境性，而且是被应用的文化、背景及活动的部分产物。知识是在情境中通过活动产生的。一个优化的、充满情感和理智的教学情境,是激励学生主动参与学习的一种保证。教学情境的创设是指创设有利于学生对所学内容的主题意义进行理解的情境,是教学设计中的一个重要环节。情境创设将有助于反映新旧知识的联系,有助于促进学习者进行思维联想,有助于学习者对知识进行重组与改造,有助于学习者对知识进行意义建构。

一、情境的主要形式

(一)根据学生感受分类

根据刺激物对学生感官或思维活动所形成的不同感受,情境大致可分为两组:现实情境与虚拟情境、描述性情境与意象性情境。

1. 现实情境与虚拟情境

现实情境主要是指以实实在在的物体原型或真实事情为主的情境。教师在课堂上所展示的动物标本、地球仪、量角器、开国大典中的原声录音等都是现实情境。它们可以使学生凭借自己的视听感官直接感知,并从中产生对学习更深层次内容的追求。

虚拟情境主要是指将一些由于成本高、难度大,或者真实世界难以观察到的微观世界的内容以仿真的方式展示给学生的一类情境。在进行复杂的操作训练、生态系统的分析、危险环境的作业等方面的训练学习时,都可以考虑采用虚拟的方式模拟真实环境,让学生在反复练习中获得对复杂现象的认知,从而达到掌握学习内容的目的。

2. 描述性情境与意象性情境

描述性情境是指借助于语言的描述所创设的情境。在教学实践中,通过恰当的语言描绘,如语言的意义、声调、形象、感情色彩等,并结合其他直观手段,将学生带入特定的情境中,可以激起学生的情绪与情感方面的变化,从而为学习活动的开展提供支持。

意象性情境是指借助于描述,并启发学生发挥自由想象力从而形成的情境。意象性情境可以把学生带入想象的空间,在想象中升华情感,进而激起其参与学习活动的激情。

(二)根据表现形式分类

根据情境的不同表现形式,可以将情境分为问题、故事、叙事、生活与示范等多种形式。

(1)问题情境的创设是将学习内容转化为问题的形式,激发学生解决问题的热情,目的在于将学生引入一种与问题有关的情境。

(2)故事情境的创设是通过引入与学习内容相关的、具有生动情节和丰富内涵的故事,从而吸引学生的注意。故事的导入,有时会激发学生对故事的前因后果产生浓厚兴趣,并进而唤醒学生的潜在记忆,激发学生的学习动机。

(3)叙事情境是指就某些现象和事实进行陈述,并引导学生思考和分析包含于这些现象或事实中的科学道理,激发学生的学习需求。

(4)生活情境与前面所说的现实情境和虚拟情境相似,都强调结合学生的实际生活,通过模拟真实的生活场景,激发学生解决现实问题的动机,从而自然地融入学习过程中。

（5）示范情境一般是通过教师或学生的演示，培养学生观察与思考的习惯，在这一过程中，学生会对演示过程中产生的现象及要领等产生好奇，并生成新的求知动机。

当然，上述分类方式只是相对的，在具体的运用中，我们可以根据教学需要将多种方式结合起来，从而达到运用情境激发学习动机与推动新知生成的目的。

情境创设的方法.docx

情境创设的方法可扫描二维码学习。

二、学习环境设计

从教学设计的角度看，学习环境是学习资源和学习工具再加上学习情境的组合，这种组合旨在实现某种目标的有机整合。学习环境设计主要表现为学习资源和学习工具的整合活动。在设计时，也应考虑人际支持的实施方案，但人际支持通常表现为一种观念而不是具有严格操作步骤的实施法则。由于学习环境对学习活动是一种支撑作用，学习环境的设计必须参照学习活动的设计来进行。不同的学习活动可能需要不同的学习资源和学习工具。学习环境设计者必须清醒地认识所设计的学习环境能支持哪些学习活动及支持的程度如何。

学习资源是指支持教学活动、实现一定教学目标的各种客观存在形态，这是一个非常庞杂的概念，通常包括人、材料、工具、设施和活动五大要素，每个要素均具有"自在的"和"自为的"特性。"自在的"资源是指整个人类环境中具有的、可以利用的资源系统；"自为的"资源是指为达到一定的教育/教学目的而特地设计出来的资源系统。学习资源的选择与设计存在很大的自由区间。

在学习环境设计中，资源是支持任务学习或问题研究的必备条件之一，是需要认真设计的重要构件之一。在学习环境设计时，必须详细考虑学生要解决这个问题需要查阅的信息、需要了解的知识，这些都可以以学习资源的方式向学生提供。另外，还要注意怎样才能从大量信息中寻找有用信息，避免信息污染，因此教学设计中要建立系统的信息资源库（或使用现有的资源管理系统），提供引导学生正确使用搜索引擎的方法。

在学习环境设计时，应当围绕学习活动进行设计，同时注意以下几点。

（1）为帮助学生充分地理解问题，需要向学生提供相关的信息。

（2）不论何种形式的信息资源，最好都以有意义的方式组织起来，即按学生学习的思维类型组织起来。

（3）要适时地为学生提供相关的信息，支持学生开展有意义的学习活动。

学习工具是指有益于学生查找、获取和处理信息，交流合作，建构知识，以具体的方法组织、表述、理解和评价学习效果的中介。从传统学习工具到信息技术工具，学习工具的种类很多。在学习环境设计中，比较注重信息技术作为学习工具的设计与应用。信息技术可作为多样化的学习工具，如交流工具、情境工具、认知工具、评价工具、效能工具等。

从分布式认知的观点看，人与技术的认知功能可以形成和谐的整体，在学习环境中各自发挥认知功能的优势。因此，在设计和运用学习环境中的工具时，应注意以下几点。

(1) 充分发挥信息技术作为学习工具和促进学生学习的作用。
(2) 在学习/教学中融合系列的认知工具,以帮助学生开展恰当的思维活动。
(3) 为学生提供多样化的信息沟通方式,以支持学生之间的交流与合作,共享信息和共享知识建构。

第四节 阐明教学目标

教学目标是课堂教学设计中的核心要素,是教学设计者对学习者应取得的学习成果和达到的最终行为目标的明确阐述。教学目标是师生活动的重要依据,在教学中具有关键的作用。与教学目的相比,教学目标是更具技巧性的概念,在范畴上比教学目的更具体、狭小,是指个别化、特殊的、阶段性的追求。为强调一切从学生出发的宗旨,常用学习目标代替教学目标。

阐明学习目标,就是阐明学生在教学活动中将要达到的学习结果或标准,并使它们具体化。阐明学习目标的工作位于前期分析之后,它既与前期分析有密切的关系,又为制定教学策略、选择和运用教学媒体及开展教学评价提供了依据。

一、阐明教学目标的意义及教学目标的分类

学习需要分析得到的总的教学目标为我们指明了课程的总方向,它是指导整个教学过程的纲领性目标。然而,教学过程是一个极其复杂的过程,仅有这种纲领性目标是不够的,只有把总目标细化成不同等级的具体目标,并用规范的语言把它们描述出来,形成一个完整的目标体系,才能做到在教学活动的每个环节都有章可循、有据可依,从而保证总的教学目标得以实现。图 6-3 表明了一般学校系统中教学目标的体系,也说明了教学目标的层次性。

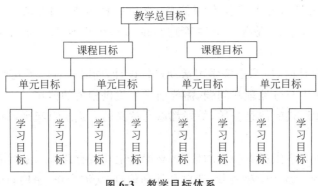

图 6-3 教学目标体系

应该注意的是,尽管在教学目标体系中,总的教学目标被分成了一系列不同层次、不同水平的目标,但是其中的每一个目标都不是孤立的,它们都是目标群中的一个有机组成部分。目标与目标之间的这种关联性是由教学目标的层次性决定的。教学总目标是通过许多课程目标来实现的。单元目标是课程目标的子目标,它说明学生在本单元教学

结束后要达到的学习结果,一般来说也是概括性的。而组成单元目标的学习目标对教师、学生来说就应是非常具体的,也是我们致力要阐明的。

教学目标是对学生通过教学应该达到的行为状态(变化)的一种明确而具体的表述。在这里我们要注意两点:①"学生通过教学以后应该达到的行为状态"是指学生的学习结果,而并没有规定教师在教学过程中应该做些什么;②"明确而具体的表述"要求对于学习目标的表达应达到可以观察和测量的程度,尽量避免使用含混不清或不切实际的语言。

(一)阐明教学目标的意义

阐明教学目标的工作是编写一系列明确、具体的学习目标,然后把它们组织成一个层次分明的体系。这项工作的意义在于:①有利于课程规范化;②有利于教师教学,并培养教师严谨、规范的工作作风;③有利于学生学习。

(二)教学目标的分类

本章第三节曾经介绍过学习结果的分类方法,实际上它也可以作为教学目标的一种分类方法。不过,在此将介绍由布卢姆(B. S. Bloom)等提出的教学目标分类方法。这种方法把教学目标分为认知(知道、领会、运用、分析、综合、评价)、动作技能(知觉、准备、有指导的反应、机械动作、复杂的外显反应、适应、创新)和情感(接受、反应、价值判断、组织、价值与价值体系的性格化)三个领域,然后把每个领域按照从低级到高级的顺序分成不同的层次,从而形成了一个完整的目标分类体系。

布卢姆教学目标的分类可扫描二维码学习。

布卢姆教学目标的分类.docx

二、学习目标的编写方法

在以往的教学活动中,人们一直采用"通过教学,发展学生的阅读理解能力"的方式描述学习目标,但这种学习目标只表述了学生的内部心理变化,很难准确地理解其真实含义,更不能用它去观察学生的学习结果。为改变这种状况,教育心理学家一直致力于设计出一种更好的描述学习目标的方法。

考虑学习的最终结果必然会反映到学生的具体行为上来,新的方法就从描述学生的行为或能力的变化入手,这样教师就可以用它去观察学习是否已发生在学生身上了,这样的学习目标就成为客观地评价学习结果的依据了。新的方法包括 ABCD 法和内外结合的表达方法。前一种方法非常适合编写动作技能领域的学习目标,也比较适合编写认知学习领域的目标。而对于情感学习领域来说,因为学习结果主要是内在的心理变化,比较难以测量,所以必须用后一种方法来编写。而高级认知目标的实现尤其是情感、态度、价值观等目标一般用表现性目标方法。

(一) ABCD 法

之所以叫作 ABCD 法,是因为它包含了四个要素:教学对象(audience)、行为(behavior)、条件(condition)和标准(degree),取其英文字头,简称为 ABCD 法。这种方法是马杰(R. F. Mager)在 1962 年以行为主义心理学理论为基础提出并发展的。下面介绍这四个要素的含义,同时介绍编写学习目标的方法及需要注意的问题。

1. 教学对象

表述学习目标时,要注明特定的教学对象。应特别注意的是,学习目标所描述的是学生学习以后的行为,而绝非教师的行为,所以不要用"教会学生……"之类的词语描述学习目标。有的学习目标虽然省略了教学对象,但其教学对象仍然是学生。

2. 行为

即使学习目标中的其他要素都可以省略,"行为"这个要素也不能省略。这个要素用学生的行为变化表明了在教学结束时,学生应达到的能力水平。有了它,教师才能通过观察学生的行为,了解学习目标是否已经达到了。

描述行为的基本方法是使用动宾结构的短语,其中行为动词用来说明学习类型,即学习目标分类的各种类型;宾语则用来说明学习内容。描述行为的具体步骤:首先,根据学习目标的分类方法把具体的课程内容分成不同的类别;其次,按照类别选用推荐的规范动词作为动宾结构中的动词;最后,把课程的具体内容作为动宾结构中的宾语。表 6-2 列出了编写认知领域学习目标可供选择的动词,供教师编写学习目标时参考。

表 6-2　编写认知领域学习目标可供选择的动词

学习目标层次	特　征	可参考选用的动词
知道	对信息的回忆	定义、列举、排列、选择、重复、背诵、说出(写出)……的名称、辨认、记住、回忆、描述、陈述、表明、指出、说明、命名……
领会	用自己的语言解释信息	叙述、解释、鉴别、选择、转换、区别、估计、引申、归纳、表明、报告、举例说明、猜测、预测、摘要、改写、讨论……
运用	将知识运用到新的情境中	运用、选择、计算、演示、改变、阐述、解释、解答、说明、证明、修改、计划、制定、表现、发现、操作、利用、列举、准备、产生、修饰……
分析	将知识分解,找出各部分之间的联系	分析、分类、比较、对照、图示、区别、检查、调查、编目、指出、评论、猜测、细述、评析理由、分辨好坏、举例说明、计算……
综合	将各部分知识重新组合,形成新的整体	编写、创造、设计、提出、排列、组合、计划、修饰、建立、形成、管理、重写、综合、归纳、总结、收集、建议……
评价	根据一定准备进行判断	鉴别、鉴赏、讨论、估计、选择、对比、比较、评定、说出……价值、评价、接近、判断、衡量、预言、检讨、总结、证明、分辨好坏……

下面列举一个描述"让学生知道第一次世界大战爆发的原因"的例子。从学习目标的分类方法可知,这是一个认知学习领域的目标,其目标层次是"知道",查阅表 6-2 中与"知道"相对应的动词,可以选择"陈述"这个词;从学习内容是"第一次世界大战爆发的原因"看,可以把"行为"描写为"口头陈述第一次世界大战爆发的原因"。

3. 条件

这个要素说明产生上述行为的条件。它既说明了学生应在什么情境中完成目标所规定的行为,也说明了应在什么情况下评价学生的学习结果。例如,"可以在物理考试中使用计算器"等即是条件。虽然条件只是帮助行为发生的一种辅助手段,但直接影响目标的实现。条件包含以下因素。

(1) 环境因素:空间、光线、气温、噪声等。

(2) 人的因素：个人单独完成、小组集体进行、个人在集体的环境中完成、在教师指导下进行等。

(3) 设备因素：工具、设备、图纸、说明书、计算器等。

(4) 信息因素：资料、手册、教科书、笔记、图表、词典等。

(5) 时间因素：速度、时间限制等。

(6) 问题明确性的因素：为产生某种行为应提供什么刺激、刺激量如何等。

4. 标准

标准表明了行为合格的最低标准，它使学习目标有了可以测量的特点，教师可依据标准来评估学生完成目标所规定的行为的质量，学生则可用它来判断自己的行为是否达到了学习目标。标准可用定量的方法表示，如用数字或百分比表示行为的速度和准确性。例如，"1分钟内做25个俯卧撑"表明行为的速度；而"用卡尺测量钢管管壁厚度，误差在0.3毫米以内"则规定了行为的准确性。标准也可用定性的方法表示，还可用定量、定性相结合的方法表示。以下是一个包含了四个要素的行为目标：

<u>小学三年级学生</u>，<u>能在25分钟之内</u>，<u>默写三首古诗</u>，<u>准确率为100％</u>。
　　　A　　　　　　　C　　　　　　　B　　　　　D

行为目标的设计包含教学对象(A)、行为(B)、条件(C)、标准(D)。这四要素中 ACD 都是可选择项，只有 B 是核心要素，通常在课堂教学设计中都是用行为动词＋宾语的动宾结构方式对学生的行为、能力进行描述。

(二) 内外结合的表达方法

学习的实质是学生的内在心理过程的变化，所以教育的真正目标并不是改变学生的具体行为，而是使其内在的能力或情感发生变化。用内部心理过程与外显行为相结合的方法阐明学习目标正好可以弥补 ABCD 法的不足。其具体做法：首先，用描述学生内部心理过程的术语表明学习目标，以反映学生理解、应用、分析、欣赏、尊重等内在的心理变化；其次，列举出一些能够反映上述内在变化的行为，使学生内在的心理变化也能够被观察与测量。在列举行为的变化时，仍采用 ABCD 法。

领会本单元专门术语的含义。

1.1 将专门术语与它们所代表的概念联系起来。

1.2 在造句中使用某些专门术语。

1.3 指出术语之间的异同。

在这个例子中，1.1、1.2、1.3 表述的行为是代表"领会"的种种表现的例子，作为教学目标已达到的证据，"领会"是一个内部心理过程，无法观察和测量，但有后面这些证明"领会"能力的行为实例，目标就具体化了。

(三) 表现性目标方法

有时，人的认知和情感变化并不是参加一两次教育活动便能立竿见影的。教师也很难预期一定的教育活动后学生的内在心理过程将会发生什么变化。在品德教育方面，这种情况尤为明显。为弥补上述两种陈述目标方法的不足，艾斯纳(E. W. Eisner)提出了表现性目标。这种目标要求明确规定学生应参加的活动，但不精确规定每个学生应从这些活动中获得什么。心理学家认为，这种目标只能作为教学目标具体化的一种可能的补充，教师千万不能依赖这种目标，否则，他们在陈述目标时又会回到传统的老路上去。

总之，陈述得好的教学目标必须符合下列要求。

（1）教学目标陈述的是学生的学习结果（包括言语信息、智慧能力、认知策略、动作技能和情感或态度），教学目标不应该陈述教师做什么。

（2）教学目标的陈述应力求明确、具体，可以观察和测量，尽量避免用含糊的和不切实际的语言陈述目标。

（3）教学目标的陈述应反映学习结果的层次性。认知领域的教学目标一般应反映记忆、理解与运用（包括简单运用与综合运用）三个层次。

尽管上述几种新方法从根本上解决了传统方法的问题，但它也存在某些局限性。首先，因为有些学科的内容本身带有明显的序列性，如数学、物理、化学和英语等，对于这样的学科，新的方法比较好用，而在社会科学课程中使用时则受到了一些限制；其次，教师不可能提前确定教学活动中所有潜在的教学成果，而那些没有预料到的成果却有可能引出更有价值的结果；最后，完全使用可以测量的学习目标，有可能使学习过程变得过于机械。

第五节　教学策略设计

教学策略设计是最能体现教学设计创造性的环节，也是最困难的工作。一方面是由于具体的教学策略多而丰富；另一方面是需要具有一定的教学实践经验才能有效地设计教学策略。通过本节的学习，希望学生能熟悉教学方法、教学组织形式、教学媒体选择、自主学习策略和合作学习策略等基本内容。

教学策略是指建立在一定理论基础上，为实现某种教学目的而制订的教学实施方案。即在整个教学过程中，为完成特定的教学目标，依据教学的主客观条件，充分考虑学生的实际，对所选用的教学活动程序、教学组织形式、教学方法和教学媒体等教学因素的总体考虑。在教学过程中，不存在能实现各种教学目标的最佳教学策略，也没有能够适用于所有的教学情况的单一策略。有效的教学就需要用可供选择的策略来达到不同的教学目标，而且需要不断予以相应的监控、调节和创新。

一、制定教学策略的依据

（一）教学理论、学习理论是形成教学策略的首要依据

教与学的理论是人们在长期的教学实践中不断摸索、归纳、总结出来的教学规律、原则和方法。依据这些理论，才谈得上策略的选择、调控和创新，才能为教育目标服务。

（二）教学大纲、教材和教学计划是形成教学策略的重要依据

教学大纲是根据本学科科学发展和社会条件的现实，依据学生发展水平和教师水平等制订的，反映了学习需要和教学目标。所以，教学策略应以完成大纲规定的教学计划为主要目的。

（三）教学策略要依据学生的心理特点

学生的认知水平决定了教师选定什么样的教学策略，以及教给学生什么样的学习策略。对中小学生的机械记忆和意义记忆的效果进行比较实验，结果发现：机械记忆，一年级学生记住72%，初二学生记住55%，高二学生记住17%；意义记忆，一年级学生记住28%，初二学生记住45%，高二学生记住83%。这说明学生在不同年龄段具有不同的心理特点，这些特点应成为制定教学策略的重要依据。与认知水平同时影响学生学习效果的还有其他心理品质，如情感、意志、个性倾向与个性心理特征等，教师必须做到心中有数，才能使教学更加科学、高效。

（四）教学策略还要依据教师本人的素养和风格

教学策略的选用，只有适应教师的素养条件，能为教师所掌握，才能发挥作用。有的策略虽好，但教师缺乏必要的素养，自己驾驭不了，仍然不能在教学实践中产生良好的效果。教师具有各自的特征和性格，因此在教学活动中形成了各自不同的风格。

（五）教学条件也是形成教学策略的依据之一

由于各种原因，学校教学环境和设施、设备及教学资源的客观条件会存在很大差别，这必然影响教学策略的制定。

二、教学顺序的确定

一节课大都要实现一个主要教学目标及若干从属教学目标。这些从属教学目标不可能一下子全部实现，应该逐个实现。先学哪个，后学哪个，便是教学顺序设计的问题。我们将学习目标划分为智力技能、言语信息、态度、动作技能等类型分别讨论。

（一）智力技能的教学顺序

关于智力技能的教学顺序设计，主要有三种基本的教学理论作指导：第一种是加涅的"从简单到复杂技能的教学"顺序安排；第二种是布鲁纳的"发现式教学"；第三种是奥苏贝尔的"先行组织者"教学理论。

1. 加涅的顺序

美国教育技术学家加涅把智力技能从简单到复杂依次分成辨别、概念、规则和高级规则。从他的理论考虑，应从最简单的技能开始，并以此为基础，学习更为复杂的技能。

2. 布鲁纳的顺序

依据美国教育心理学家布鲁纳的发现学习的策略，教师不把教学内容直接告诉学生，而是向他们提供问题情境，引导学生对问题进行探究，并由学生自己收集材料，让学生从中有所发现。布鲁纳认为，"发现不限于寻求人类尚未知晓的事物，确切地说，它包括用自己的头脑亲自获得知识的一切方法"。发现法有利于激发学生的智慧潜力，有利于培养内在动机，学会发现的技巧，而且发现的学习结果也有利于记忆的保持。这种发现，实际上就是从具体到抽象的教学顺序。

3. 奥苏贝尔的顺序

美国教育心理学家奥苏贝尔提出了"先行组织者"的教学理论。他认为教学顺序的起点应确定在学习层级的较高点,即先呈现一个一般的、有较大包容性的、较抽象的概念和原理,然后学习一些具体的学习内容。这种教学顺序与布鲁纳的顺序刚好相反,是由抽象到具体的形式,这是奥苏贝尔认为课堂教学的基本形式是以有意义的接受学习为主的原因。他还认为,如果运用得好,这种教学顺序会成为一种经济、高效的教学方式。

(二)言语信息的教学顺序

根据奥苏贝尔对学习的分类,言语信息的学习可分为机械的言语信息学习和有意义的言语信息学习。

我们认为,在言语信息的教学中,可以使用奥苏贝尔的"先行组织者"教学理论,即用引介等方法,简明扼要、高度概括地向学习者提示本课程的结构。这样,学习者在接受教材时就不仅是被动地听、看或读,而是主动地将所学的具体知识与引介的概要加以联系,使用他已有的认知结构来组织教材,还可能使新知识与原有知识产生有机联系,使新知识的学习具有意义。

由此可见,言语信息的教学顺序设计要点可归纳为两点:①提供"先行组织者";②用逻辑的顺序或根据有意义的上下文组织言语信息。

(三)态度的教学顺序

态度是通过学习形成的影响个体的行为选择的内部状态。态度的学习实质是价值内化的过程。价值内化的过程可分为三个阶段,从中我们可以看出态度形成的一般过程。态度的教学顺序也可以按照这三个步骤进行。

1. 顺从

顺从是表面接受他人的意见和观点,在外显行为方面与他人相一致,而在认知和情感上与他人并不一致。这种情况是个人的"态度"受外部奖励与惩罚的影响的结果。因为顺从可以得到奖励,不顺从则受到惩罚,因此,教学顺序的第一步应该使学生顺从。

2. 认同

认同是在思想、情感和态度上主动接受他人的影响,认同不受外在压力的影响,而是主动接受他人的影响。

3. 内化

内化是指在思想观点上与他人的思想观点保持一致,将自己所认同的思想和自己原有的观点、信念融为一体,构成一个完整的价值体系。在内化过程中解决各种价值的矛盾,当按自己内化了的价值行动时,会感到愉快和满意;而当出现与自己的价值观念相反的行动时,会感到内疚和不快。这时,稳定的态度便形成了。可见,态度教学是一个由外向内的变化过程。

(四)动作技能的教学顺序

动作技能的形成是通过练习逐步掌握某种动作方式的过程。动作技能的教学顺序设计可分为三个阶段:认知阶段、联系形成阶段、自动化阶段。这些阶段反映出动作技能学习的过程。

1. 认知阶段

任何动作技能的学习都必须经历认知阶段。这一阶段的主要任务是领会技能的基本要求，掌握技能的局部动作。在此阶段，学习者需要通过教师的言语讲解、观察动作示范，理解任务及其要求。例如，初学临帖的学生要想将字写好，首先必须通过仔细观察，了解某个字由哪些笔画构成，每一笔如何起笔、如何收笔，要知道笔顺，还要知道字的间架结构。

2. 联系形成阶段

在这一阶段，重点是使适当的刺激与反应联系。动作即使很简单，也包含着若干局部动作，因此必须将局部动作通过执行程序联系起来，建立动作连锁。这一阶段的主要特点是技能的局部动作被综合成更大的单位，最后形成一个连续技能的整体。此时，教师应注意排除学生过去经验中习惯的干扰，以及局部动作之间的相互干扰。

3. 自动化阶段

经过动作连锁，一系列动作已成为一个有机的整体并已固定下来，整个动作相互协调似乎是自动流出来的，无须特殊的注意和纠正。学生不再需要考虑下一步做什么，达到了动作技能学习的自动化。进入自动化阶段的必要条件是在教学中必须提供大量的练习机会，使学生的动作系统达到完全的熟练，以至可以做到边操作边考虑其他的事情。

三、教学方法

教学方法是教师和学生为达到教学目标，在一定教学原则的指导下，借助教学手段（工具、媒体或设备）而进行的师生相互作用活动的总体考虑。教学方法在一定程度上关系着教学效率的高低。教学实践表明：教师如果不能科学地选择和使用教学方法，会导致师生消耗精力大、学生负担重、教学效果差，给工作造成不应有的损失。常见的教学方法有讲授法、演示法、讨论法、示范模仿法、强化法、训练和实践法、发现式教学法等。

教学方法可扫描二维码学习。

教学方法.docx

四、教学组织形式

所谓教学组织形式，就是根据教学的主观和客观条件，从时间、空间、人员组合等方面考虑安排教学活动的方式。教学组织形式主要有以下三类。

（一）集体授课

集体授课组织形式是目前学校教育中最通用的一般教与学的形式，即按传统惯例，教师通过讲授、谈话、板书、演示等来向一个班级或一组学生传递教学信息，在较小的范围内可能有一定程度的双向交流，但通常是学生被动地接收信息。

（二）个别化学习

个别化学习组织形式目前最引人注目，当代学习理论给予了它强有力的支持，学习主要由学生自己来完成。学生自己阅读教科书、观看或聆听音像教材、做笔记等获得教学信息。当学生按照自己的进度学习，积极主动地完成课题并体验到成功的快乐时，就能获得最大的学习成果。

（三）小组合作学习

小组合作学习组织形式是通过讨论、问答、交流等在师生之间、学生与学生之间分享教学信息。这种形式给予教师和学生面对面密切接触与相互了解的机会。现代教学论越来越重视教学中的这种人际交互作用,这是实现各类教学目标、培养健全人格、促使个体社会化的有效途径。当然,许多情况下,这三种教学组织形式之间并没有十分明显的界限,但在适当的时机使用适当的组织形式总是有助于教学的。

五、教学媒体选择

在选择教学媒体时,首先要确定教学媒体的使用目的;其次考虑教学媒体的类型和使用方式等。

(一)确定教学媒体的使用目的

依据知识点的学习目标,认真分析教学内容,确定教学媒体的使用目标,即确定在完成该学习目标时媒体在教学中的作用。教学过程是复杂的、动态的,由于教学内容、教学对象、教学方法的不同,教学媒体所起的作用也不是固定不变的。而且,同一种媒体由于使用方式的不同,对实现教学目标的作用也是不同的。媒体在教学中的典型作用有:①提供事实,建立经验;②创设情境,引发动机;③举例验证,建立概念;④提供示范,正确操作;⑤呈现过程,形成表象;⑥演绎原理,启发思维;⑦设难质疑,引起思辨;⑧展示事例,开阔视野;⑨欣赏审美,陶冶情操;⑩归纳总结,复习巩固;⑪其他(包括突出、强化教学重点,突破、化解教学难点等)。

(二)选择教学媒体的类型

依据教学媒体的使用目标和教学对象的特点,按照教学媒体的功能,选择合适的媒体类型。关于教学媒体的类型与特点参考本书第二章。

(三)确定教学媒体的内容

媒体类型确定后,可查阅资料目录,确定所选媒体的具体内容。如果现有媒体内容合适,则可在教学中使用;否则,可通过选编、修改,甚至重新制作等方法来确定内容。

(四)教学媒体的使用方式

使用媒体大体有以下几种方式:①设疑—播放—讲解;②设疑—播放—讨论;③讲解—播放—概括;④讲解—播放—举例(学生讨论);⑤播放—提问—讲解;⑥播放—讨论—总结;⑦边播放边讲解;⑧边播放边议论;⑨边播放边观察;⑩学生自己操作媒体进行学习;⑪其他。

当然,媒体的使用方式远远不止上述几种。在教学中可根据自己的设计创造出更多、更好的使用方式。

(五)媒体选择情况表

根据教学内容和教学目标,对教学媒体的类型和应用方式进行设计,最终要把设计结果表述出来。实践中,人们设计了媒体选择情况表,可以比较方便地表述媒体的选择与作用,如表6-3所示。

表 6-3　媒体选择情况表填写举例

知识点号	学习水平	媒体类型	媒体内容要点	使用时间(分钟)	资料来源	教学作用	使用方式
1	识记	投影	几种非三角形与三条线段围成的图形	2	自制	提供事实,建立经验	边播放边观察
	理解	……	……	……	……	……	……
2	识记	实物模型	三角形"不变形"特性	2	自制	创设情境,提供事实,建立经验	演示—对照—讲解
	理解	投影	三角形来自生活、生产,又用于生活生产	1	购置	提供事实,建立经验	边放边讲
3	识记	……	……	……	……	……	……

自主学习策略、合作学习策略、运用教学策略的注意事项可扫描二维码学习。

自主学习策略、合作学习策略、运用教学策略的注意事项.docx

第六节　教学方案编写

前面对教学方案设计的主要内容和方法进行了讲解,接下来讲解如何把教学过程设计的结果表达出来,即教学方案编写。根据教学方案编写形式的不同,教学方案大体上分为文本式、表格式和流程图式三种,有时三者也会综合使用,称为混合式的教学方案。通过本节的学习,要知道教学方案的基本形式和组成部分。

一、文本式教学方案

一份文本式教学方案通常是用文字写清楚课程名称、教学对象特征、教学目标、教学内容概要、教学过程、学生活动、评价方式、参考资源等内容。下面是一份探究性学习教学方案,请注意其包含的部分。

(1)标题。写出教学方案的标题,如生物克隆技术。

(2)设计者。

(3)学科领域。写出本教案所适用的学科领域,以学为主或探究性学习教学方案可能会涉及多个学科。

(4)适用对象或年级。

(5)教学/学习内容概述。在此处对学习内容进行简要的概述,如果涉及角色扮演等,还应在此处设置情境。

(6) 学习目标/学习成果。先要写上一两句话，概述学生通过此次学习将会获得或学到什么。然后清晰明了地描述学习者在学习过程中将会有哪些结果。这些最终结果可以是学到了一系列知识；解答了一系列问题；培养了高级思维能力和信息处理能力；总结了所创建的事物；阐明并为自己的立场进行了辩护；进行了具有创意的工作；等等。

(7) 学习过程。这里写明学习者将遵循哪些步骤才能完成任务。这一部分是教案的关键所在。这些步骤一定要简明清晰。你还可以在此处为学生提供一些建议，以帮助他们组织所收集到的信息或发展高级思维能力。"建议"可以采用由复选框组成的问卷形式，其中的问题旨在分析信息或提请对要考虑的事物的注意。同时，要把时间安排描述清楚。如果有必要，也可以在此处考虑对不同层次学生的个别化教学问题。

第一步：

第二步：

……

(8) 所需材料及资源。利用这一部分列明可以被学生用于完成任务的材料或参考网址，建议在每个网址后写上一句话，简要介绍通过该网址可以获得的信息。

(9) 评价标准或工具。创建量规、自我评价表或其他评价工具，以便学生了解评价体系。

二、表格式教学方案

表格式教学方案通过表格的形式描述教学过程设计的结果，具有简洁明了的特点。表 6-4 是以课堂讲授为主的教学方案格式范例。出于节省篇幅的考虑，压缩了表中空白处的填写空间，实践中要根据需要适当增加。

表 6-4　表格式教学方案格式范例表

◇基本信息					
学校名称		教师		日期	年　月　日
教案标题					
◇总体教学目标					
◇学习者特征分析					
◇教学内容分解					
			学习水平		
知识点号	知 识 点				

续表

◇学习水平描述（用 ABCD 法描述）

知识点号	学习水平	描述语句	行为动词

◇教学重点和难点

◇教学媒体

知识点号	学习水平	媒体类型	媒体内容要点	使用时间	资料来源	教学作用	使用方式

◇形成性练习题

知识点号	学习水平	题目内容

◇教学过程/结构流程图

三、流程图式教学方案

流程图式教学方案常用于教学过程的描述，其特点是可以直观地显示整个课堂教学活动中各个因素之间的关系、比重，教师可以依据学生的不同反应情况进行相应的教学调整，灵活性较大。流程图式教学方案中常用的符号如图 6-4 所示。

图 6-4 流程图式教学方案中常用的符号

各种符号的意义如下：①表示教学内容和教师的活动；②表示媒体的应用；③表示学生的活动；④表示教师进行逻辑判断。

初中物理"杠杆"教学过程的流程图如图6-5所示。

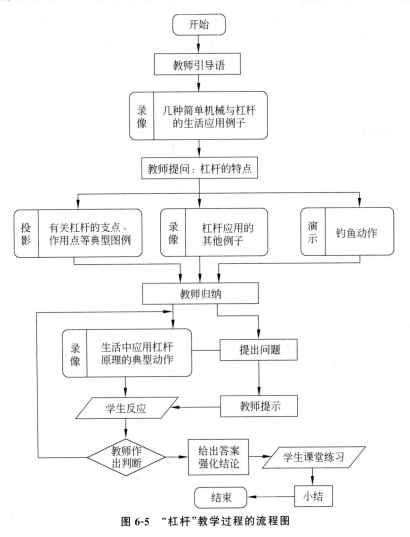

图6-5 "杠杆"教学过程的流程图

第七节 学习评价

学习评价是指根据学习目标对学生在学习成就上的变化进行价值判断，它是教学设计和教学过程中不可缺少的重要环节。很显然，学习评价的主要对象是学生。学习评价是一个系统过程，通过收集、分析和描述各种有关资料，并将实际表现与理想目标对比，以便对培养方案做出决策。学习评价的主要作用是，既对学生起到信息反馈和激发学习动机的作用，又是检查课程计划、教学程序及教学目标的手段，也是考查学生个别差异、便于因材施教的途径。

一、学习评价的原则

学习评价的原则就是人们对学习评价规律的认知。

（一）有效性原则

有效性原则是指学习评价的内容应该是所期望评价的内容，也就是评价目标所限定的内容和水平而不是其他无关的内容。但事实上若不强调、不注意，很多评价项目并不能评价我们期望评价的项目。例如，目标是要求应用规则，而测验的却是学生对规则的记忆。

（二）可靠性原则

可靠性原则是指多次评价结果的稳定、一致的程度。可靠性既包括在时间上的一致性，也包括内容和不同评分者之间的一致性。一个可靠的评价项目对于大体相同的学生能得出相似的分数成绩，也不受个别评分人特点和观点的支配。例如，采用兴趣量表测量学生，他们在这一个月的结果如果大致等于三个月前的得分，那么就可认为评价的可靠性较高；又如，对一个学生的答案，有的评分人评为 75 分，有的评分人评为 35 分，则说明评价不可靠。

（三）可行性原则

可行性原则是指学习评价必须充分考虑所具备的评价条件、所采用的方法应符合实际情况。学习评价应考虑其费用、所用的时间及实施的难易程度等因素。例如，对于大班电子线路培训教学的全体学生来说，应该测定他们实际的操作能力，但又不可能设立很多实际操作的评定点，只能采用笔答的测验方法。

（四）公正、有益性原则

公正、有益性原则是指学习评价对所有的学生都应公平合理，并对所有的学生都有帮助。学习评价必须精确地反映课程目标，学生也应当确切地知道如何对他们进行评价，学生有权询问考试的材料性质、考试的形式和结构、考试的时间长度等问题。此外，学生应该知道评价对他们的益处，来自评价的反馈能够使学生充分地了解自己的优缺点，而如果评价结果不能反馈给学生，那么学习评价的效益就会受到影响。

除以上原则外，学习评价还应遵循及时性原则，及时地对学生学习进行评价并反馈给学生。

二、学习评价标准对学生的影响

教师应该为学生设定适当的评价标准，评价标准正是由目标决定的。因此，目标应确定在学生的"最近发展区"内，这样才能鼓励学生努力学习，提高他们的学习成效。

教师设定学习评价标准时应注意以下几点。

（1）评价的重要性。评价对学生越重要，标准的激励作用则越明显。例如，由于期末、升学等考试的重要性远高于平时的随堂考试或小测验，因此学生的学习动机更强烈，在复习时投入的时间和精力更多。

(2) 标准的合理性和一致性。评价标准应该与学生的实际学习情况相关联,并且对于所有学生都应一视同仁。否则,学生会怀疑评价的有效性,认为努力程度、学习水平与最终评价结果无关,从而削弱了学习动机。

(3) 标准应确定在学生的"最近发展区"内。评价标准对于每个学生都具有挑战性,需要付出努力才能达到。评价的目的是鼓励学生进步,所以标准应该超过他们的当前水平,这一点对于形成性评价尤为重要。

三、学习评价的分类

(一) 不同阶段的学习评价

美国心理学家布卢姆把在教学过程中的不同阶段实施的学习评价分为三类:诊断性评价、形成性评价和总结性评价。这三种评价在教学活动的不同阶段表现出不同的功能和作用。

1. 诊断性评价

诊断性评价一般是在教学开始前进行的,其目的是摸清学生的现有水平以便安排教学。诊断性评价可以了解学生对新学习任务的准备状况,确定学生的基本能力和起点行为。通过诊断性评价,教师可以确定学生需要学习什么,对教学方法的选择和学生分班、编组等提供依据,从而有利于教师在教学设计过程中为学生提供适合其特点的学习环境。通过诊断性评价,教师还能研究和分析出学生学习困难的原因是产生于教学中还是产生于教学外,是智力因素还是非智力因素等。

2. 形成性评价

形成性评价一般是在教学过程中实施的,其目的是了解学生在教学过程中是否已达到教学目标的要求,以及没有达到的原因或困难,以便及时调整和作出改进。形成性评价一般是教师通过按教学目标编制的形成性测量来进行的,也可以由学生对自己的学习状况进行自我评价。形成性评价的主要目的不是给学生评定等级,而是改进学生的外部学习条件和内部条件;它的测试次数比较频繁,根据教学目标的不同可多次进行,通过比较多次评价的结果,可以得到学生学习变化的信息,为师生提供必要的反馈;它侧重于教学的改进和不断完善,具有前瞻性。

3. 总结性评价

总结性评价是在一个完整的教学过程结束之后对学生进行的评价,如一个单元、章节、科目、学期结束时。总结性评价的主要目的是评价教学目标的达到程度,检查教学工作的优劣,考核学生的最终学习成绩。它可以为评价学生的学习方法、教师的教学方法提供依据,为以后的教和学的活动指明努力的方向。总结性评价注重学生对某门课程整个内容体系的掌握,对学习成果进行全面的确定,重点考查学生达到学习总目标的程度;它的概括性水平一般较高,评价的内容包括的范围较广;一单元的总结性评价,一般可作为学习后续单元的诊断性评价。

(二) 不同比较标准的学习评价

根据评价时比较标准的不同,可以把评价分为常模参照评价和标准参照评价。

1. 常模参照评价

以学生团体的平均成绩作为参照标准，将学生的成绩在学校或班级排名次，说明某一学生在学生团体中的相对位置。它注重个体之间的比较，根据其在集体中的相对位置说明评价结果。例如，选拔、编班等就属于常模参照评价。

2. 标准参照评价

标准参照评价是以教学目标作为标准评价学生是否达到特定的标准及达到标准的程度。它不以比较个人之间的差异为目的，不考虑其他个体完成任务的情况。

3. 两种评价的比较

常模参照评价的主要目的是比较学生的能力水平，排列名次，它属于相对评价的方法；标准参照评价的主要目的是确定学生的能力水平。由于这两种评价工具的设计方法不同，对于教师来说，应该在头脑中有一个清晰的目的。

按照标准参照评价设计评价工具，使用教学目标指导选择要评价的知识和技能，这样，就可以确定测试题目类型的领域和范围。而常模参照评价在确定评价工具材料的范围上要更为广泛。

在确定评价测试题时，常模参照评价的程序是首先对所要评价的学生的样本进行一次试验，取得数据后考查测试题目的难度水平（答对这个题目的学生数与学生总数的比）；其次，去掉太容易的题目（大多数学生答对的）和太难的题目（仅是个别学生答对的），这样就得到了比较标准的常模参照评价的测试题。因此，常模参照评价是以学生的平均水平为设计标准和选择评价题目的。相比较而言，标准参照评价以教学目标为标准，测试题目要涵盖目标的所有范围和难度水平。在测试试验进行以后，不能去掉那些被大多数学生答对的题目，因为这正是期望的结果，它说明教学是有效的。此时，应注意那些多数学生答错的题目，看看这些题目的编写是否合理，并要检查对这些题目的目标策略是否应该修正。

常模参照评价得到的常常是一个比较分散的分数系列。标准参照评价得到的分数往往相对集中，如果教学有效，那么大多数的学生会得到高分数；如果教学无效，那么大多数的学生会得到低分数。

四、学习评价的方法

学习评价的方法多种多样，一般来看，可以分为教师自编的成就测验、标准化测验和非测验评价。

（一）教师自编的成就测验

教师自编的成就测验是教师根据自己在教学各个阶段的需要自行设计与编制的测验。在实际教学中，教师需经常对学生进行评价，这种测验过程简单，是教师应用得最多的测验。教师自编的成就测验的测验规模限于校内或班级，并以教师本人的经验来估计测验的可靠性、有效性和实用性。

1. 教师自编的成就测验的基本步骤

（1）确定测验的目的。确定测验是为形成性目的，还是总结性目的，或是诊断性目的，不同的测验目的，决定了测验的长度和题目的取样，也会影响测验题型的变化。

(2) 确定要考查的学习结果。根据布卢姆的目标分类，教师希望考查的教学目标是知道、领会、还是分析、综合，测验的重点应该与特定的目标相一致。

(3) 明确所要考查的教学内容。测验的内容是教学内容的抽样，因此试题对于所要考查的教学内容应具有较高的代表性。

(4) 对计划考查的学习结果选择适合的题型。只有在熟悉各种测验类型的特点和功能的基础上，教师自编的成就测验才能适当。

2. 教师自编的成就测验的分类

教师自编的成就测验的分类可扫描二维码学习。

教师自编的成就测验的分类.docx

（二）标准化测验

标准化测验是指由专家按照一定程序编制适用于大规模评价个人学习成就水平的测验，这种测验的命题、施测、评分和解释都有一定的标准和规定，因此，具有较高的可靠性和有效性。标准化测验是由专门机构或专家学者按一定测验理论和技术，根据全国或某地区所有学校的共同教育目标编制的；所有受测者所做的试题、时限等施测条件完全相同，计分手段和分数的解释也完全相同；测验都以常模为根据，是由全国或地区中抽取有代表性的样本团体来建立的；测试规模大，整个地区、国家以至国际上都可统一使用。由此可见，它是评价学生学习成就的重要工具。比较典型的标准化测验如托福考试（TOEFL），主要考核非英语国家留学生的英语水平。

较常用的标准化测验有以下三种。

(1) 单科成就测验。单科成就测验是评价学生在某一学科中的学习成就水平的测验。

(2) 综合成就测验。综合成就测验是在一次测验中同时测量学生不同学科的学习成就水平的测验。

(3) 诊断测验。诊断测验评价学生学习某一学科的优缺点，以帮助教师发现学生的学习困难。

在选择标准化测验时，教师应该注意考虑测验的目的和意图，是分类、选拔还是评价学习进步；注意测验的适用年龄、施测的方法等是否适用于特定的学生。总之，要强调测验的实用性。由于标准化测验对施测者的要求较高，因此教师在使用测验前需要查阅测验手册，确定自己是否可以实施，如测验超出自己的能力，则需要求助于专家共同完成。

（三）非测验评价

在教学实践中还存在其他非测验性的评价方法，这是因为教学目标是多样化的，不仅有知识和能力的认知目标，还有态度、情感等目标，因此，反映学生的学习水平的信息也就自然呈多样化的状态，如学生上课的纪律情况、举手发言的次数、学习习惯、对学科的兴趣等都是评价的重要信息。而这些信息的收集仅靠测验的方法是无法获取的。非测验评价方法有很多，这里我们主要介绍观察法和调查法。

1. 观察法

观察法是指为达到某种评价的目标，教师专注于学生的行为和所处环境并记录所观察的内容，从而获得必要资料的方法。观察法是教师在教学过程中常用的一种收集反馈信息的方法。如果连续地对学生作观察记录，就会得到许多珍贵的教学信息，从而可以发现教学方案的不足之处，进而加以修改。

观察法可以全面地观察了解包括教学现场气氛、偶发事件等在内的各种教学情况和问题。它还可以不依赖被观察者的语言能力,对各类学生的反应都能做到比较客观的了解。另外,它也可以创造性地处理和分析从教学现场获得的各种信息,把无规律、不成体系的大量信息按一定的规律和顺序加以分类和整理,找出问题的原因和解决问题的对策。观察法的基本操作步骤如下。

(1) 在观察前准备一些小卡片,并组成观察者小组。
(2) 在观察过程中将所需记录的信息尽量简明地写在卡片上。
(3) 进行事后讨论,将卡片分类,汇集相似的卡片,形成卡片组。
(4) 根据每个卡片组的内容,确定每个卡片组的名称。
(5) 主要从原因和结果、顺序性关系、相互矛盾这三个方面去分析研究各卡片组之间的关系。

2. 调查法

调查法又可分为问卷法和访谈法。作为教学数据的收集方法,问卷法更具有工具性质,我们主要讨论问卷法。

问卷法是通过书面形式向回答者提出问题,从答案中获取数据的方法。问卷法没有预先确定的标准答案或正确答案,一般采用无记名方式,它不受时间和空间的限制,在短时间内可获得较多的信息,并且能比较容易地处理。

问卷法的回答形式一般有三种:选择一个答案的单一回答法、选择几个答案的多重回答法、随意书写短文的自由记述法。

下面介绍一个简单而十分有效的用多重回答法设计的问卷。

关于你的学习情况,请在适当的号码上画圈。
A. 你能理解老师的讲解吗? 1 2 3 4 5
B. 你对教学内容有兴趣吗? 1 2 3 4 5
C. 你做预习和复习吗? 1 2 3 4 5
D. 你的学习态度是积极的吗? 1 2 3 4 5
1—不是 2—基本不是 3—哪个也不是 4—基本是 5—是

将问卷收回后,应对所得数据进行处理和分析。首先,应做一张数据分布表;其次,算出每个问题项的平均数,并将平均值用虚线连接起来,这样就可以了解学生整体的情况。同时,可用数据分布表很容易地比较某一学生与平均值的差别,也可以比较学生与学生之间的差别,如图 6-6 所示。

这里需要注意的是,调查结果最终不应是数字的简单罗列,应该用容易理解的表示方式加以描述,这样具有亲切、易懂和易记的优点。近年来,随着计算机在学校不断得到普及应用,我们可以方便、直观地画出图表,科学、准确地做出评价。

本章教学案例可扫描二维码学习。

教学案例.docx

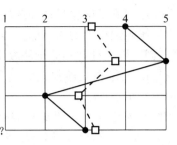

图 6-6 数据分布图

复习思考题

1. 简述教学设计的基本定义。
2. 教学设计过程的模式有哪些环节？试画图予以说明。
3. 教学设计要进行哪些前期分析？几项分析的关系如何？
4. 加涅把学习结果分为哪几种类型？试述其具体含义。
5. 结合本专业课程，运用马杰的 ABCD 法，编写一个具体的学习目标。
6. 制定教学策略的依据有哪些？
7. 简述选择教学媒体的模型种类。
8. 学习评价的原则有哪些？
9. 学习评价按阶段可分为哪几种类型？
10. 结合本专业实际，从教师的角度，自编一套成就测验题。
11. 结合教育实习，对你要进行的课堂教学进行整体设计。

第七章
信息技术与课程整合

  学习目标

通过本章的学习,你应能够:
(1) 陈述信息技术与课程整合的含义和目标。
(2) 列举出信息技术与课程整合的层次。
(3) 用自己的话归纳传递—接受教学模式、探究性教学模式、研究性学习教学模式、翻转课堂教学模式的特征和基本步骤。
(4) 初步点评一个信息技术与课程整合案例的优劣。
(5) 把自己的专业知识与信息技术结合起来,设计一堂信息技术与课程整合课的方案。

2019年3月,经国务院同意,教育部等十一个部门联合印发《关于促进在线教育健康发展的指导意见》(以下简称《指导意见》)。《指导意见》指出:到2022年,现代信息技术与教育实现深度融合,在线教育质量不断提升,资源和服务标准体系全面建立,学习型社会建设取得重要进展。

《指导意见》还从扩大资源供给、构建政策扶持、加强多元管理等方面对促进在线教育行业的发展做了全面的指导及要求。其中,核心的关键信息摘要如下:①完善在线教育准入制度,建立规范化准入体系;②强化基础设施建设,推动现代信息技术在教育领域的规模化应用;③落实财政支持政策,指导各地完善政府购买优质在线教育资源与服务的相关制度;④鼓励社会资本介入,利用多种融资渠道,支持在线教育发展;⑤完善在线教育知识产权服务体系,建立公平竞争的市场秩序。

在线教育是运用互联网、人工智能等现代信息技术进行教与学互动的新型教育方式,是教育服务的重要组成部分。发展在线教育,有利于构建网络化、数字化、个性化、终身化的教育体系,有利于建设"人人皆学、处处能学、时时可学"的学习型社会。

第一节 信息技术与课程整合概述

一、信息技术教育应用发展概况

信息技术是对信息的获取、存储、处理、传输所使用的手段和方法体系。信息技术主要是指与计算机、网络相关的各种软硬件技术。这种技术极大地提高并丰富了当今人类获取、传递、再生和利用信息的能力与手段,也极大地改变了当今社会的生活方式和工作方式。

众所周知,自1959年美国IBM公司研究出第一个计算机辅助教学系统以来,信息技术教育应用在发达国家大体经历了三个发展阶段。

(一) CAI 阶段

CAI阶段是从20世纪60年代初至80年代中期,主要是利用计算机的快速运算、图形动画和仿真等功能辅助教师解决教学中的某些重点、难点,其课件大多以演示为主。这是信息技术教育应用的第一个发展阶段,在这一阶段,一般只提计算机教育(或计算机文化),还没有提出信息技术教育的概念。

(二) CAL 阶段

CAL阶段是从20世纪80年代中期至90年代中期。此阶段逐步从辅助教为主转向辅助学为主,也就是强调如何利用计算机作为辅助学生学习的工具。例如,用计算机帮助搜集资料、辅导答疑、自我测试及帮助安排学习计划等,即不仅强调用计算机辅助教师的教,更强调用计算机辅助学生自主的学。这是信息技术教育应用的第二个发展阶段,在这一阶段,计算机教育和信息技术教育两种概念并存。

应当指出的是,我国由于信息技术教育应用起步较晚——20世纪80年代初才开始进行计算机辅助教学的试验研究,比美国落后了20年;加上我国教育界历来受"以教为主"的传统教育思想影响,往往只重视教师的教,而忽视学生自主的学,所以尽管国际上自80年代中期信息技术教育应用的主要模式逐渐由CAI转向CAL,但是在我国似乎并没有感受到这种变化。不仅从80年代初期到90年代中期是如此,甚至到了今天,我国很多学校的信息技术教育应用模式仍然主要是CAI。

(三) 信息技术与课程整合阶段

信息技术与各学科课程的整合是20世纪90年代中期以来国际教育界非常关注、非常重视的一个研究课题,也是信息技术教育应用进入第三个发展阶段(大约从90年代中期至今)后信息技术应用于教学过程的主要模式。在这一阶段,原来的计算机教育(或计算机文化)概念已完全被信息技术教育所取代。

二、信息技术与课程整合的目标

信息技术与课程整合不仅是把信息技术作为辅助教或辅助学的工具,而且是强调要利用信息技术来营造一种新型的教学环境,该环境应能支持情境创设、启发思考、信息获取、资源共享、多重交互、自主探究、协作学习等多方面要求的教学方式与学习方式。也就是实现一种既能发挥教师主导作用又能充分体现学生主体地位的以"自主、探究、合作"为特征的教与学方式,这样就可以把学生的主动性、积极性、创造性较充分地发挥出来,使传统的以教师为中心的课堂教学结构发生根本性变革(教学结构变革的主要标志是师生关系与师生地位作用的改变),从而使学生的创新精神与实践能力的培养真正落到实处。这正是我们的素质教育目标所要求的(1999年第三次全教会明确指出,我们必须贯彻"以培养学生的创新精神与实践能力为重点的素质教育")。西方发达国家,尤其是美国则把信息技术与课程整合看作培养 21 世纪人才的根本措施,而 21 世纪人才的核心素质则是创新精神与合作精神。这说明不论在我国还是在西方发达国家,都是把信息技术与课程整合看作培养创新人才的重要途径乃至根本措施。可见,信息技术与课程整合所要达到的目标就是落实大批创新人才的培养。这既是我们国家素质教育的主要目标,也是西方发达国家大力倡导和推进信息技术与课程整合的原因所在,是当今世界各国进行新一轮教育改革的主要目标。我们只有站在这样的高度来认识信息技术与课程整合的目标,才有可能深刻领会信息技术与课程整合的重大意义与深远影响,才能真正弄清楚为什么要开展信息技术与学科课程的整合。

信息技术与课程整合的主要目标在于以下四个方面。

(一) 优化教学过程,提高教学质量、效率和效益

在现代教育思想、理论的指导下,把计算机及网络为核心的信息技术作为支持教师"教"和促进学生"学"的认知工具与情感激励工具、丰富的教学环境的创设工具,并将这些工具全面应用到各学科的教学过程中,使各种教学资源、各个教学要素和教学环节,经过整理、组合、相互融合,在整体优化的基础上产生聚集效应,提高教学质量、效率和效益,同时在培养学生创新精神和实践能力方面发挥作用。

(二) 培养学生具有良好的信息素养

培养学生具有良好的信息素养是使学生掌握信息技术的思想意识、应用技能和道德规范的能力,使学生正确理解信息技术的工具作用、对学习与生活的辅助作用和支持作用,具备对信息内容的批判与理解能力,并能在虚拟的环境中具有良好的伦理道德和法规意识。

(三) 培养学生掌握信息时代的学习方式

培养学生掌握信息时代的学习方式是使学生能够利用资源进行学习,能在信息化教学情境中进行自主发现学习,能利用网络通信工具进行协商交流、合作讨论式的学习,以及学会利用信息加工工具和创作平台进行实践创造性的学习。

(四) 培养学生具有终身学习的态度和能力

在信息时代,知识的更新率加快,陈旧率加大,有效期缩短,各学科间相互渗透,出现了更多的新兴学科和交叉学科。在这种科学技术、知识信息发生剧变的大背景下,要求学生具有生动汲取知识的意识并能付诸日常生活实践,要能够独立自主地学习,能够自我组织、制订并执行学习计划,能控制整个学习过程,对学习进行自我评估。这样,学生本人支配着学习的过程,并对自己的学习负责,而教师成为学生学习的引导者、监督者和促进者,从而达到人人皆学、处处可学、时时能学、个个善学。

三、信息技术与课程整合的内涵

信息技术与课程整合是一个复合词,在深入理解该概念之前,需要先界定和理解整合、课程、信息技术等概念。

(一) 整合

在英文中,整合表述为"integration",有综合、融合、集成、一体化等多重含义,但其主

要含义是"整合",即将零散的要素组合在一起,并最终形成有价值、有效率的一个整体。整合是相对于分化而言的。从系统论的角度看,整合可使系统内各要素实现整体协调、相互渗透,使系统各要素发挥最大效益。

还应该注意到,整合强调了对个体特征的继承性,即被整合的个体并不丧失其自身特性,而是在保持其核心属性的前提下,强调个体间要素的交叉与融合,使处于某一过程的不同个体在某种目标的引导与要求下,呈现出高度的和谐。

(二)课程整合

课程整合是指对课程设置、各课程教育教学的目标、教学设计、评价等要素做系统的考虑与操作,用整体的、联系的、辩证的观点,认识和研究教育过程中各种教育教学要素之间的关系。

(1) 课程整合是使分化了的学校教学系统的各要素及其各成分形成有机联系的整体的过程。

(2) 需要进一步说明的是,课程整合并不是单纯地将被分割的东西拼凑在一起,不是简单地把各门学科聚合起来,而是指把本来具有内在联系而被分裂开来或尚未建立起联系的内容重新整合为一体的过程。

(三)信息技术与课程整合

1. 信息技术与课程整合的定义

自2000年全国范围内普及信息技术教育、倡导信息技术与课程整合以来,学者们对其概念进行了较为深入的探讨。对于什么是信息技术与课程整合,不同学者给出了表达各异的定义。

《中小学教师教育技术能力标准(试行)》中给出的定义:信息技术与课程整合是指在学科教学过程中把信息技术、信息资源和课程有机地结合起来,建构有效的教学方式,促进教学的最优化。

南国农教授认为:信息技术与课程整合是指将信息技术以工具的形式与课程融为一体,将信息技术融入课程教学体系各要素中,使之成为教师的教学工具、学生的认知工具、重要的教材形态、主要的教学媒体。

李克东教授认为:信息技术与课程整合是指在课程教学过程中把信息技术、信息资源、信息方法、人力资源和课程内容有机结合,共同完成课程教学任务的一种新型的教学方式。

何克抗教授认为:信息技术与课程整合是信息技术与学科课程的整合,就是通过将信息技术有效地融合于各学科的教学过程来营造一种信息化教学环境,实现一种既能发挥教师主导作用又能充分体现学生主体地位的以"自主、探究、合作"为特征的教与学方式,从而把学生的主动性、积极性、创造性充分地发挥出来,使传统的以教师为中心的课堂教学结构发生根本性变革,从而使学生的创新精神与实践能力的培养真正落到实处。

上面列出的几种定义,尽管表述不尽相同,但其基本含义是一致的,即将信息技术与课程整合理解为信息技术与学科教学的整合。信息技术是工具,实现学科教学目标是目的,是指信息技术有机地与课程结构、课程内容、课程资源及课程实施等方面融合为一体,从而对课程的各个层面和维度都产生变革作用,进而促进课程整体的变革。

当然，信息技术与课程整合的主体是课程，而非信息技术。在实施过程中，要避免陷入为使用技术而使用技术的误区。因此，我们强调以教学目标为根本出发点，以改善学生学习为根本目的。不要在使用传统教学手段就能够取得良好效果时，生硬地使用信息技术。

还需要说明的是，这里所说的信息技术不能简单地等同于计算机技术。信息技术的外延比计算机技术大得多，计算机技术只是信息技术的一部分，通信技术、影视技术、网络技术、智能技术、控制技术等都属于信息技术的范畴。但是在当前，很多人误解了信息技术的含义，将信息技术直接等同于计算机技术，信息技术与课程整合也就被"合理"地误解为计算机技术与课程整合。这种认知会将计算机技术之外的其他信息技术拒于课程教学之外，我们应该纠正这种认知上的偏颇。

信息技术与课程整合的关键是如何有效应用信息技术的优势来更好地达到课程学习目标，培养学生的创新精神、实践能力与信息素养。教师必须清楚信息技术的优势和不足，并结合教学的特点与需求，设法找出信息技术在哪些方面能提高学习效果、促进学生的学习。

2. 信息技术与课程整合的基本属性

从何克抗教授对信息技术与课程整合的表述可见，信息技术与课程整合包含三个基本属性：营造（或创设）新型教学环境、实现新的教与学方式、变革传统教学结构。应当指出，这三个基本属性并非平行并列的关系，而是逐步递进的关系——新型教学环境的营造是为支持新的教与学方式，新的教与学方式是为变革传统教学结构，变革传统教学结构则是为最终达到创新精神与实践能力培养的目标（创新人才培养的目标）。可见，整合的实质与落脚点是变革传统的教学结构，即改变"以教师为中心"的教学结构，创建新型的、既能发挥教师主导作用又能充分体现学生主体地位的"主导—主体相结合"的教学结构。只有从这三个基本属性，特别是从变革传统教学结构这一属性去理解整合的内涵，才能真正把握信息技术与课程整合的实质。

由于"环境"这一概念的含义很广（教学过程主体以外的一切人力因素与非人力因素都属于教学环境的范畴），所以上述定义就信息技术在教育领域的应用而言，和把计算机为核心的信息技术仅仅看成工具、手段的 CAI 或 CAL 相比，显然要广泛得多、深刻得多，其实际意义也要重大得多。

CAI 主要是对教学方法与教学手段的改变（涉及教学环境和教学方式），它基本上没有体现新的学习方式，更没有改变教学结构。所以，它和信息技术与课程整合二者之间绝不能画等号。当然，在课程整合过程中，有时也会将 CAI 课件用于促进学生的自主学习，所以"整合"并不排斥 CAI。不过，整合过程中运用 CAI 课件是把它作为促进学生自主学习的认知工具与协作交流工具，这种场合的 CAI 只是整合过程（信息技术应用于教育的全过程）中的一个环节；而传统的以教师为中心的计算机辅助教学是把 CAI 课件作为辅助教师突破教学中的重点与难点的直观教具、演示教具，并且这种场合的 CAI 就是信息技术应用于教育的全部内容（而不是其中的一个环节）。可见，这两种场合的 CAI 课件运用，即使不从其内涵实质而仅从其应用方式上看，也是不一样的。

我们认为，必须依据上述三个基本属性来认知与理解信息技术与课程整合的内涵和实质才是比较科学的、全面的；而且也只有这样，才有可能在此基础上形成真正有效的能实现深层次整合的具体途径与方法。

从目前全球的发展趋势看，信息技术教育应用正在日渐深入地进入第三个发展阶段,即信息技术与课程整合的阶段。由以上分析可见,在进入这个阶段以后,实际上信息技术就不再仅仅是辅助教或辅助学的工具,而是要通过新型教学环境和教与学方式的创设从根本上改变传统的以教师为中心的教学结构,使培养创新精神与实践能力的目标(大批培养创新人才的目标)真正落到实处。正因为如此,大力倡导和推进信息技术与课程整合,目前已经成为全球教育改革的总趋势与不可逆转的潮流。

第二节　信息技术与课程整合的实施

一、信息技术与课程整合的层次

在当前的教学实践中,根据教学条件、教学资源、教学内容等方面的因素,为有效达到课程教学目标,信息技术与课程整合的具体方式可以有所不同。根据信息技术与课程整合的不同程度和深度,可以将整合的进程大略分为三个阶段十个层次,每个层次大概代表一类具体的整合方式。

信息技术与课程整合的三个阶段分为封闭式的、以知识为中心的课程整合阶段;开放式的、以资源为中心的课程整合阶段;全方位的课程整合阶段。

(1) 封闭式的、以知识为中心的课程整合阶段包括信息技术作为演示工具、信息技术作为交流工具和信息技术作为个别辅导工具三个层次。

(2) 开放式的、以资源为中心的课程整合阶段包括信息技术作为资源环境、信息技术作为信息加工工具、信息技术作为协作工具和信息技术作为研发工具。

(3) 全方位的课程整合阶段包括课程内容改革、教学目标改革和教学组织架构改革。

与这十个层次相对应的教学策略、学习方式、教师角色、学生角色、教学评价、信息技术的作用、硬件要求等如表 7-1 所示。

表 7-1　信息技术与课程整合层次划分

阶段	层次	教学策略	学习方式	教师角色	学生角色	教学评价	信息技术的作用	硬件要求
封闭式的、以知识为中心的课程整合阶段	信息技术作为演示工具	说教式讲授	集体听课	知识施予者	知识被灌输者	纸笔测试、口头问答	演示工具	一台教师机、投影机
	信息技术作为交流工具	说教式教授、个别辅导	个体作业为主	知识施予者、活动组织者	被灌输为主、呈现出主动参与学习的兴趣	纸笔测试	简单的人人交互工具,培养学生兴趣、促进情感交流	局域网或互联网
	信息技术作为个别辅导工具	个别辅导式教学、个别化学习	个体作业	计算机软件的开发者或选择者、辅导者	主动学习、接受软件讲授	纸笔测试或计算机测试	简单的人机交互工具,实现教师职能的部分代替	人手一台计算机

续表

阶段	层次	教学策略	学习方式	教师角色	学生角色	教学评价	信息技术的作用	硬件要求
开放式的、以资源为中心的课程整合阶段	信息技术作为资源环境	探索式学习等策略	个体作业+协作学习	教学的引导者、帮助者	学习主动参与者	测试/学生的作品	资源收集查询工具	网络教室局域网
	信息技术作为信息加工工具	个别化学习、协作式学习	个体作业为主，少量协作学习	知识施予者、学习的指导者、活动组织者	学习主动参与者	测试/学生的作品	学生表达思想、观点、交互的工具	局域网或互联网
	信息技术作为协作工具	多种学习策略，以问题解决式、任务驱动式为主	协作学习为主	教学的指导者、帮助者、教学活动组织者	学习主动参与者	按照学生的作品进行评价	生活、学习的协作工具	互联网
	信息技术作为研发工具	多种学习策略，以发现式、任务驱动式为主	协作学习或个体作业或二者均有	教学的指导者帮助者、促进者	主动探索、主动发现、主动建构	有一定价值的作品	智能工具	宽带互联网
全方位的课程整合阶段	课程内容改革							
	教学目标改革							
	教学组织架构改革							

十个层次的具体内容可扫描二维码学习。

二、信息技术与课程整合的基本原则

（一）正确地运用教育理论指导信息技术与课程整合的实践

现代学习理论为信息技术与课程整合奠定了坚实的理论基础，在教与学的层面上，每一种理论都具有其正确的一面。但是，在教学实践中，没有一种理论具有普适性。换而言之，无论哪一种理论都不能替代其他理论成为唯一的指导理论。行为主义学习理论，在对需要机械地记忆知识或具有操练和训练教学目标的学习中凸显出来。认知主义学习理论的指导作用，则主要体现在激发学生的学习兴趣、控制和维持学生的学习动机方面。建构主义学习理论，提倡给学生提供建构理解所需要的环境和广阔的建构空间，让学生自主、发现式地学习，建构主义比较适合于不良结构领域的高级学习。对于中小学生来说，由于他们正处在知识积累和思维发展的阶段，认知结构比较简单，自主学习能力还没有得到很好的培养，比较缺乏自控能力，在信息技

十个层次的具体内容.docx

术与课程整合的应用中，应该兼顾各种理论，根据教学对象、教学内容及教学媒体等多种变量，灵活地运用理论来指导实践。

（二）根据学科特点构建整合的教学模式

每个学科都有其固有的知识结构和学科特点，它们对学生的要求也是不同的。例如，语言教学是培养学生应用语言的能力，主要训练学生在不同的场合，正确、流利地表达自己的思想，较好地与别人交流的能力。为此，应该利用信息技术，模拟接近生活的真实语境，为学生提供反复练习的机会。数学属于逻辑经验学科，主要由概念、公式、定理、法则及应用问题组成，教学的重点应该放在开发学生的认知潜能上。教师可以通过给学生创设认知环境，让他们经历由具体思维到抽象思维，再由抽象思维到具体思维的学习过程，并完成对数学知识的建构。物理和化学则是与人们的生产、生活密切相关的学科。在教学中，应注意学生的观察能力、解决问题的能力和做实验的能力的培养。对于那些需要观察自然现象或事物变化过程的知识，形象和直观的讲解将有助于学生的理解与记忆。但如果需要培养学生的操作能力，那么用计算机的模拟实验全部代替学生的亲手实验，将会违背学科的特点，背离教学目标中对学生动手能力的培养。因此，在对不同的学科进行整合时，既要遵循相同的整合原则，也应根据学科的特点，选择不同的整合策略，设计对应的教学模式开展信息技术与学科课程的整合。

（三）根据教学内容和对象选择整合策略

人类的思维类型可分为抽象思维与具体思维、有序思维与随机思维。对于学习类型和思维类型不同的人来说，他们所处的学习环境和所选择的学习方法将直接影响他们的学习效果。在长期的教学实践中发现，有的学生不能主动地对外来信息进行加工，喜欢有人际交流的学习环境，需要明确的指导和讲授。而有的学生在认知活动中，则更愿意独立学习，进行个人钻研，更能适应结构松散的教学方法或个别化的学习环境。因此，信息技术与课程整合应该根据不同的教学对象，实施多样性、多元化和多层次的整合策略。

（四）运用"学教并重"的教学设计理念进行课程整合的教学设计

目前流行的教学设计理念主要有"以教为主"的教学设计和"以学为主"的教学设计两大类。由于这两类教学设计理念各有其特点，因此，最理想的方法是将二者结合起来，取长补短，形成优势互补的"学教并重"的教学设计理念。而且，这种理念也正好能适应"既发挥教师主导作用又充分体现学生主体作用的新型教学结构"的要求。在运用这种理念进行教学设计时要注意，不能将以计算机为基础的信息技术（不论是多媒体，还是计算机网络）仅仅看作辅助教师"教"的演示教具，而更应当强调把它们作为促进学生自主学习的认知工具与情感激励工具。在课程整合时，我们要把这一理念牢牢地、自始至终地贯彻到整个教学设计的各个环节中。

（五）个别学习与协作学习的和谐统一

信息技术给我们提供了一个开放性的实践平台，在实现同一目标时，我们可以采用不同的方法。同时，课程整合强调"具体问题具体分析"，当教学目标确定后，可以通过整合不同的任务来实现目标。对于同一任务,不同的学生也可以采用不同的方法和选择不同的工具来完成。这种个别化的教学策略,对于发挥学生的主动性,进行因人而异的学习是很有帮助的。但社会化大生产要求人们具有团队协同工作的精神。同样,在现代学习中,尤其是在一些高级认知场合(如复杂问题的解决、作品评价等),要求多个学生能对同一问题发表不同的观点,并在综合评价的基础上,协作完成任务。网络,尤其是互联网的出现,为这种协作学习提供了良好的支持平台。因此,在教学中,既要为学生提供个别化的学习机会,又要组织学生开展协作学习。

三、探索信息技术与课程整合的途径与方法

我国学者在借鉴国外先进经验的基础上,结合国内十多年的实践探索,对信息技术与课程整合也逐渐形成一套比较系统完整且具有中国特色的理论与方法。

有效整合的方法必须在对整合的内涵有科学认识的基础上才有可能形成。我们对整合的内涵与本质的认识尽管源于西方的观点(从营造新型教学环境的角度来理解整合),但我们又结合我国的国情和自己多年的实践经验补充、深化并拓展了这一观点。换句话说,我们对于整合的内涵与实质有更为切合实际的深刻认识,因而何克抗教授在此基础上提出自己的有效整合乃至深层次整合的独特途径与方法。

由于"教无定法",谁也不可能提出一套适合所有学科的"包治百病"的整合方法。但是不同学科要实现与信息技术的整合都需要信息技术环境的支持,因而需要遵循共同的指导思想与实施原则。只要掌握了这种指导思想与实施原则,各学科的教师完全可以八仙过海——各显神通,在教学实践中结合相应的学科创造出多种多样、实用有效的整合模式与整合方法。若从这个意义上说,各学科的整合都应遵循的共同指导思想与实施原则,也未尝不可看作一种宏观的实施方法或途径。下面五条就是何克抗教授经过多年的整合实践和深入的理论思考而形成的、关于各学科的信息技术与课程整合都必须遵循的指导思想和实施原则,这也就是我们为广大教师开出的实施深层次整合的"处方",即实现信息技术与课程深层次整合的基本途径与方法。

(一)以先进的教育理论(特别是建构主义理论)为指导

信息技术与课程整合的过程绝不仅仅是现代信息技术手段的运用过程,它必将伴随教育、教学领域的一场深刻变革。换句话说,整合的过程是教育深化改革的过程,既然是改革,就必须有先进的理论来指导,没有理论指导的实践是盲目的实践,将会事倍功半甚至徒劳无功。这里之所以要特别强调建构主义理论,并非因为建构主义十全十美,而是因为它对于我国教育界的现状特别有针对性。它所强调的"以学为主"、学生主要通过自主建构获取知识意义的教育思想和教学观念,对于我国各级各类学校的以教师为中心的传统教学结构是极大的冲击;除此以外,还因为建构主义学习理论与教学理论及建构主义学习环境下的教学设计方法,可以为信息技术环境下的教学,也就是信息技术与各学科课程的整合,提供最强有力的理论支持。

(二)紧紧围绕新型教学结构的创建进行整合

在前面分析信息技术与课程整合的定义和内涵的过程中曾经指出:"整合"的实质与

落脚点是变革传统的教学结构,即改变以教师为中心的教学结构,创建新型的、既能发挥教师主导作用又能充分体现学生主体地位的"主导—主体相结合"的教学结构。既然如此,信息技术与课程整合应该紧紧围绕新型教学结构的创建来进行,否则将会迷失方向——把一场深刻的教育革命(教学过程的深化改革)变成纯粹技术手段的运用与操作。

要紧紧围绕新型教学结构的创建这一实质来整合,就要求教师在进行课程整合的过程中,密切关注教学系统中四个要素(教师、学生、教学内容、教学媒体)的地位与作用:看看通过自己进行的整合,能否使这四个要素的地位与作用和传统教学结构相比发生某种改变,改变的程度有多大,哪些要素改变了,哪些还没有,原因在哪里。只有紧紧围绕这些问题进行认真分析,并采取相应的措施,才能实现有效的深层次的整合。事实上,这也正是衡量整合效果与整合层次的主要依据。

(三)注意运用"学教并重"的教学设计理论进行信息技术与课程整合的教学设计

目前流行的教学设计理论主要有"以教为主"的教学设计和"以学为主"的教学设计(也称建构主义学习环境下的教学设计)两大类。建构主义学习环境下的教学设计是学教并重的。

(四)重视各学科的教学资源建设是实现课程整合的必要前提

没有丰富的高质量的教学资源,就谈不上学生的自主学习,更不可能让学生进行自主发现和自主探索;教师主导课堂、学生被动接受知识的状态就难以改变,新型教学结构的创建也就无从说起。新型教学结构的创建既然落不到实处,创新人才的培养自然也就落空。

但是重视教学资源的建设,并非要求所有教师都去开发多媒体课件,而是要求广大教师努力收集、整理和充分利用互联网上的已有资源,只要是网站上有的,不管是国内的还是国外的(国外也有不少免费教学软件),都可以采取"拿来主义"(但"拿来"以后只能用于教学,而不能用于谋取商业利益)。只有在确实找不到理想的与学习主题相关的资源情况下,才有必要由教师自己去进行开发。

(五)注意结合各门学科的特点建构易于实现学科课程整合的新型教学模式

新型教学结构的创建要通过全新的教学模式来实现。教学模式属于教学方法、教学策略的范畴,但又不等同于教学方法或教学策略。教学方法或教学策略一般是指教学上采用的单一的方法或策略,教学模式则是指两种或两种以上教学方法或教学策略的稳定组合。在教学过程中,为实现某种预期的效果或目标(如创建新型教学结构)往往要综合运用多种方法与策略,当这些教学方法与教学策略的联合运用总能达到预期的效果或目标时,就成为一种有效的教学模式。

能实现新型教学结构的教学模式很多,而且因学科和教学单元而异。每位教师都应结合各自学科的特点,并通过信息技术与课程深层次整合去创建新型的、既发挥教师主导作用又充分体现学生主体地位的"主导—主体相结合"的教学结构。教学模式的类型是多种多样的、分层次的。从最高层次考虑,大致有以下四种实现信息技术与课程深层次整合的教学模式。

(1)探究性教学模式适用于各个学科每一个知识点的常规教学(这种模式可以深入

地达到各学科认知目标与情感目标的要求,且文理科皆适用)。

(2) 专题研究性教学模式适用于培养学生的解决实际问题的能力(包括发现问题、提出问题、分析问题、解决问题的能力)。

(3) 创新思维教学模式适用于培养学生的创新思维能力(包括发散思维、逻辑思维、形象思维、直觉思维和辩证思维能力)。

(4) 仿真实验教学模式则适用于物理、化学、生物等课程的实验教学。

这四种教学模式都有各自不同的实施步骤与方法。大量实践证明:如能掌握这四种教学模式的实施步骤与方法并加以灵活运用,定能取得深层次整合的理想效果。

四、信息技术与课程整合的现实意义

由前面给出的信息技术与课程整合的定义可见,整合的实质是通过新型教学环境的营造来改变传统的以教师为中心的教学结构,创设新型的"主导—主体相结合"的教学结构,以便使创新人才培养的目标落到实处。我们认为,深刻理解信息技术与课程整合的这一实质,不仅是形成深层次整合的有效途径与方法的必要前提;也是帮助我们认识信息技术与课程整合对教育改革的重要意义的关键所在。换句话说,只有深刻理解这一实质,才有可能充分认识信息技术与课程整合对我国当前教育深化改革的重大现实意义。下面我们就来进一步分析这方面的问题。

多年来,我国教学改革取得了很多成绩,但是并没有大的突破,其原因在于,这些教改只注重教学内容、手段和方法的改革,而忽视了教学结构的改革。教学内容、手段、方法的改革固然很重要,却不一定会触动教育思想、教与学理论这类深层次的问题,只有教学结构的改革才能触动这类问题。

所谓教学结构,是指在一定的教育思想、教学理论、学习理论指导下的教学活动进程的稳定结构形式,是教学系统四个要素(教师、学生、教学内容、教学媒体)相互联系、相互作用的具体体现。

多年来,我们各级各类学校的传统教学结构,用一句话来概括,就是"以教师为中心"的教学结构。在这种结构下,教学系统中四个要素的关系:教师是主动的施教者,是教学过程的绝对权威,教师通过口授、板书把知识传递给学生;作为学习过程主体的学生,在整个教学过程中主要是用耳朵听讲、用手记笔记,完全处于被动接收状态,是外部刺激的接收器(相当于收音机或电视机);教学内容是学生获取知识的唯一来源,教师讲这本教材,复习和考试都是依据这本教材;教学媒体在教学过程中主要是作为辅助教师教课即用于突破教学中重点、难点的演示教具、直观教具(传统 CAI 就是起这种作用)。

这种教学结构的优点是有利于教师主导作用的发挥,有利于教师对课堂教学的组织、管理与控制,但是它存在一个很大的缺陷,就是忽视学生的主动性与积极性的发挥,不能把学生的主体地位很好地体现出来。不难想象,作为学习过程主体的学生,如果在整个教学过程中均处于比较被动的地位,肯定难以达到理想的教学效果,更不可能培养出富有创造性的创新型人才。这正是传统的以教师为中心的教学结构的最大弊病,也是忽视教学结构改革最为严重的后果。

如上所述,整合的实质正是要改变以教师为中心的教学结构,创建新型的、既发挥教师主导作用又充分体现学生主体地位的"主导—主体相结合"的教学结构,以便激发学生的主动性、积极性与创造性,从而使创新人才培养的目标落到实处。由此可见,信息技术与课程整合对于我国教育的深化改革具有非常重要的现实意义。

第三节 信息技术与课程整合的教学模式

信息技术与课程整合的实质与落脚点是变革传统的教学结构,而新型教学结构的创建要通过相关的教学模式才能实现。为此,本节先就教学模式的有关概念及信息技术与课程整合过程中的教学模式分类进行讨论,在此基础上,再对信息技术与课程整合过程中常用教学模式的产生背景、内涵与特征、实施步骤及实施案例等内容作进一步的介绍。

一、教学模式及相关概念

教学模式、教学方法、教学策略是传统教学论领域中使用频率很高、同属解决"如何教"这类问题的概念,它们相互之间的联系比较密切,也很容易混淆。另外,教学结构、教学模式与教学策略,则是近年来随着教育信息化带动教育现代化、促进教育的深化改革而常被提及且分属不同层级范畴的概念,也是容易混淆的概念。下面将分别对教学模式、教学方法、教学策略、教学结构等概念的含义,以及它们之间的联系与区别作一个明确的划分。

(一)教学模式

虽然教学模式的概念很早就已存在,但教学模式真正成为教育研究中的一个独立范畴通常认为是从乔伊斯和威尔(Bruce Joyce, Marsha Weil & Emily Calhoun, 1999 年)等的研究开始的。目前有关教学模式(也有个别学者称为"教育模式")的定义比较多。例如,乔伊斯和威尔等人在其专著《教学模式》(Models of Teaching)中给出的定义:教学模式是构成课程(长时的学习课程)、选择教材、指导在教室和其他环境中教学活动的一种计划或范型。

华东师范大学叶澜教授给出的定义:教学模式俗称大方法。它不仅是一种教学手段,而且是从教学原理、教学内容、教学的目标和任务、教学过程直至教学组织形式的整体、系统的操作样式,这种操作样式是加以理论化的。

中央教科所朱小蔓教授给出的定义:教学模式是在一定的教育理念支配下,对在教育实践中逐步形成的、相对稳定的、较系统而具有典型意义的教育体验,加以一定的抽象化、结构化的把握所形成的特殊理论模式。

上述各种关于教学模式的定义不尽相同,它们分别从不同角度揭示了教学模式这一术语的含义。在此基础上,张武升教授归纳出教学模式至少具备的三个特点:①有一定的理论指导;②需要完成规定的教学目标和内容;③表现一定的教学活动序列及其方法策略。

总之,一个完整的教学模式应该包含主题(理论依据)、目标、条件(或称手段)、程序和评价五个要素(张武升,1988 年)。这些要素各占有不同的地位,起着不同的作用,具有不同的功能,它们之间既有区别,又彼此联系,相互蕴涵、相互制约,共同构成了一个完整的教学模式。

何克抗教授综合以上各种看法,结合他多年来在教学改革实践中对教学模式所开展的深入研究,提出全新观点——教学模式属于教学方法、教学策略的范畴,但又不等同于教学方法或教学策略;教学方法或教学策略一般是指教学过程中采用的单一的方法或策略,而教学模式则是指教学过程中两种或两种以上教学方法或教学策略的稳定组合与运用。在教学过程中,为实现某种预期的效果或目标(如创建新型教学结构)往往要综合运用多种方法与策略,当这些教学方法与教学策略的联合运用总能达到预期的效果或目标时,就成为一种有效的教学模式。

能实现新型教学结构的教学模式很多,而且因不同的学科和不同的教学单元而异。每位教师都应结合各自学科的特点,并通过信息技术与课程的深层次整合去创建既发挥教师主导作用又充分体现学生主体地位的"主导—主体相结合"的新型教学结构(也称"主导—主体型教学结构")。

(二)教学方法

教学方法的概念有广义和狭义之分。广义的教学方法是指为达到预定的教学目标和完成相关的教学任务而采取的一切手段、工具、途径和办法的总称(既包括各种教学手段、工具、方法,也包括各种教学原则的运用)。这一概念比较宽泛,甚至把教学原则也包括在内。狭义的理解则认为教学原则是教学方法的指导思想,而教学方法是指为达到预定的教学目标,完成预定的教学内容,在教学原则指导下所采用的师生互动方式和有关措施(既包括教师教的方法,也包括学生学的方法),是教法和学法的统一。本书所涉及的教学方法即是指这种狭义的理解,如讲授法、演示法、实验法、练习法、讨论法、角色扮演法等。需要指出的是,我们这里所说的教学方法,在一般情况下和教学工具或教学手段是有区别的,教学方法也包括对教学工具和教学手段的选择与运用的方法。

(三)教学策略

《辞海》中对"策略"一词的解释是"计策谋略",而在较为普遍的意义上,策略涉及的是为达到某一目的而采取的手段和方法。国内外学者对教学策略有很多界定,这些界定既有共性,又有明显的分歧,归纳起来有以下三种观点。

(1)以施良方为代表的观点,即教学策略是指教师在课堂上为达到课程目标而采取的一套特定的方式或方法。教学策略要根据教学情境的要求和学生的需要随时发生变化。无论在国内还是在国外的教学理论与教学实践中,绝大多数教学策略都涉及如何提炼或转化课程内容的问题。

(2)以袁振国为代表的观点,即教学策略是在教学目标确定以后,根据已定的教学任务和学生的特征,有针对性地选择与组合相关的教学内容、教学组织形式、教学方法和技术,形成的具有效率意义的特定教学方案。教学策略具有综合性、可操作性和灵活性等基本特征。

(3)以和学新为代表的观点,即教学策略是为达到教学目的,完成教学任务,而在对教学活动清晰认识的基础上对教学活动进行调节和控制的一系列执行过程。一个成熟的有效的教学策略一般应包含以下几个要素：指导思想、教学目标、实施程序、操作技术。

美国学者瑞奇鲁斯把教学策略分为三种：教学组织策略、教学传递策略和教学资源管理策略。其中，教学组织策略是指有关教学内容应按何种方式组织、次序应如何排列及具体教学活动应如何安排(如何设计教学处方)的策略；教学传递策略是指为实现教学内容由教师向学生的有效传递，应如何选择、运用教学媒体和教学交互方式的策略，也就是有关教学媒体的选择、运用及学生应如何分组的策略(教学交互方式可以是双人小组、多人小组、班级授课或是个别化学习等多种不同方式)；教学资源管理策略是指在上面两种策略已经确定的前提下，如何对教学资源进行计划与分配的策略。

综合上述对教学策略内涵的几种不同认识，我们可以这样理解：教学策略是指在不同的教学条件下，为达到预期的教学目标而采取的计策谋略(包括各种手段、方法)。教学策略与教学方法本来属于同一范畴，只是教学方法要比教学策略更具体一些，可操作性更强一些；在许多应用场合，对教学策略与教学方法往往不加区别。例如，对于教学内容的组织和传递来说，人们对"策略"和"方法"这两个概念就经常不作区分(认为教学内容的组织和传递策略、教学内容的组织和传递方法这二者的含义相同)。因为这二者都要在教师与学生的互动过程(相互作用过程)中才能具体体现出来，所以实际上没有什么区别。

（四）教学结构

所谓教学结构，是指在一定的教育思想、教学理论与学习理论指导下的、在某种环境中展开的教学活动进程的稳定结构形式，它将直接反映出教师按照什么样的教育思想、教学理论来组织自己的教学活动进程，是教育思想、教学理论、学习理论的集中反映，也是教学系统四个要素相互联系、相互作用的具体体现。

二、信息技术与课程整合过程中的教学模式分类

教学模式的类型是多种多样的、分层次的。信息技术与课程整合过程中的教学模式也不例外。由于信息技术与课程整合实质上是信息技术与学科教学整合，而学科教学过程涉及三个阶段：一个是与课堂教学环节直接相关的课内阶段，另外两个是课前阶段与课后阶段(课前与课后这两个阶段也可合称为一个"课外阶段")，所以从最高层次考虑，信息技术与课程整合课的教学模式只有两种，即按照所涉及的教学阶段来划分的"课内整合教学模式"与"课外整合教学模式"两种。

目前，西方发达国家比较关注信息技术与课前、课后教学过程的整合(即课外整合模式)，多年来他们在这方面作了大量的研究与探索，并取得了许多成功的经验。其中影响最大、也最为有效的课外整合教学模式是 WebQuest，在国内也相当盛行，大体上相当于国内通常所说的"专题研究性学习"。

由于课堂教学涉及不同学科、不同教学策略和不同的技术支撑环境等多种因素，所以实现课内整合的教学模式的分类要复杂得多。对于学科教师来说，涉及各自学科的课内整合教学模式显然比较简单；涉及不同技术支撑环境的课内整合教学模式则要复杂一些；而最难以掌握的应当是涉及不同教学策略的课内整合教学模式。

根据技术支撑环境的不同，课内整合教学模式可以划分为基于多媒体演示、基于网

络教室、基于软件工具或基于仿真实验等类型。就我国当前的实际情况看,基于多媒体演示和基于网络教室是目前中小学最普遍采用的技术支撑环境。因此,下面将进一步阐述基于多媒体演示和基于网络教室的这两类整合模式。

基于多媒体演示的课内整合教学模式的实施环境是多媒体投影教室。在整合实施过程中,一般是利用教师事先准备的多媒体演示课件来进行教学。其突出特点在于:一是运用图像、声音、视频等多媒体素材形式,实现对宏观或微观现象的直观再现,或者用于对情感类教学目标进行铺垫和渲染;二是学生主要通过聆听和观看的方式单向参与教学过程,而难以实现师生之间、学生之间及人机之间的双向交互活动。

基于网络教室的课内整合教学模式的实施环境是计算机网络教室。与基于多媒体演示的课内整合教学模式不同的是,由于这类教学模式具备学生人手一台计算机或两人一台计算机的技术支撑环境,在实施过程中具有交互性,更能突出学生动手实践和自主学习的特点,因此对教师的要求相对较高——不仅应具备网络环境下组织管理课堂教学的能力(它与传统课堂教学的组织管理能力相比有很大的不同),还应具备有效整合网络教学资源、合理设计学生自主学习、自主探究和组织小组协作活动的能力。这类整合模式由于配置硬件设备的价格较高,目前主要用于支持中小学各年级信息技术课程的教学;只有少数条件较好的学校有富余的计算机网络教室,可用于实施信息技术与其他学科教学的整合,所以,基于网络教室的课内整合教学模式的普及程度,在当前远不如基于多媒体演示的课内整合教学模式。

根据选用教学策略的不同,课内整合教学模式原则上可以分为自主探究、协作学习、演示、讲授、讨论、辩论、角色扮演等多种不同的教学模式类型。但如上所述,教学模式是指教学过程中两种或两种以上教学方法或教学策略的稳定组合与运用。在教学过程中,为实现某种预期的效果或目标(如创建新型教学结构),往往要综合运用多种不同的教学方法与教学策略,当这些教学方法与教学策略的联合运用总能达到预期的效果或目标时,就成为一种有效的教学模式。所以,教学模式尽管原则上可以按照某一种教学策略来划分,但实际上由于教学过程中都是多种教学方法与教学策略的综合运用(如开始引入新课可以采用"创设情境"策略,讲授新知可以采用"先行组织者"策略或"课件演示"策略,巩固新知可以采用"操练与练习"策略,知识迁移可以采用"小组讨论"或"角色扮演"策略,等等),所以通常的课内整合教学模式还是涉及多种教学方法与教学策略。由于两种以上的教学方法、教学策略原则上可进行任意的排列、组合,由此而形成的教学模式可以有无限多种,但其中真正有效且易于操作的教学模式却并不多。

三、传递—接受教学模式

(一) 传递—接受教学模式的产生背景与教学流程

传递—接受教学模式的产生背景和美国著名教育心理学家奥苏贝尔提出的有意义接受学习理论有直接的关系。奥苏贝尔认为,学生的学习主要是接受学习,而不是发现学习,即学生主要通过教师讲授和呈现的材料来掌握前人总结的知识与经验。但是,这种接受学习应该是有意义的,而不是机械的;为此,新知识必须与原有认知、原有观念之间建立起适当的、有意义的联系。发生有意义学习的条件就是要帮助学习者在当前所学新知识与其认知结构中原有旧知识之间建立起某种联系或关系(这种关系应是"类属关系""总括关系"或"并列组合关系"三者中的一种),从而使新知识获得实际意义。这种教学的主要目标是促进学生对知识的掌握(包括对知识意义的理解、保持和运用),并强调要依据知识的内在逻辑关系来帮助学习者形成与扩展认知结构。

在这种教学模式中,教师的主导作用体现在:激发学习者的学习动机;选择适当的教学内容与教学媒体;运用"先行组织者"策略帮助学习者建立新旧知识之间的有意义联系,即帮助学习者认识新知识与旧知识之间存在怎样的关系;选择和设计适当的自主学习策略和协作学习策略促进学习者对知识意义的自主建构、深入理解和应用迁移。学习者在学习过程中的主体地位则体现在:积极主动地建立起新旧知识之间的有意义联系,从而获得新知识的意义;与此同时,新知识将通过"同化"被吸纳到原有认知结构中,使原有认知结构得以扩展。

传递—接受教学模式如图 7-1 所示。

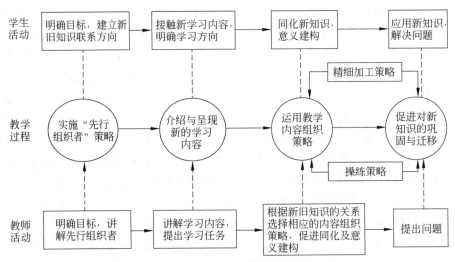

图 7-1 传递—接受教学模式框图

(二) 传递—接受教学模式的内涵与特征

所谓传递—接受教学模式,是指在教学过程中教师主要通过口授、板书、演示,学生则主要通过耳听、眼看、手记(用耳朵聆听教师的讲解、用眼睛观看教师的板书、用手记下教师讲授要点和板书内容——记笔记;对于小学生尤其是低年级小学生来说,主要是耳听和眼看)来完成知识与技能的传授,从而达到教学目标要求的一种教学模式。奥苏贝尔认为,传递—接受式教学不一定是机械的,发现式教学也不一定是有意义的。教学能否做到有意义,使学生能够真正理解、掌握所教的知识("掌握"意味着不仅能理解,而且能将所学的知识用于解决实际问题),而不是死记硬背、机械地生搬硬套、不求甚解,关键在于是否能将当前所学的新知识和原有认知结构(它保存在大脑的长时记忆内)中的旧知识之间建立起某种内在的联系。如果能够发现或找到这种联系,这种教学就是有意义的,否则就是机械的。教师的责任就在于帮助或启发学生自己去发现或找出这种内在联系,而不是越俎代庖,直接把结果告诉学生,称职教师和不称职教师的一个主要区别正是在这里。

传递—接受教学模式的基本特征可以用一句话来概括,就是"以教为主",具体表现在以下两个方面。

(1) 特别强调充分发挥教师在教学过程中的主导作用。在这种教学模式下,教师不仅是主动的施教者、知识的传授者,还要求教师自始至终引导并监控整个教学过程。显然,这种教学模式更便于教师主导作用的发挥,更便于教师组织课堂的各种教学活动,更便于师生之间的情感交流,因而有利于对学科知识的系统传授,有利于对前人知识经验的学习与掌握,也有利于情感因素在学习过程中更有效地发挥作用。

(2) 对于学生在学习过程中的主体地位虽然关注,但有不足。在这种教学模式下,自主学习、自主探究、自主发现的学习方式并没有被排除,但被置于较次要的从属位置。尽管在建立新知识与旧知识联系的过程中,学习者也需要积极开动脑筋、认真思考,从而发挥一定的主动性与积极性,但是这种主动性与积极性完全是在教师的引导、启发下形成的,和学生在自主学习、自主探究的环境下独立而自觉地形成的主动性与积极性不能相提并论。在前者的基础上,虽然可以用较短的时间(以较高的效率)达到对知识技能的理解与掌握,但难以培养出创新的思维与创新的能力;而在后者的基础上,则不仅可以较深入地达到对知识技能的理解与掌握,还有利于创新思维和创新能力的形成与发展,即更有利于创新人才的成长。不过,就等量的知识内容而言,为达到基本理解与掌握,一般来说,前一种教学模式(传递—接受式)要比后一种教学模式(探究式)节省时间,即教学的效率更高一些;而且这种模式还有利于情感因素在学习过程中更有效地起作用。正是因为具有这些优点,所以尽管传递—接受教学模式存在上述不足,但是在当前乃至今后,它仍然是我们各级各类学校教学中(从小学、中学、职业学校、到大学)不可或缺的一种重要教学模式,也是实现课内整合的常用模式之一。

(三) 传递—接受教学模式的实施步骤

传递—接受教学模式通常包含以下四个实施步骤。

1. 实施"先行组织者"策略

实施"先行组织者"策略包括阐明教学目标,呈现并讲解先行组织者和唤起学习者先前的知识体验。阐明教学目标是要引起学生的注意并使他们明确学习的方向。先行组织者是利用适当的引导性材料对当前所学新内容加以定向与引导。这类引导性材料与当前所学新内容(新概念、新命题、新知识)之间应存在某种非任意的实质性联系,而且在包容性、概括性和抽象性等方面符合认知同化理论要求,从而能对新学习内容起固定、吸收作用。先行组织者实际上就是学生认知结构中与当前所学新内容具有某种非任意、实质性联系的"原有观念"的具体体现。它是新知识与原有认知结构之间的联系桥梁,可以帮助学生建立起有意义学习的方向。和新知识与旧知识之间存在的三种关系("类属关系""总括关系""并列组合关系")相对应,先行组织者也有"上位组织者""下位组织者""并列组织者"三种不同的类型。在实施先行组织者策略的过程中,对此必须有清醒的认识,以便在后面对当前新知识的教学内容进行组织时,能对实施何种"先行组织者"策略作出恰当的选择。

2. 介绍与呈现新的学习内容

对当前学习内容的介绍与呈现可以通过讲解、讨论、实验、阅读、作业或播放录像等多种形式实现。学习材料的介绍与呈现应有较强的逻辑性与结构性，使学生易于了解学习内容的组织结构，便于把握各个概念、原理及各个知识点之间的关联性，从而使学生对整个学习过程有明确的方向感，对整个学习内容能从系统性与结构性去把握。在此过程中，教师还要善于集中并维持学生的注意力。

3. 运用教学内容组织策略

为帮助学生有效地实现对新知识的同化（帮助学生把当前所学的新知识吸纳到自己的认知结构中），除要运用自主学习策略激发学生主动学习的积极性外，还要求教师依据当前所学新知识与旧知识之间存在的关系是类属关系、总括关系或是并列组合关系而运用不同的教学内容组织策略：如果新知识与旧知识之间存在类属关系，教学内容的组织应采用渐进分化策略；如果新知识与旧知识之间存在总括关系，教学内容的组织应采用逐级归纳策略；如果新知识与旧知识之间存在并列组合关系，教学内容的组织应采用整合协调策略。

4. 促进对新知识的巩固与迁移

在实施这一步骤的过程中，学生一方面要应用精细加工策略和反思策略来巩固与深化对当前所学新知识的意义建构；另一方面，还要通过操练与练习策略在运用新知识解决实际问题的过程中促进对新知识的掌握与迁移。

传递—接受教学模式的实施案例可扫描二维码学习。

传递—接受教学模式的实施案例.docx

四、探究性教学模式

（一）探究性教学模式的产生背景与教学流程

学习方式（learning approach 或 learning style）是当代学习理论中的一个重要概念，多数学者认为学习方式是指学生在完成学习任务过程中的基本行为和认知取向。学习方式不是指具体的学习方法和学习策略，而是指学习者在学习过程中发挥自主性、探究性与合作性方面的基本特征。传统的学习方式把学习建立在人的客体性、受动性和依赖性的基础上，而忽视了学习者的主动性、能动性和独立性。转变学生的学习方式就是要转变这种他主的、被动的和依赖的学习方式，倡导自主的、探究的和合作的学习方式，使学生的主体意识、能动性和创造性不断得到发展，并真正成为学习的主人。2001年以来实施的《基础教育课程改革纲要（试行）》提出了要转变学生学习方式的任务，要促进学生在教师指导下更加主动地、富有个性地学习；并明确倡导以"自主、探究、合作"为特征的学习方式，从而改变传统的以教师为中心、以书本为中心的局面。探究性教学模式正是在这样的背景下逐渐形成并发展起来的。

探究性教学模式的学习对象（学习主题）是课本中的某一个或某几个知识点（这与下面介绍课外整合教学模式中的研究性学习教学模式其学习主题总是围绕自然界或社会生活中的某个真实问题有本质上的不同）。由于任何课程的教材都由一篇篇的课文组成，而每篇课文又总是包含一个或几个知识点，这就表明，信息技术与课程整合的几乎所有日常教学活动（包括各种不同学科的常规课堂教学活动）都可以采用这种模式。事实上,探究性教学模式目前已经成为能满足各学科常规课堂教学需要的、最有效也是最常用的课内整合教学模式之一。

探究性教学模式如图 7-2 所示。

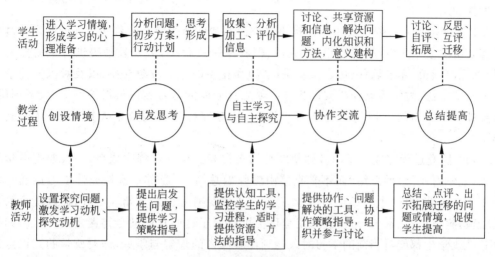

图 7-2　探究性教学模式

(二) 探究性教学模式的内涵与特征

探究性教学模式是指在教学过程中,要求学生在教师指导下,通过以"自主、探究、合作"为特征的学习方式对当前教学内容中的主要知识点进行自主学习、深入探究并进行小组合作交流,从而较好地达到课程标准中关于认知目标与情感目标要求的一种教学模式。认知目标涉及与学科相关的知识、概念、原理及能力的理解与掌握;情感目标则涉及情感、态度、价值观与思想品德的培养。在实施信息技术与课程深层次整合的过程中,各学科知识与能力(如阅读、写作、计算、看图、识图、实验及上机操作等能力)的培养及健康情感、正确价值观与优秀思想品德的形成,都可通过探究性教学模式逐步落实。

探究性教学模式的基本特征也可用一句话来概括,"主导—主体相结合"既重视发挥教师在教学过程中的主导作用,又充分体现学生在学习过程中的主体地位,具体表现在以下两个方面。

1. 高度重视教师在教学过程中的主导作用

尽管探究性教学模式主要采用"自主、探究、合作"的学习方式,在教学过程中强调学生的自主学习和自主探究,但是它并不忽视教师在教学过程中的主导作用;相反,它通过下面四个环节使教师的主导作用在整个教学过程中得到全面的发挥。

(1) 当前探究性学习的对象要由教师确定。如上所述,探究性教学模式总是围绕课程中的某个知识点(探究性学习的对象)展开的,到底是哪个知识点不是随意确定的,更不能由学生自由选择,而是要由教师根据教学目标的要求和教学的进度确定。

(2) 进行探究之前的启发性问题要由教师提出。学习的对象确定后,为使探究性学习切实取得成效,需要在探究之前向全班学生提出若干富有启发性、能引起学生深入思考、与当前学习对象密切相关的问题,以便全班学生带着这些问题去探究。这一环节至关重要,所提出的问题是否具有启发性、是否能引起学生的深入思考,这是探究性学习能否取得效果乃至成败的关键;而这类问题必须由教师提出,也只能由教师提出(学生初次接触当前学习对象,尚不了解,不可能由他们自己提出与当前学习对象密切相关又富有启发性的问题)。

(3) 进行探究过程中要由教师提供多方面的帮助与指导。带着问题进行探究的过程虽然是由学生个人(或学习小组)去完成,但在这一过程中,需要教师提供有关的探究工具(如几何画板、建模软件、仿真实验系统等)和相关的教学资源支持,以及对探究性学习中的教学方法、教学策略作必要的指导。如果这方面的学习支持与指导不落实、不到位,将会挫伤学生们的学习信心与学习积极性,使探究性学习的效果大打折扣,甚至完全落空。

(4) 探究过程完成后要由教师帮助总结与提高。探究过程完成后,一般要先由学生个人(或学习小组)做总结(而不是直接由教师做总结)。通过一次探究性学习虽然能取得不小的收获,但学生毕竟是初学者,总结起来难免有片面甚至错误之处,通过全班的讨论交流、集思广益、取长补短,在一定程度上可以纠正这些片面甚至错误之处;不过,如果要让全班学生都能对当前的学习对象达到比较深入的理解与掌握,即对所学的知识点都能从感性认知上升至理性认知,都能做到不仅知其然,还知其所以然,那就需要教师的帮助与提高。毕竟和学生相比,教师对整门课程有比较全面、透彻、深入的把握,可以做到高屋建瓴。

2. 充分体现学生在学习过程中的主体地位

探究性教学模式因为采用"自主、探究、合作"的学习方式,所以在教学过程中特别强调学生的自主学习和自主探究,以及在此基础上实施的小组合作学习活动。一节课的教学目标主要靠学生个人的自主探究加上学习小组的合作学习活动来完成。由于在此过程中,学生的主动性、积极性,乃至创造性都能普遍地得到比较充分的发挥,因而这种教学模式不仅可以较深入地达到对知识技能的理解与掌握,更有利于创新思维和创新能力的形成与发展,即有利于创新人才的培养。可见,对于这种教学模式来说,取得成效的关键是学生在学习过程中的主体地位能得到比较充分的体现——这一点是至关重要的。

但是,这只是问题的一个方面,为使探究性教学模式真正取得成效,除要充分调动学生的主动性、积极性外,如上所述,在探究过程中还需要有若干"富有启发性问题"的启发与引导,要有相关"探究工具""教学资源""方法策略"的帮助与支持;而启发性问题的提出和相关工具、资源、策略的提供,都离不开教师主导作用的发挥。可见,探究性教学模式要想真正成功实施,光有学生方面的主动性、积极性还是不够的,还需要有教师方面的引导、帮助与支持。换句话说,探究性教学模式的成功实施涉及两个方面——既要充分体现学生在学习过程中的主体地位,又要重视发挥教师在教学过程中的主导作用。离开其中的任何一方,探究性学习都只能无果而终,不可能有良好的效果。正因为如此,我们才认为"主导—主体相结合"是这种教学模式的最本质的特征。

(三) 探究性教学模式的实施步骤

探究性教学模式通常包含下面五个实施步骤。

1. 创设情境

创设情境不仅是教师导入教学主题的需要,也是激发学生的学习动机和自主探究动机的需要。教师创设情境的方法多种多样:可以设置一个待探究的问题(此问题的解决需运用当前所学的知识),也可以播放一段与当前学习主题密切相关的视频录像,或是朗诵一首诗歌、播放一段乐曲、讲一个生动的小故事、举一个典型的案例、演示专门制作的课件、设计一场活泼有趣的角色扮演活动。所有这些活动都应有一个先决条件——必须与当前学习主题密切相关,否则达不到创设情境的目的。教师通过上述各种方法创设能激发学生学习动机和探究动机的情境,学生一旦进入教师创设的情境就可在情境的感染与作用下形成学习的心理准备,并产生探究的兴趣。

2. 启发思考

在学生被创设的情境激发起学习兴趣并形成了学习的心理准备之后,教师应及时提出富有启发性且能涵盖当前教学知识点的若干问题(切忌提出一些有明显答案或明知故问的问题)。让学生带着这些问题去学习和掌握有关的知识、技能——这一过程也就是主动地、高效地完成当前学习任务的过程。在问题思考阶段,教师对于学生应当如何解决问题、应当利用何种认知工具或学习资源来解决问题,以及应当如何利用这些工具及资源、包括如何处理在探究过程中遇到的新问题等,都应给出具体的建议和指导;学生则要认真分析教师所提出的问题、明确自己所需完成的学习任务,并通过全面思考形成初步的探究方案。

3. 自主学习与自主探究

在实施这一步骤的过程中,学生利用教师提供的认知工具和学习资源(或是利用在教师指导下从网上或其他途径获取的工具和资源),围绕教师提出的与某个知识点有关的问题进行自主探究。这类自主学习与自主探究活动包括学生利用相关的认知工具(不同学科所需的认知工具不同)去收集与当前所学知识点有关的各种信息;学生主动地对所获得的信息进行分析、加工与评价;在分析、加工与评价基础上形成的、学生对当前所学知识的认知与理解(由学生完成对当前所学知识意义的自主建构)。在学生进行自主学习与自主探究的过程中,教师应密切关注学生的学习与探究过程,并要适时地为学生提供如何有效地获取和利用认知工具、学习资源及有关学习方法策略等方面的指导。

目前有不少中学教师反映,实施信息技术与学科课程的整合,数理学科要比人文学科困难。其原因就在于:人文学科往往可以通过让学生上网查找资料来达到促进学生自主学习与自主探究的目的。换句话说,对于人文学科的学习来说,网上资料就可以作为学生自主学习与自主探究的认知工具。但是对于数理学科的学习来说,却只有个别情况下才可以利用网上资料充当学生自主学习与自主探究的认知工具(如涉及数理学科的某种应用案例研究或学科发展史研究的场合),而在大多数情况下则必须通过某种专用软件工具才能满足学生自主学习与自主探究的要求(如涉及三维空间的抽象数学概念和微观、瞬态的物理变化及有某种危险性的化学变化过程的理解与掌握,就不能只靠查找资料来解决,而必须为学生提供具有很强交互性的软件工具才有可能让学生去自主学习、自主发现,并进行小组的合作学习、合作探究)。下面我们列出目前数理学科中较常用的工具软件供教师们参考。

(1) 金华科仿真物理实验室 V3.5,http：//www.9893.com/soft/22009.htm。

(2) 金数龙仿真物理实验室,http：//download.enet.com.cn/html/030282000110701.html。

(3) 中学物理作图工具 1.60,http：//www.newhua.com/soft/7743.htm。

(4) 金华科仿真化学实验室 3.0,http：//www.down100.com/soft/15867.htm。

(5) Model ChemLab V2.1,http：//www.downme.com/soft_detail.php？nbr＝24073。

(6) 几何画板。

(7) 韦辉梁先生研发的 MP_Lab(万用拼图实验室)、PG_Lab(平面几何实验室)、DM_Lab(动态数学实验室)。

(8) 小学数学教学平台(北京师范大学现代教育技术研究所研发)。

4.协作交流

为进一步深化学生对当前所学知识意义的建构,应在自主探究的基础上,组织学生以讨论形式开展小组内或班级内的协作与交流。通过共享学习资源与学习成果,在协作与交流过程中进一步深化学生对当前所学知识的认知和理解。教师在此过程中应为学生提供协作交流的工具,同时要对如何开展集体讨论、如何面对小组成员的分歧等协作学习策略作适时的指导,而且教师在必要时也应参与学生的讨论和交流(不能只做场外指导)。协作交流的过程不仅是学生深入完成知识与情感内化的过程,也是学生了解和掌握多种学习方法的过程。

5.总结提高

总结提高是实施探究性教学模式的最后一个步骤,其目的是通过师生的共同总结,补充和完善全班学生经过自主探究和协作交流这两个阶段以后对当前所学知识的认知与理解方面仍然存在的不足,以便更全面、更深刻地达到与当前所学知识点有关的教学目标的要求(包括认知目标与情感目标这两方面的要求)。在实施这一步骤的过程中,学生的活动包括讨论、反思、自我评价、相互评价;教师的活动包括点评学生的学习情况、提出与迁移拓展有关的问题并创设相关情境、对当前所学知识内容进行概括总结(以帮助学生了解当前所学知识点与其他相关知识点之间的内在联系)。其中"提出与迁移拓展有关的问题",可以要求学生应用所学知识去解决某个问题,也可以要求学生应用所学知识去完成某项作品。

探究性教学模式的
实施案例.docx

探究性教学模式的实施案例可扫描二维码学习。

五、研究性学习教学模式

(一) 研究性学习教学模式的产生背景与教学流程

研究性学习作为我国基础教育新课程改革中的一项重要内容,其实施已经从开始时的试点实验阶段转入在广大中小学进行全面推广的阶段。研究性学习教学模式能较好地体现新型教与学方式,它以问题为载体,以研究为手段,以促进学生的发展为目标的理念已逐渐深入人心;这种教学模式的实施,无论是对课程结构、课程内容,还是对教学方式、学习方式等都有着深远的影响。尽管研究性学习按照新课改的要求,目前在我国只是作为综合实践活动板块的一项内容在高中阶段单独开设——它与社会实践、社区服务、劳动技术教育共同构成高中的"综合实践活动"课。但是,作为新型教与学方式具体体现的研究性学习,完全可以与各个学科的教学过程相结合,并在各学科教师的组织与指导下,形成一种全新的教学模式,从而在信息技术与中小学(乃至大学)的课程相整合的过程中,发挥其他教学模式所无法取代的重要作用。这正是研究性学习教学模式近年来在我国各级各类学校产生并迅速流行的社会背景。

研究性学习一般是指结合实际的科学研究活动进行的学习。具体来说,是指这样一种学习方式:学生在教师指导下,从自然界或社会生活中选择某个真实问题作为专题进行研究,要求学生在研究过程中主动地获取知识,并要应用所学知识去解决选定的真实问题。

所谓基于研究性学习教学模式(也称研究性学习教学模式或专题研究性学习教学模式),实际上是在学科教师的组织与指导下,将上述研究性学习方式与学科的教学过程相结合而形成的一种全新教学模式。

由于研究性学习与我国传统的教与学方式相比,其实施、指导、管理和评价的内容与方法都有很大的差异,如何在新课程背景下,实施好基于研究性学习教学模式,是一线教师必须面对的挑战。与此同时,在我国东部和中部的许多学校,信息化基础设施建设也已初具规模;如何充分、有效地利用以多媒体和网络技术为代表的信息技术的优势,对广大青少年学生在信息技术环境下的研究性学习进行正确的指导,已是当前社会的迫切需求,也是新一代教师的必备技能。

研究性学习教学模式通常包含以下五个教学过程:提出问题、分析问题、解决问题(通过深入的调查研究和广泛收集信息,形成解决问题的初步方案;通过小组的协作交流,进一步优化解决问题的方案)、实施方案、评价总结(包括形成性评价、总结性评价;自我总结、小组总结、教师总结)等。在实施上述各个环节的过程中,教师和学生的有关活动及教学过程如图 7-3 所示。

(二)研究性学习教学模式的内涵与特征

如上所述,研究性学习是指这样一种学习方式:学生在教师指导下,从自然界或社会生活中选择某个真实问题作为专题进行研究,要求学生在研究过程中主动地获取知识、并应用所学知识解决选定的实际问题。

"学生在教师指导下"说明研究性学习是学校正常教学的组成部分,而不是学生自发的、个体的探究活动;教师应是学生进行研究性学习的组织者、指导者、促进者;学生是研究性学习的参与者并且是这一学习过程的主体。"从自然界或社会生活中选择某个真实问题作为专题"说明研究性学习的主题及这种学习所涉及的内容和范畴。"进行研究"说明研究性学习的主要学习方式是结合实际的科学研究活动进行学习。这意味着学习过程是探索与创造的过程,是学生运用已知并突破已知去创新、去发现的过程。"主动地获取知识,并应用所学知识解决选定的实际问题"说明实施研究性学习的目的是让学生在科学研究的实践中、在解决实际问题的过程中主动获取并掌握知识技能。换句话说,研究性学习的目的是让学生不仅仅能够认知与理解所学的知识技能,而且能够真正掌握——即能运用所学的知识技能去解决实际问题。

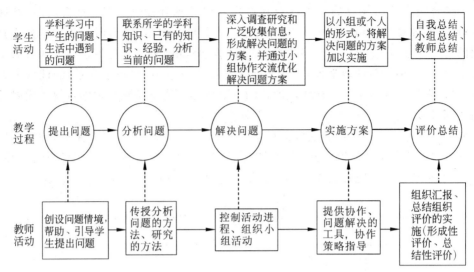

图 7-3 研究性学习教学模式

由以上对研究性学习内涵的分析可见，和其他的教学模式相比较，研究性学习教学模式具有以下几方面的特征。

1. 强调学习的研究性

研究性学习强调选择自然界和社会生活中的真实问题作为学习与研究的主题，即以问题或项目作为研究性学习的载体。学生的知识获得与能力培养，都是在对自然和社会的客观规律进行科学研究的过程中、在解决实际问题的探索过程中完成的。

2. 强调学习的实践性

研究性学习强调理论知识与自然界、与社会生活实际的紧密联系；强调学习与研究的主题必须具有实践性，即必须具有现实意义和实用价值。所以，研究性学习特别关注环境问题、生态问题、人类与大自然和谐相处问题，特别关注社会现实问题、国际热点问题及现代科学技术对人类生活和社会发展产生重大影响的问题。

3. 强调学习的体验性

研究性学习强调学生的学习过程，特别是学生在学习过程中的真实感受和亲身体验。之所以特别关注学生的真实感受和亲身体验，是因为感性认知是人类全部认知的基础。按照马列主义认知论的观点，人类的一切认知都来源于感性认知；但感性认知应当提高到理性认知，并将理性认知再运用于革命实践，才能实现对客观事物(包括自然界和社会上的各种事物)的完整认知过程。即人类的认知必须完成三个阶段(感性认知、理性认知、革命实践)和两个飞跃(由感性认知到理性认知的飞跃、由理性认知到革命实践的飞跃)，才有可能实现对客观事物规律的认知、理解与掌握(而不是一知半解或纸上谈兵)。这就是研究性学习不仅重视学习过程中的理性认知(如对概念、原理的理解)，还十分重视感性认知(真实感受和亲身体验)和实践运用的理论依据所在。

4. 强调学习的自主性

研究性学习强调学习的自主性。学习的主题既可以由指导教师确定，也可以由学生根据当前所学课程内容并结合自己的兴趣、爱好自主选择。换句话说,从开始选题、收集资料、撰写研究报告,到成果展示和进行答辩、交流、总结的全部学习过程,都是学生自主学习、自主探究、自主发现的过程,都可以由学生(个人或小组)自主去完成。教师在这个过程中只起组织者、指导者和学生自主建构意义的帮助者、促进者的作用。

5. 强调学习的开放性

研究性学习强调学习的开放性。研究性学习的主题和由该主题展开的学习内容不是已经确定的知识体系,也没有相关学科的研究性学习专用教材(虽然有关于研究性学习教学模式应如何实施的文字资料,但这主要是为教师提供教学参考,而不是供学生作为学习用的教材),研究性学习的主题和内容是来源于自然界和社会生活的真实问题,所以,如上所述,研究性学习特别关注社会现实问题、国际热点问题……显然,这些都是与时俱进的、不断更新的、涉及领域极为宽广的开放性问题。

由以上分析叫见,研究性主要体现研究性学习在"学习目的"方面的特征——对知识、技能的学习,不仅要能从原理、概念上认知与理解,而且要能够真正掌握——即能运用所学的知识技能去解决自然和社会中的真实问题,为此,就必须在科学研究的过程中(解决真实问题的过程中)来进行学习;体验性主要反映研究性学习在"认知"方面的特征,不仅重视理性认知,也要重视感性认知,只有完成上述"三个阶段"和"两个飞跃"的完整认识过程(认知过程),才有可能全面而深刻地认知并掌握客观事物的规律;自主性则体现出研究性学习在"学习方式"上的特征;而从研究性学习在"学习内容"方面的特征看,则主要体现在实践性与开放性上面。

(三) 研究性学习教学模式的实施步骤

研究性学习教学模式通常包含以下五个实施步骤。

1. 提出问题

在此环节中,教师通过创设问题情境激发学生学习与研究的兴趣,并由此引出当前研究性学习的主题——自然界或社会生活中有待解决的某个真实问题。在刚开始进行研究性学习(学生对研究性学习还知之甚少)的初始阶段,用这种方式由教师向学生提出问题,从而为当前的研究性学习确定主题是比较恰当的。随着研究性学习的开展,学生对研究性学习的了解逐步增多,教师就要帮助学生学会由自己提出问题——通过仔细观察、认真思考、深入挖掘让学生自己学会从自然界或社会生活中发现问题,然后在此基础上进一步筛选,再从中提出比较有意义、有价值的真实问题作为当前研究性学习的主题(实施这一步骤的关键是要善于观察和认真思考)。

2. 分析问题

在此环节中,教师应该首先向学生介绍分析问题的方法(如由表及里、由浅入深、由近及远、透过现象看本质、突出重点抓主要矛盾、运用逆向思维、换位思考、用两点论而非一点论看问题、既看到事物的正面也看到反面、既看到有利因素又看到不利因素等)。其次根据问题的性质和研究的需要教给学生相关的研究方法(如问卷调查法、访谈法、文献调研法、案例收集法、实验法、行动研究法、数据统计分析法等);并对研究性学习的策略给出建议和指导。学生运用上述各种分析问题的方法,联系目前所学的学科知识和过去已有的知识与经验,深入分析当前的问题,确定该问题的基本性质及解决该问题的关键所在。由于研究性学习的对象是自然界或社会生活中的真实问题,一般都比较复杂,所以还应设法把它分解为若干个相对简单的子问题(子任务),并要确定各个子问题的基本性质及解决该子问题的关键。此环节的成果以学习者将研究问题分解为若干项子任务来体现(实施这一步骤的关键是掌握分析问题的方法)。

3. 解决问题

解决问题通常包括两个子环节:①提出解决问题的初步方案;②优化解决问题的方案。解决问题的方案主要涉及两个方面的内容:一方面是要阐明"是什么问题"(问题的基本性质、解决这个问题的关键点,即要害在哪里);另一方面是要讲清楚"如何解决这个问题"。如上所述,一般都要先把它分解为若干个子问题,然后为每一个子问题给出可行的解决方案,而要能够找到有效的解决方案,除需要学习有关的知识与技能外,还必须进行广泛、深入的调查研究(除上网搜集有关资料外,还应通过个别访谈、问卷调查、实际测量等多种其他手段来获取相关的信息与资料),掌握科学的研究方法。研究性学习中的研究主体可以是学生个人,也可以是学习小组。如果研究主体是学生个人,前一个子环节(提出解决问题的初步方案)由学生个人在深入分析问题的基础上自主完成;后一个子环节(优化解决问题的方案)由学习小组集体完成——以学习小组活动形式从科学性、有效性、可行性等方面对本组内各成员(学生个人)所提出的解决问题的初步方案进行审核,提出修改意见,使之逐步完善和优化。如果研究主体是学习小组,则前一个环节(提出解决问题的初步方案)由各个学习小组在深入分析问题的基础上集体完成;后一个环节由全班共同完成,以全班讨论形式从科学性、有效性、可行性等方面对本班内各个学习小组所提出的解决问题的初步方案进行审核,提出修改意见,使之逐步完善和优化。学习小组活动可由小组长主持,全班活动可由班长或临时推举的代表主持。

不管研究主体是学生个人还是学习小组,教师在解决问题过程中的主要活动都是协助组织好(各学习小组或全班的)讨论交流活动,监控讨论交流活动的内容、进度、效果,对需要帮助的小组或个人及时提供资源、技术、方法等方面的指导,而不应越俎代庖。实施这一步骤的关键是掌握相关的研究方法,并组织好小组或全班的讨论交流活动,使解决问题的方案真正得到优化。

4. 实施方案

如果研究主体是学生个人,这一步骤就完全由学生个人实施;如果研究主体是学习小组,则实施方案这一步骤就要由学习小组集体完成。为少走弯路,减少人力、物力和时间的浪费,无论研究主体是学生个人还是学习小组,在实施解决问题方案的过程中,都应注意做好形成性评价,随时收集反馈信息,经常进行反思;在可能的情况下对解决问题的方案进行必要的修正或调整,以免大返工甚至重起炉灶。在学生实施方案过程中,教师的主要活动都是为学生提供自主探究工具、问题解决工具和协作交流工具等支持;与此同时,教师还要给予学生有关问题解决方法与协作学习策略等方面的指导(对于研究主体是学生个人的场合,也不排除甚至还提倡学习者个人和其他学习者之间的协作与交流),目的是使研究性学习能更有效地开展,从而达到更为理想的学习效果。实施这一步骤的关键是做好形成性评价,注意收集反馈信息,并在可能的情况下对解决问题的方案进行适当调整。

5. 评价总结

研究性学习中的总结包括个人自我总结、小组总结和教师总结。小组总结应在个人自我总结的基础上进行，教师总结又要在个人自我总结和小组总结的基础上进行。个人自我总结和小组总结都应将研究成果的汇报、展示与书面总结相结合，研究成果可能是调研报告、重要数据的统计分析、某种应用软件、某种仪器设备、某种产品的原型、某种解决问题方案等。总结内容应包括该项研究的背景（国内外的研究现状）、意义、目标、主要研究内容、主要研究成果与创新点及努力方向（或不足之处）等。教师的总结不是要取代学生个人的或小组的总结，而是要帮助他们把自己原来的总结做得更全面、更深入；特别是要帮助他们把对客观事物的认知由感性上升到理性，使他们对科学概念与原理的认知和理解由片面、零碎、局部过渡到全面、系统、完整，尽量使每一个学生都能做到不仅知其然，而且知其所以然。实施这一步骤的关键是首先做好个人自我总结和小组总结，也不应忽视教师在这方面的促进与提升作用。

研究性学习教学模式的实施案例可扫描二维码学习。

研究性学习教学模式的实施案例.docx

六、翻转课堂教学模式

（一）翻转课堂的由来

翻转课堂（flipping classroom，或译作颠倒课堂）近年来成为全球教育界关注的热点，2011年还被加拿大《环球邮报》评为"影响课堂教学的重大技术变革"。翻转课堂的起源应归功于美国科罗拉多州落基山林地公园高中的两位化学教师——乔纳森·伯尔曼（Jon Bergmann）和亚伦·萨姆斯（Aaron Sams）。在2007年前后，他们受到当地一个实际情况的困扰：有些学生因为生病无法按时前来上课；也有些学生因为学校离家太远而花费了过多时间在乘坐校车上。这就导致有些学生因缺课而跟不上教学进度。为解决这一问题，开始时，他们是使用录屏软件去录制PPT演示文稿和教师实时讲解的音频，然后把这种带有实时讲解的视频上传到网络，供学生下载或播放，以此帮助课堂缺席的学生进行补课。由于这些在线教学视频也被其他无须补课的学生所接受，经过一段时间以后，两位教师就逐渐以学生在家看视频、听讲解为基础，腾出课堂上的时间为完成作业或实验过程中有困难的学生提供帮助。这样，就使"课堂上听教师讲解，课后回家做作业"的传统教学习惯、教学模式发生了"颠倒"或"翻转"，变成"课前在家里观看教师的视频讲解，课堂上在教师指导下做作业（或实验）"。

在新教学模式实施过程中，上述在线教学视频也被其他的（并未缺课的）学生所接受并在更大范围内传播开来。与此同时，两位教师的不同寻常的实践探索，引起学校、家长和社会各界越来越多的关注，并经常受到同行的邀请去介绍经验，从而在落基山附近地区（乃至整个科罗拉多州）产生越来越大的影响，不少其他中学的各学科教师也在积极探索和运用"翻转课堂"这种全新的教学模式。这就是"翻转课堂"的由来或起源。

（二）翻转课堂的发展

翻转课堂虽然在2007年前后就已开始出现，但它真正能把自身影响力扩展至全美乃至全球，还是三年以后的事，而这又和可汗学院的兴起密切相关。

如上所述，在2007年以后，翻转课堂这种全新的教学模式已在美国科罗拉多州的部分地区逐渐流行，但是尚未在更大范围内推广。其原因在于：很多教师虽然认可翻转课堂，愿意参与这种形式的教学实验，而要真正实施这种教学模式，还需克服一个重要障碍——制作教学视频（并非每一位教师都能制作出具有较高质量的教学视频）。正是在这个关口，美国出现了可汗学院，并快速发展，从而使上述障碍得到较好的解决。

可汗学院是在2004年由孟加拉裔美国人萨尔曼·可汗（Salman Khan）创立的。开始时，他是为对亲戚家的小孩学习数学进行远程辅导，录制数学方面的教学视频，并把视频放到YouTube网站上，除供其亲戚家的孩子远程学习外，也供其他有需要的人士免费观看和学习。接下来，他又对这些教学视频内容作了补充——增加互动练习软件，以便学习者进行数学训练。到2007年，可汗把教学视频和互动练习软件加以整合，在此基础上创立了一个非营利的教学网站——用教学视频讲解各学科的教学内容和解答网上读者提出的各种问题，并提供在线练习、自我评估、学习进度自动跟踪等学习工具。到2009年，可汗干脆辞掉自己原有的工作，全身心投入这一教学网站的运行与维护，并把专门开展在线教育的这个非营利教学网站正式命名为可汗学院。一年以后（2010年秋天），可汗学院引起了比尔·盖茨的关注，并相继收到"比尔和梅林达·盖茨基金会"及"谷歌公司"的资助，从而使可汗学院不仅有更大范围的影响，所提供的教学视频的质量和学习支持工具的性能也进一步提升。后来可汗学院还开发出学习控制系统，它能及时收集学生的各种学习数据，不仅使学生和教师能随时了解学习状况，还便于教师有效实施翻转课堂。

有了可汗学院免费提供的优质教学视频，克服了实施翻转课堂的重要障碍，这就大幅降低了广大教师进入翻转课堂的门槛，从而推动了翻转课堂的普及，使翻转课堂走出科罗拉多州，进入北美乃至全球教育工作者的视野，并受到热捧。

翻转课堂的发展，除体现在上述应用区域和受影响人群的扩大外，还体现在教学内容与教学方式的拓展上。如上所述，翻转课堂是使传统的"课堂上听教师讲解，课后回家做作业"的教学习惯、教学模式发生了"颠倒"或"翻转"，变成"课前在家里观看教师的视频讲解，课堂上在教师指导下做作业（或实验）"。在早期的翻转课堂中，课前在家里只有"观看教师的视频讲解"这种单一的形式，但是到2011年，随着全球教育领域另一个重大事件MOOC（慕课）的崛起，使翻转课堂在课前家中实施的教学内容与教学方式也发生了很大的变化。

在以往的网络公开课中，大多是提供视频授课录像，如可汗学院早期的"教学视频"，或是事先编辑好的课件或录制好的讲座，学生往往处于被动接受状态，教师与学生之间、学生与学生之间缺少交流与反馈，所以没有参与感。而MOOC通过在授课视频中穿插提问、随堂测验和开展专题讨论，并鼓励学习者利用QQ、社交网站及其他个性化学习工具主动浏览、获取相关信息与学习资源等方式，大幅增强了课程实施过程中的交流、互动与反馈。与此同时，MOOC还积极鼓励、倡导学习者在参与慕课的过程中（尤其是在完成作业或专题讨论的过程中）形成各种在线学习社区。学习者根据不同的主题和个人的兴趣爱好，在不同的社交网站上构建起互助、协作、交流的亚群体，并随着亚群体人员的聚集、学习社区的不断扩大，又进一步衍生出与本课程相关的网站和资源库。通过以上两种方式——加强互动与反馈和倡导在线学习社区,使学习者在参与慕课的过程中产生一种沉浸感和全程参与感,这是传统的讲授和教学视频完全无法比拟的,也正是翻转课堂在与慕课相结合后,体现在教学内容与教学方式的拓展上的发展与变化。事实上,在翻转课堂的开创者看来,属于单向传授的教学视频播放并非翻转课堂的重点,他们最为关注的还是有利于发展学生深层次认知能力的教师与学生之间、学生与学生之间的交流和互动。为此,后来他们还把翻转课堂重新命名为"翻转学习"。

1. 翻转课堂的实质

所谓翻转课堂,就是教师创建视频,学生通过登录互联网在线观看网络视频中教师的讲解,完成任务清单中的学习任务,课堂上师生面对面交流、答疑和完成作业的一种教学模式。

(1) 课堂翻转。翻转课堂是把课堂还给了学生,学生可以自由决定学习的内容与学习的方式。它既不是加入了视频资源的传统课堂,也不是完完全全的在线教学。它在颠倒课堂秩序的同时,也颠覆了教学形式。

在给学生"放权"的过程中会遇到很多实际的问题:放权过少,会使教学重教轻学,不利于学生主体性的发挥;而放权过多,把学生完全置于网络环境中,又容易造成其过分自由、迷失自我,最终偏离教学目标。在翻转课堂教学模式下,学生在课堂外完成知识的学习,而课堂变成教师与学生之间和学生与学生之间互动的场所,包括答疑解惑、知识和技能的运用等,为自主和高效学习创造条件。课堂的翻转成为一种理性而适度的翻转,是在保留传统教学优势的条件下的一种科学、合理的翻转。

(2) 角色翻转。教师课堂角色发生了翻转。教师更多的责任是帮助学生解决学习存在的问题和引导学生运用知识。教师不再是讲台上的"圣人",也不再是知识的代言人,更不是绝对的权威,只是学生身边的指导者。翻转课堂同时也翻转了传统的师生关系,教师的地位和作用有了显著的变化,他们在肯定学生获取知识渠道多样化的基础上,帮助学生整合资源,有针对性地为学生解答困惑,面对有争议的问题时与学生民主、平等地探讨。

翻转课堂充分肯定了教师在教学中的引领地位,肯定了"网络不能替代人"这一基本的观点。在实际教学中,教师不是袖手旁观,而是对每一个学习者进行实时监控,确保每个人都没有在自主选择中偏离目标,确保在对每一个基本知识点自主学习后达到要求的程度,最终保证教学的高效性。

(3) 学习翻转。翻转课堂的第一个阶段是以获得资源为目的的继承性的学习,课前由教师进行学案设计。导学案即教学任务清单,主要内容包括学习重点、难点及学习策略指导。每节课都会有一个导学案,其中会对应5～10个视频,每一个视频指向一个知识点或能力点的解决。导学案可以保证学生有目的地观看教学视频,使自主学习的过程准确地指向预先设定的目标。自学结束后,导学案可以为学生了解学习结果提供一个相对权威的参照,这样,在进入课堂讨论答疑阶段前,学生通过视频习得一些基本的知识,达到要求的水平。

上课时间是用来提问和讨论的,教师根据学生提出的问题给予有针对性的解决和回答,充分肯定学生学习能力的差异,依据每个人的实际程度进行个性化的指导。在此过程中，教师通过真实的交流灵活地把握教学步调，群体教学结合个别教学，把更多的课堂时间留给师生互动和生生互动，在交往中学习和提高。

（4）评价翻转。学生完成网络视频学习后，平台会有在线检测系统。完成在线检测，平台会自动把数据反馈给教师。教师通过对数据的观察，了解学生学习视频的效果，明确尚未掌握的知识和技能，课堂讨论交流时重点讲解答疑。在线检测系统提供的结果是可被教师和学生两方使用的，从教师方面来说，测试结果一定程度上反映了学生的学习程度，可以协助教师评估学生的学习进程，了解教学资源的适用性，教师也借此结果对课堂上的指导确定清楚的方向；从学生方面来说，在线检测可以发挥其自主监督功能，学生依据结果反馈查漏补缺、调整改进，能在学习的同时获知自己的学习进度，为课堂上有重点的学习提供铺垫。

师生充分利用评价结果，真正关注人的发展，使之服务于课堂教学。评价结果不是评判学生的手段，而是作为一种有利的资源，在课前为教师提供学习者的信息，以此了解学生的起点，探寻最佳的个别化教学方式。

2. 翻转课堂的基本特征

翻转课堂是在移动互联网技术条件下，顺应数字化课程、个性化教学和移动学习需要的新教学模式。就翻转课堂实践而言，除上述课堂翻转、角色翻转、学习翻转和评价翻转四个实质外，还表现出其不同于传统课堂教学的四个基本特征，掌握这些基本特征，是教师能够高效指导答疑和学生实现高效学习的前提条件。

（1）教师团队化。翻转课堂要求改变传统的一个教师一台"独角戏"的课堂讲授模式，追求课程实施和课堂指导的团队化。教师团队通过合作开展课程研发设计和建设，以团队形式进行课前学情研究、学习任务设计、学生在线学习中的问题梳理、课堂答疑与指导策略确定及个性化学习策略设计，教师团队共同进入课堂，开展指导和答疑。一门课程组建一支团队，团队成员的年龄结构、知识结构、专业发展水平搭配合理。团队由专家教师（1～3人）、骨干教师（3～5人）和新手教师（5～8人）三种不同专业发展水平的教师构成。团队内部有明确的分工协作：教学团队以教学研究和教学反思为基本任务，专家教师明确课程、教学的方向和目标，负责课程与教学的实施思路和方案设计、教学重点和难点的答疑，以及指导骨干教师、新手教师的专业发展与成长；骨干教师协助专家教师，负责整理和完成各种设计方案，承担学生在线学习的及时指导和答疑工作，在课堂中组织学习分组和指导小组开展合作学习等；新手教师协助专家教师和骨干教师开展工作，根据专家教师和骨干教师的要求，搜集、整理各种网络课程与教学资源，发放视频学习任务单，在线互动并适时了解学习进度，统计、整理学生的在线学习问题，协助骨干教师指导小组合作学习，课堂观摩学习，并完成一对一的个性化学习需求调查。

教学团队建设应以合作教学、专家引领、教学反思、专业发展为宗旨，还应注重团队成员课程研发设计的新理念和新方法的形成，注重团队成员将数字和网络技术植入课程教学的能力提升，注重团队成员对本课程领域前沿知识和最新课程资源的掌握，注重团队成员网络教学理念、思想和方法的培训，注重团队成员课堂讲授讲解能力、与学生的交往沟通能力和表达能力的提高。

（2）教学组织大班（或小组）化。翻转课堂将有共同学习兴趣和疑惑的学习者集中在一起开展答疑解惑,从而使大规模指导和答疑成为可能。翻转课堂由大班集体答疑和重难点指导(大班形式)、小组合作完成拓展练习(小组合作形式)、个别化学习指导三种形式构成,三种课堂组织形式分别指向不同的学习目标和任务。大班形式主要由专家教师针对线上学习中学习者普遍存在的问题、重点难点进行答疑解惑,占课时数的50%～60%,解决的是70%～80%学习者的疑难困惑;这种学习结束后,会有拓展性的应用练习,一般以小组合作形式展开,占课时数的30%～40%,学习者通过组内同伴互助、资源分享和讨论,解决的是中等生的巩固、应用问题和后进生的学习困难问题;而个别化的指导,则是穿插在小组合作学习过程中,由专家教师和骨干教师针对优秀生和后进生的问题展开小组合作学习,也可以通过参与论坛在线进行,或是通过社交网站建立讨论组,这样的小组化教学才使学生能够真正参与其中,真正形成相对稳定且具有长效性的学习共同体。

(3) 学习方式个性化。什么样的学习资源能够为学习者所用呢?除受移动设备性能的制约外,主要在于学习者的自主选择。在慕课的支持下,学习者可以根据自己的认知风格、学习进度选择学习资源展开学习。在慕课的环境中,学习者可以处于不同的学习状态、不同的学习进度,学习者可以根据自身条件的差异,自行确定哪部分内容需要投入更多的精力。

(4) 学习评价自主化。在网络教学平台中,每完成一步的学习都可以通过小测验进行在线测试,并可即刻收到反馈,学习者利用反馈的结果了解自己的学习状况,及时调整自己的学习进度。互联网时代的评价体系立足于学习的过程,关注学习者的进步,以最及时、最直接的方式矫正学习行为。

传统课堂与翻转课堂中各要素的对比如表 7-2 所示。

表 7-2 传统课堂与翻转课堂中各要素的对比

项 目	传 统 课 堂	翻 转 课 堂
教师	教学的主导者、知识的传授者	学习的指导者和促进者
学生	被动接受知识	主动研究知识
教学形式	课堂讲解、课后巩固	课前学习、课上讨论内化
课堂内容	知识传授	问题解决
技术应用	内容展示	自主学习、合作探讨、交流学习
评价方式	试题测试	多方式、多角度

(三) 翻转课堂在教学中的应用程序

翻转课堂已在美国实施多年。美国落基山林地公园高中从初步探索到逐步完善,走过了漫长的实施道路,其翻转课堂教学模式的成功范式影响了美国很多中小学校乃至世界各地的学校。有越来越多的学校开始开创符合本校特色的翻转课堂教学模式。山东刘梅课题组经过对小学六年级数学课的三轮行动研究,总结出翻转课堂在中小学教学中的应用程序。

1. 课前阶段

(1) 教师活动。

① 分析教学目标。在制作教学视频前,教师需要分析教学目标。教学目标是通过教

学活动所期望达到的预期结果。明确教学目标,即教师期望学生通过教学知道什么、获取什么,这是任何教学所要明确的首要关键问题。只有教学前确定清晰的教学目标,教学才有针对性,才能明确要采用的具体的教学方法。实施翻转课堂教学模式前,对教学目标进行分析,这不仅有利于教师分析哪些内容适合通过视频的方式直接讲授给学生,哪些内容适合课堂上通过师生的合作探究获得最佳的教学效果,而且有利于教师明确教学目标,避免教学中的盲目性和无目的性。

② 制作教学视频。在翻转课堂中,知识的传递是通过视频来完成的。教学视频可以由教师自己录制,也可以使用其他教师制作的教学视频,或者使用网络上优秀的视频资源。制作教学视频是翻转课堂教学模式的重要部分。教师在录制教学视频过程中,应考虑学生的想法,以适应不同学生的学习方法和习惯。视频的呈现形式大体来说有三种:第一种是出现教师整个形象,可以在微格教室录制或者直接用摄像机录制课堂教师授课的情形;第二种是PPT加画中画,教师的身影以画中画的形式出现;第三种是可汗学院式,只出现教学内容,不出现教师的身影。录制教学视频必须选择一个安静的地方,这样才能保证学生在观看时不受视频中噪声的干扰。视频录制完成后要进行发布。

(2) 学生活动。

① 观看教学视频。教师通过对教学内容的分析,把适合直接讲授的内容用教学视频的形式教给学生,这在一定程度上避免了课堂时间的浪费。学习进度快的学生可以快速地进行知识的学习。学习进度慢的学生也不用担心传统课堂上跟不上教师节奏的问题,可以根据自己的实际学习情况对教师讲授的内容做适时的停顿。在观看教学视频的过程中,学生遇到不懂的地方可以做笔记,把自己不懂的问题带到课堂上。这样,学生可以完全掌控自己的学习步调。在此过程中,学生需要对所观看的教学视频里讲授的知识做一定程度上的梳理和总结,以明确自己的收获并整理出有疑惑的知识点。

② 做适量练习。学生观看完教学视频后,需要完成教师布置的具有针对性的课堂练习。这些练习是教师针对教学视频中所讲的知识,为加强学生对学习内容的巩固并发现学生的疑难之处所设置的。根据"最近发展区"理论,教师需要对课前练习的数量和难易程度进行合理的设计,明确让学生做练习的目的是帮助学生利用旧知识完成向新知识的过渡,加深对教学视频中知识的巩固与深化。学校可以通过网络交流平台与学生进行互动,了解学生在观看教学视频和做练习过程中所遇到的问题。教师可以通过学生所做练习的反馈情况,时刻了解学生的实际学习情况,同时,同学之间也可以进行互动,彼此交流收获,进行互动解答。

2. 课中教学活动阶段

(1) 确定问题,解答疑惑。在课中教学活动开始阶段的交流中,教师需要针对学生观看视频的情况和通过网络交流平台所反映出的问题进行答疑解惑,学生也可以提出自己在观看教学视频中存在的疑惑,与教师和同学共同探讨,这样学生本身就成为一种交往的学习资源。

(2) 独立探索,完成作业。独立学习能力是学生必备的能力之一。一个没有独立学习能力的人,必然无法在社会中生存。在传统的课堂中,教师一手包办学生的学习,课堂的大部分时间用来讲授知识,学生的课下时间被大量机械性的作业填满,学生独立学习和探索的能力越来越被压制。学生是独立的个体,他们本身有着独立学习的能力。学生知识结构的内化需要经过独立的思考,教师只能从方法上引导学生,而不能代替学生完成学习。翻转课堂为学生提供了个性化的学习环境,学生在课堂中独立完成教师所布置的作业。在独立完成作业的过程中,学生审视自己理解知识的角度,建构知识的结构,完成对知识的进一步学习。教师要在刚开始时给予学生一定的指导,帮助学生完成任务。待学生有一定的独立解决问题的能力时,教师要"放手",逐渐让学生在独立学习中构建自己的知识体系。

(3) 合作交流,深度内化。学生在独立探索学习阶段,已建立了自己的知识体系,但是知识的深度内化需要在交流合作中完成。人是社会中的人,交往是人与人之间直接的相互作用的过程。交往学习是学生在与他人的对话、交流、讨论等学习活动中所开展的学习过程,学生在这一过程中实现自身的发展。相关实验证明,团队学习、合作学习和参与式学习的效果可以达到50%以上。在翻转课堂里,学生被分成小组,一般为3~4人一组,学生与学生之间通过独立探索阶段的学习与同伴交流自己对知识的理解;教师不是站在讲台上,俯视着课堂里所发生的一切,而是走下讲台,参与到学生的探讨中,真正地融入学生的小组合作活动中。当学生在讨论中遇到问题时,教师可以给予及时的帮助,引导学生澄清对知识的错误认知。在此过程中,学生的批判性思维、课堂参与能力和对待学习的态度发生了很大的改变,从而真正地把学生推到了学习的主体地位。当学习本身成为学生的自身需要时,学生就会真正成为学习的主人,变"要我学"为"我要学";教师也从说教、传授的角色转变为学生学习的引导者和促进者。

(4) 成果展示,分享交流。学生在经过独立探索和合作交流后,完成个人或者小组的成果。学生可以通过报告会、展示会、辩论赛或者小型的比赛等形式交流学习心得和体会。在成果展示过程中,学生或小组可以通过教师与学生的点评获得对知识更深的了解;同时,学生也可以通过观看其他学生或小组的展示,学习他人的优点,明确自己的优势与不足。学生在此过程中不断领略学习给他们带来的乐趣,更以一种积极乐观的心态面对以后的学习,增强学习的自信心。在分享交流环节,教师可以通过学生或者小组的汇报明确学生对知识的掌握水平,有针对性地进行后期的"补救"工作。

翻转课堂教学模式的实施案例.docx

翻转课堂教学模式的实施案例可扫描二维码学习。

复习思考题

1. 请谈谈你对信息技术与课程整合含义的理解。
2. 试结合你的学习经历谈谈你对信息技术与课程整合的目标的看法。
3. 在信息技术与课程整合的十个层次中,任意列举一个你比较熟悉的层次,与你的同伴展开讨论,并在网上收集资料,形成一份报告。

4. 请谈谈你对传递—接受教学模式的理解。

5. 请简要说明探究性教学模式的基本要素有哪些？其特点是什么？

6. 简要谈谈研究性学习教学模式、翻转课堂教学模式的实施步骤有哪些？

7. 请结合你自己所学的专业，仿照本章第三节的案例，自选课题，做一节课的信息技术与学科课程整合的教学设计。

8. 如何理解新时代中国特色社会主义思想赋予本学科的使命？

参 考 文 献

[1] 何克抗. 关于发展中国特色教育技术理论的深层思考(上)[J]. 电化教育研究, 2010(5): 5-19.
[2] 刘雍潜, 李龙, 谢百治. 信息技术环境对"学与教"方式的支持[J]. 中国电化教育, 2010(11): 17-21.
[3] 王永固, 张庆. MOOC: 特征与学习机制[J]. 教育研究, 2014(9): 112-120, 133.
[4] 蔡宝来, 张诗雅, 杨伊. 慕课与翻转课堂: 概念、基本特征及设计策略[J]. 教育研究, 2015(11): 82-90.
[5] 张毛宁. 慕课本质、发展及其教学中的应用[J]. 绵阳师范学院学报, 2016(4): 72-75.
[6] 包永梅. 关于慕课的理论认识与实践[J]. 内蒙古财经大学学报, 2017(2): 119-123.
[7] 何克抗, 李文光. 教育技术学[M]. 北京: 北京师范大学出版社, 2009.
[8] 南国农. 信息化教育概论[M]. 北京: 高等教育出版社, 2004.
[9] 伊俊华. 教育技术学导论[M]. 2版. 北京: 高等教育出版社, 2002.
[10] 南国农, 李运林. 教育传播学[M]. 2版. 北京: 高等教育出版社, 2005.
[11] 万明高. 现代教育技术理论与方法[M]. 北京: 北京大学出版社, 2007.
[12] 傅钢善, 等. 现代教育技术[M]. 西安: 陕西师范大学出版社, 2008.
[13] 陈晓慧. 现代教育技术[M]. 北京: 北京邮电大学出版社, 2009.
[14] 杨凤梅. 现代教育技术教程[M]. 北京: 电子工业出版社, 2005.
[15] 周克江, 罗琴. 现代教育技术——理论与实践[M]. 北京: 中国电力出版社, 2009.
[16] 祝智庭. 现代教育技术[M]. 上海: 华东师范大学出版社, 2001.
[17] 王知非. 现代教育技术基础[M]. 北京: 高等教育出版社, 2005.
[18] 王友社, 等. 现代教育技术[M]. 合肥: 安徽大学出版社, 2004.
[19] 李克东. 新编现代教育技术基础[M]. 上海: 华东师范大学出版社, 2002.
[20] 蔡铁权, 等. 现代教育技术教程[M]. 2版. 北京: 科学出版社, 2005.
[21] 潘巧明. 现代教育技术基础[M]. 北京: 科学出版社, 2010.
[22] 张舒予. 现代教育技术学[M]. 合肥: 安徽人民出版社, 2004.
[23] 艾德才, 等. 计算机多媒体应用基础[M]. 北京: 中国水利水电出版社, 2007.
[24] 张福炎, 孙志挥. 大学计算机信息技术教程[M]. 南京: 南京大学出版社, 2006.
[25] 神龙工作室. 新编Photoshop中文版入门与提高[M]. 北京: 人民邮电出版社, 2006.
[26] 李克东, 谢幼如. 多媒体组合教学设计[M]. 北京: 科学出版社, 2008.
[27] 朱万森, 梁楚材. 计算机辅助教学多媒体CAI课件设计与制作[M]. 北京: 地质出版社, 2000.
[28] 林士敏. 计算机辅助教学基础教程[M]. 上海: 浦东电子出版社, 2001.
[29] 陈庆璋, 周必水. 多媒体技术教程[M]. 杭州: 浙江科学技术出版社, 2008.
[30] 王建华, 盛琳阳, 李晓东. 计算机辅助教学使用教程[M]. 北京: 高等教育出版社, 2004.
[31] 余胜泉, 吴娟. 信息技术与课程整合[M]. 上海: 上海教育出版社, 2005.
[32] 周苏, 陈祥华, 胡兴桥. 多媒体技术与应用[M]. 北京: 科学出版社, 2004.
[33] 王治文. 计算机多媒体辅助教学及其软件设计[M]. 杭州: 浙江科学技术出版社, 2007.
[34] 张剑平. 现代教育技术——理论与应用[M]. 北京: 高等教育出版社, 2006.
[35] 汪基德. 现代教育技术[M]. 北京: 高等教育出版社, 2011.
[36] 李玉斌. 现代教育技术实用教程[M]. 北京: 高等教育出版社, 2006.
[37] 周跃良. 现代教育技术[M]. 北京: 高等教育出版社, 2008.

[38] 焦中明,赖晓云.现代教育技术与应用[M].北京:北京师范大学出版社,2010.

[39] 祝宇红,方华基.现代教育技术[M].杭州:浙江大学出版社,2011.

[40] 何克抗.信息技术与课程深层次整合理论[M].北京:北京师范大学出版社,2008.

[41] 王以宁.教师教育技术——从理论到实践[M].北京:北京大学出版社,2010.

[42] 祝智庭,等.实用教育技术——面向信息化教育[M].北京:教育科学出版社,2008.

[43] 姜忠元,等.新编现代教育技术[M].北京:科学出版社,2008.

[44] 姜忠元,等.现代教育技术基础[M].北京:中国社会科学出版社,2013.

[45] 姚巧红,等.现代教育技术[M].北京:科学出版社,2016.

[46] 刘梅,等.教育技术应用[M].北京:北京师范大学出版社,2016.